"浙江省教育现代化监测评价项目"资助出版

Education Modernization and the Assessment of High-Quality Schools

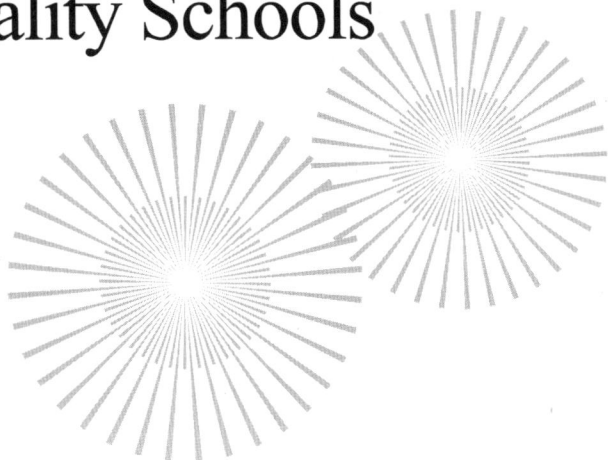

教育现代化 与优质学校评估

张墨涵 季诚钧 等 —————— 著

ZHEJIANG UNIVERSITY PRESS
浙江大学出版社

图书在版编目（CIP）数据

教育现代化与优质学校评估 / 张墨涵等著. —杭州：
浙江大学出版社，2022.1
ISBN 978-7-308-22173-3

Ⅰ. ①教… Ⅱ. ①张… Ⅲ. ①教育现代化—中国—文
集②学校管理—教育评估—中国—文集 Ⅳ. ①G52-53
②G449-53

中国版本图书馆 CIP 数据核字（2021）第 269697 号

教育现代化与优质学校评估

张墨涵　季诚钧 等 著

责任编辑	宁　檬　马一萍	
责任校对	陈逸行	
封面设计	米　兰	
出版发行	浙江大学出版社	
	（杭州市天目山路 148 号　邮政编码 310007）	
	（网址：http://www.zjupress.com）	
排　　版	杭州好友排版工作室	
印　　刷	广东虎彩云印刷有限公司绍兴分公司	
开　　本	710mm×1000mm　1/16	
印　　张	13.5	
字　　数	264 千	
版 印 次	2022 年 1 月第 1 版　2022 年 1 月第 1 次印刷	
书　　号	ISBN 978-7-308-22173-3	
定　　价	58.00 元	

前 言

本书立足于国家教育现代化发展的重要战略要求,关注教育评价的热点和难点问题,基于浙江省教育现代化评价与监测的经验,全方位解析了现代化优质学校评估的理论和实践,以期为创建新时代优质学校提供新的评估思路和参考路径,其中涵盖现代化优质学校评估的背景政策、理论与实践、评估方式、指标体系与工具、评估流程、案例分析、元评估、访谈分析和对评估的再思考等一系列理论与实践内容。

第一章为教育现代化与优质学校。梳理了教育现代化相关政策,并结合客观实际将政策转变历程进行划分;阐述了现代化理论的孕育、早期现代化理论、现代化理论的发展、教育现代化的内涵、教育现代化的发展过程和制约因素等方面的内容;总结了长三角、珠三角和京津冀等区域的经济发展特点与教育合作现状,以及其对现代化优质学校创建的影响与作用。

第二章为中外学校评估理念与实践的新进展。介绍了国外增值性评价、发展性评价、自我评价和同行评议四种评估理念;展现了"质量优先、兼顾公平"的评估理念、重视自我评估的评估模式、多元化的评估主体、指向学生全面发展的评估指标、定性定量相结合的评估方法和促进学校改进的评估结果;以江苏省星级学校评估和上海市特色学校评估为例展示了学校评估的地方探索。

第三章为第三方评估。明确了教育治理"管、办、评分离"政策中政府、学校和第三方评估机构的关系,形成政府、学校、社会责任明晰、协同共治的新局面;讨论了教育评价中第三方评估的特点、现实困境和完善建议;概括了基础教育中第三方评估的运行机制。

第四章为评估指标设计与工具开发。根据国内外教育现代化理论、现代化优质学校研究经验、教育评价与学校评估理论、学校评估经验以及区域教育发展实际情况,展示了评估体系与操作手册;阐述了评估指标的设计原则、总体思路、具体方法；开发了相关问卷工具、访谈工具和听课工具。

第五章为评估流程。梳理了学校评估流程的三个阶段以及每个阶段所包含的内容。

第六章为评估实效案例。从学校和教师两个层面，通过四个具体案例展示了评估的影响和效果。根据参评学校的实际情况改编的案例一为现代化学校的养成案例。案例二、三、四为现代化学校教师成长案例。

第七章为学校评估的元评估。以拱墅区现代化优质学校评估的元评估工作为例，对元评估的十个步骤进行了说明，介绍了以评估计划和操作检查表以及项目评估标准为代表的元评估标准。基于项目评估标准，开发了适用于拱墅区现代化优质学校评估的元评估检查表，在评估项目的有效性、评估方案的可行性、评估过程的适切性、评估结果的准确性四个方面形成元评估结论。

第八章为评估利益相关者访谈分析。展示了多个对教育行政部门管理者、学校管理者和教师等评估利益相关者的访谈；分析了访谈方案的设计、访谈过程和访谈文本。

第九章为学校评估的再思考。在系统研究学校评估政策、理论和实践的基础上，提出了现阶段学校评估存在的问题，这些问题是制约学校评估工作有效开展和效益最大化的症结所在。在前文分析的基础之上，对政府、大学、中小学合作新模式、第三方评估机构的发展，以及如何开展与时俱进的学校评估进行了思考与展望，以深化人们对学校评估的认知与理解，为提升学校评估工作实效性提供参考。

目 录
CONTENTS

第一章　教育现代化与现代化优质学校

【本章概述】

百年大计，教育为本。教育现代化是社会主义现代化建设的重要组成部分，是实现中华民族伟大复兴的基石。本章围绕教育现代化相关政策、教育现代化理论和区域教育现代化与学校发展，论述了创建教育现代化优质学校的政策背景、理论和现实基础。分别从国家、浙江和杭州三个层面梳理了教育现代化的相关政策，并结合客观实际对政策转变历程进行了划分；阐述了现代化理论的孕育、早期现代化理论、现代化理论的发展、教育现代化的内涵、教育现代化的发展过程和教育现代化的制约因素等方面的内容；总结了长三角、珠三角和京津冀等区域的经济发展特点与教育合作现状，以及其对现代化优质学校创建的影响与作用。

第一节　教育现代化相关政策

现代化是人类文明发展的必由之路。制定教育现代化政策文件，是中国特色社会主义进入新时代，党中央、国务院作出的重大战略部署，是贯彻落实党的十九大精神和全国教育大会精神、加快推进教育现代化的重要举措。国家和地方政府高度重视教育现代化顶层设计，这些政策为新时代开启教育现代化建设新征程指明了方向，对培养塑造新一代社会主义建设者和接班人，具有重要的现实意义和深远的历史意义。

一、国家层面

新中国成立 70 多年来，我国高度重视教育事业的发展。党的十九大确立了"两步走"的宏伟目标：第一步，从 2020 年至 2035 年，在全面建成小康社会的基础上，基本实现社会主义现代化；第二步，从 2035 年到本世纪中叶，在基本实现现代化的基础上，把我国建成富强民主文明和谐美丽的社会主义现代化强国。为了实现中华民族伟大复兴，党和国家作出了优先发展教育事业、加快教育现代化和办好人民满意教育的重大战略部署。随着教育现代化进程的不断推进,党和政府对教育为社会主义现代化建设服务的理解与认识不断深入,对教育自身实现现代化的关注程度不断加强,对教育现代化内涵的理解日渐丰富,已明确提出教育现代化的时间节点。我国教育现代化发展进程大体可分为两个阶段。

(一)孕育与准备阶段(20 世纪 50 年代至 1992 年)

新中国成立初期,我国生产力发展水平较为低下,恢复和发展生产力是当时的首要任务。1954 年,首届全国人大召开,提出实现四个现代化的任务。1964年,周恩来在三届全国人大一次会议上正式宣布要在不太长的时期内,把我国建设成为一个具有现代工业、现代农业、现代国防和现代科学技术的社会主义强国。虽然在这段时期没有明确提出教育现代化的说法,但是要想实现这一目标,就离不开教育的长足发展。在四个现代化目标的背后,势必蕴含着对教育现代化的要求。

20 世纪 70 年代,随着"文化大革命"的结束,恢复和发展教育事业不仅是全国人民的热切期盼,更是建设社会主义现代化强国的迫切要求。这一时期,国务院、教育部先后发布了诸多规范性文件,主要涉及教材编制、退还校舍、教师建设和教育结构改革等教育基本保障方面。

1978 年,国务院批转教育部的《关于加强中小学教师队伍管理工作的意见》指出,"要大力建设又红又专的教师队伍,以适应把我国建设成为伟大的社会主义现代化强国的需要"[①]。同年,国务院批转教育部、国家出版事业管理局的《关于全国教材出版发行工作会议的报告》强调,"教材是教学所需的基本工具,做好教材的建设工作,是提高教学质量,培养又红又专建设人才,实现四个现代化的迫切需要"。

1980 年,国务院批转教育部的《关于大力发展高等学校函授教育和夜大学的意见》指出,"高等教育采取多种形式办学对加速培养四化建设需要的各种专门人才,提高全民族的科学文化水平"具有重大意义[②]。同年,国务院批转教育部、国家劳动总局的《关于中等教育结构改革的报告》同样指出,"改革中等教育结构,发展职业技术教育,适应四化建设的需要,是当前亟待解决的问题"。

1983 年 9 月,党的十二大将教育定为实现我国现代化的战略重点之一,提

---

① 国务院批转教育部关于加强中小学教师队伍管理工作的意见的通知:国发〔1978〕1 号[A/OL].(1978-01-07)[2021-06-21].https://www.pkulaw.com.

② 国务院批转教育部关于大力发展高等学校函授教育和夜大学的意见的通知:国发〔1980〕228 号[A/OL].(1980-09-05)[2021-06-21].https://www.pkulaw.com.

出"着重注意培养大批优良的劳动后备力量"的要求,明确将"更好地适应社会主义现代化建设"作为教育发展的目标。党和政府为使这一重大战略目标得到落实,相继出台各项有力措施,不断扭转教育发展水平不适应国民经济和社会发展的现实。同年10月,邓小平同志为北京景山学校题词"教育要面向现代化、面向世界、面向未来"。"三个面向"思想高瞻远瞩,指明了我国教育事业发展的方向。此后,现代化成为教育发展的关键目标。教育现代化成为我国教育政策目标的重要表述,成为始终贯穿教育发展的主线。

1985年,《中共中央关于教育体制改革的决定》再次明确教育要"面向现代化、面向世界、面向未来",并将"为社会主义现代化建设准备人才"作为教育发展方向。[①] 因此相应地,这一时期的教育政策也定位在为四个现代化建设服务,力求发展各类教育,为四个现代化建设培养和输送大量高质量的各类专业人才。

1987年,国务院批转国家教委的《关于改革和发展成人教育的决定》强调,成人教育是社会经济发展和科学技术进步的必要条件,"要提高全社会对成人教育在社会主义现代化建设中的重要地位和作用的认识,使经济和社会的发展具有更加坚实可靠的人才基础,这对于把我国建设成为高度民主、高度文明的社会主义现代化国家具有重要的战略意义"[②]。

1991年,《国务院关于大力发展职业技术教育的决定》提出,要大力发展职业技术教育,这"不仅是提高劳动者思想道德和科学文化素质、实现社会主义现代化的一项具有战略意义的基础建设,而且对于进一步巩固以工人阶级为领导的工农联盟为基础的社会主义制度具有特殊重要的意义"[③]。

总的来说,20世纪50年代至90年代,我国的教育政策文件中还未明确提出教育现代化的说法,是教育现代化发展构想的酝酿与准备阶段。这一时期教育事业的曲折发展和拨乱反正,充分调动了各方的积极性,推动了教育建设的步伐,为后期明确提出教育现代化的概念和战略提供了思想准备和政策基础。

(二)深化与发展阶段(1993年至今)

1993年,我国教育政策中明确提出"教育现代化"这一概念,在而后的时间中,其内涵不断得到深化与发展。当年制定的《中国教育改革和发展纲要》首次

---

①　中共中央关于教育体制改革的决定[EB/OL]. (1985-05-27)[2021-06-21]. https://www.pkulaw.com.

②　国务院批转国家教育委员会关于改革和发展成人教育的决定的通知:国发〔1987〕59号[A/OL]. (1987-06-23)[2021-06-21]. https://www.pkulaw.com.

③　国务院关于大力发展职业技术教育的决定:国发〔1991〕55号[A/OL]. (1991-10-17)[2021-06-21]. https://www.pkulaw.com.

明确提出了"实现教育现代化"的教育事业发展目标,并指出要"把教育摆在优先发展的战略地位",自此以后"优先发展"就成了教育现代化发展的重要定位。[①]

1995年,第八届全国人民代表大会第三次会议通过的《中华人民共和国教育法》规定,"教育必须为社会主义现代化建设服务,必须与生产劳动相结合,培养德、智、体等方面全面发展的社会主义事业的建设者和接班人……教育是社会主义现代化建设的基础"[②]。从法律角度再次肯定教育事业优先发展这一战略地位。

2001年,《国务院关于基础教育改革与发展的决定》再次重申"坚持教育必须为社会主义现代化建设服务,为人民服务,必须与生产劳动和社会实践相结合,培养德智体美等全面发展的社会主义事业建设者和接班人"[③]。

2004年,教育部《2003—2007年教育振兴行动计划》提出了要"努力建设和完善中国特色社会主义现代化教育体系,形成体系完整、布局合理、发展均衡的现代国民教育体系和终身教育体系"[④]。

2007年,党的十七大报告指出"教育是民族振兴的基石,教育公平是社会公平的重要基础。要全面贯彻党的教育方针,坚持育人为本、德育为先,实施素质教育,提高教育现代化水平,培养德智体美全面发展的社会主义建设者和接班人,办好人民满意的教育"。

可以看出,随着教育现代化宏伟目标的确立,我国教育政策也相应地呈现出新的面貌。这一阶段的教育政策明确地将"实现教育现代化"作为我国教育发展的战略目标,并进一步厘清了教育现代化与社会主义现代化建设之间的关系,强调了教育现代化在国家和社会主义现代化全面发展中的基础性、优先性和全局性地位。[⑤]

2010年以来,在前期教育现代化发展的基础上,结合社会发展的新形势和新要求,党和国家对教育现代化的理解不断深入,对教育现代化问题的定位不断细化,并对教育现代化战略作出了阶段性规划,逐步推动教育现代化发展。当

---

① 国务院关于《中国教育改革和发展纲要》的实施意见:国发〔1994〕39号〔A/OL〕.(1994-07-03)〔2021-06-21〕.https://www.pkulaw.com.

② 中华人民共和国教育法:中华人民共和国主席令〔第45号〕〔A/OL〕.(1995-03-01)〔2021-06-21〕.https://www.pkulaw.com.

③ 国务院关于基础教育改革与发展的决定:国发〔2001〕21号〔A/OL〕.(2001-05-29)〔2021-06-21〕.https://www.pkulaw.com.

④ 国务院批转教育部2003—2007年教育振兴行动计划的通知:国发〔2004〕5号〔A/OL〕.(2004-03-03)〔2021-06-21〕.https://www.pkulaw.com.

⑤ 喻聪舟,温恒福.七十年来我国教育政策中教育现代化定位变迁的趋势及启示〔J〕.教育科学研究,2020(6):35-41.

年,党中央、国务院颁布的《国家中长期教育改革和发展规划纲要(2010—2020年)》提出,要"加快从教育大国向教育强国、从人力资源大国向人力资源强国迈进",并提出"到2020年,要基本实现教育现代化,基本形成学习型社会,进入人力资源强国行列"①。

2016年,教育部启动《中国教育现代化2030》规划文本研究工作。

2017年,国务院印发《国家教育事业发展"十三五"规划》,提出"'十三五'时期教育改革发展的总目标是:教育现代化取得重要进展,教育总体实力和国际影响力显著增强,推动我国迈入人力资源强国和人才强国行列,为实现中国教育现代化2030远景目标奠定坚实基础"②,这对于我国教育现代化发展具有深刻的指导意义。

2019年,中共中央、国务院正式印发《中国教育现代化2035》,其核心精神就是推动教育体制创新,改革人才培养模式,以教育现代化的八大基本理念为指导,重点部署面向教育现代化的十大任务,从长远视角解决教育发展的突出问题,推动教育现代化跨越式发展。③

可以看出,这一阶段教育事业新形势对党和国家的教育政策发展提出了新的目标与要求。尤其在2017年后,以习近平新时代中国特色社会主义思想为指导,在全面贯彻党的十九大和十九届二中、三中全会精神,坚定实施科教兴国战略、人才强国战略,建设学习型社会目标构想的基础上,党和国家进一步将教育现代化提升为"强国"建设的重要部分,明确了教育现代化建设的强国指向,为中国的教育现代化提供了新的内涵与定位。

总的来说,党和国家根据社会发展的新趋势和新要求,不断深化对教育现代化的认识,加大对教育现代化的推进力度,丰富教育政策的内容与精神,细化实现教育现代化的措施。既肯定了以往我国教育现代化的发展,又立足新的时代状况,以开放、长远的眼光提出了教育现代化发展的新要求与新目标,将对教育现代化的重视上升到了新的高度。

---

① 中共中央、国务院关于印发《国家中长期教育改革和发展规划纲要(2010—2020年)》的通知:中发〔2010〕12号[A/OL]. (2010-07-08)[2021-06-21]. https://www.pkulaw.com.

② 国务院关于印发国家教育事业发展"十三五"规划的通知:国发〔2017〕4号[A/OL]. (2017-01-10)[2021-06-21]. https://www.pkulaw.com.

③ 新华社. 中共中央、国务院印发《中国教育现代化2035》[EB/OL]. (2019-02)[2021-06-21]. https://www.pkulaw.com.

二、浙江省层面

新中国成立 70 多年以来,浙江省作为我国发展强省,在经济、文化、科技等领域实现了令人瞩目的发展。尤其在党和国家教育事业的总体布局和大力支持下,浙江省对推进"八八战略"再深化、改革开放再出发作出了全面部署,进一步明确了"干在实处永无止境,走在前列要谋新篇,勇立潮头方显担当"的责任和使命,教育事业取得了引人瞩目的成就。在不同的历史环境下,浙江省立足现实,谋划发展,出台了相应的教育政策,不断推进浙江省教育现代化发展的进程,探索出具有浙江省特色的教育现代化发展路径,大体可分为三个阶段。

(一)奠定基础阶段(20 世纪 50 年代至 1994 年)

新中国成立初期,百废待兴,教育事业也亟待恢复与发展。在这样的社会背景下,浙江教育事业的发展也面临诸多问题与挑战。在国民经济恢复时期,受国家发展大趋势的影响,在教育指导方针上,浙江教育以培养全面发展的社会主义新人为目标,主要任务是改革旧的教育体制,使教育为社会主义改造和经济建设服务。到 1965 年,浙江省在探索社会主义教育中已取得显著成效。但接踵而至的"文革"使得教育事业受到严重冲击,一度进入停滞阶段,直至 1977 年,浙江省各级各类教育事业才陆续步入正轨。

20 世纪 70 年代至 80 年代初,浙江省委、省政府坚决贯彻落实党中央的指导思想,思想解放和实践探索齐头并进,全力打破历史的桎梏,在浙江省内开展了一系列的教育事业改革。1978 年,浙江省教育厅颁布《关于办好一批重点中学的意见》,要求大力推进建设重点中学,加强中学阶段教育质量。[①] 1984 年,浙江省教育厅出台《浙江省基本普及初等教育的要求和检查验收办法》,要求普及初等教育,进一步规范小学教育。[②] 1985 年,浙江省第六届人民代表大会第三次会议通过《浙江省实行九年义务教育条例》,要求全省在 1988 年前普及小学义务教育,自此浙江省开始有步骤地实行九年义务教育,[③]为浙江省教育现代化建设打下坚实基础。

20 世纪 80 年代末开始,浙江省以教育体制改革为抓手,同时推进教育现代

---

① 高欢.浙江省教育现代化政策分析[D].杭州:浙江工业大学,2019.
② 高欢.浙江省教育现代化政策分析[D].杭州:浙江工业大学,2019.
③ 浙江省人大(含常委会).浙江省实行九年义务教育条例(1995 年修正)[EB/OL].(1978-01-07)[1985-06-13].https://www.pkulaw.com.

化制度建设,围绕办学体制、管理体制、投入机制和学校管理等方面展开积极探索与实践,逐渐形成浙江特色。[①] 1994 年,浙江省政府发布的《关于贯彻〈中国教育改革和发展纲要〉加快我省教育改革和发展的若干意见》认为,经过多年的不懈努力,浙江省教育事业初步形成了"比较完整的初等、中等、高等教育体系和覆盖全社会的教育网络"[②],并提出针对当前浙江省教育工作中仍然存在的问题,要进一步采取切实有力的措施,推动教育改革的深化发展,正式标志着浙江省教育现代化进入了加速发展的快车道。

可以看出,新中国成立后,尤其 20 世纪 70 年代以来浙江省实施的教育改革举措与制度体系建设,为各级各类教育事业迅速恢复与发展奠定了坚实基础,迅速扭转了"文革"造成的教育发展失衡的局面,更填补了教育现代化发展政策的空白,逐渐形成了独具省域特色的教育发展新模式,形成了教育现代化发展的新平衡局面。

(二)稳步发展阶段(1995—2009 年)

1995 年,《中华人民共和国教育法》出台,意味着教育事业发展进入法制化时期。《中华人民共和国教育法》作为体现教育政策法律的纲领性文件,是各级、各部制定专项法规和政策的法律依据。以《中华人民共和国教育法》为依据,浙江省委、省政府制定了各项地方性法规,以教育法制化保障教育现代化建设的顺利实施,为教育事业发展铺平道路。

1997 年,浙江省政府办公厅出台了《关于全面贯彻教育方针推进素质教育的通知》,其中指出,"全面推进素质教育,是时代发展的必然要求,是依法治教、全面贯彻党和国家教育方针的需要,是教育面向现代化、面向世界、面向未来,适应经济体制和经济增长方式转变的需要"[③]。

1998 年,浙江省政府发布了《浙江省实施〈中华人民共和国义务教育法〉办法》,并且把"到 2002 年全面实施九年义务教育"作为全省发展目标。[④] 同年,浙江省委、省政府下发《关于在全省开展创建教育强县活动的通知》,在全省范围开

---

① 高欢.浙江省教育现代化政策分析[D].杭州:浙江工业大学,2019.

② 浙江省人民政府关于贯彻《中国教育改革和发展纲要》加快我省教育改革和发展的若干意见:浙政〔1994〕13 号[A/OL].(1994-12-07)[2021-06-21].https://www.pkulaw.com.

③ 浙江省人民政府办公厅.关于全面贯彻教育方针推进素质教育的通知:浙政办发〔1997〕167 号[A/OL].(1997-06-24)[2021-06-21].http://www.zj.gov.cn/art/1997/6/24/art_1229017139_56177.html.

④ 浙江省实施《中华人民共和国义务教育法》办法:浙江省人民政府令〔第 46 号〕[A/OL].(1994-05-11)[2021-06-21].https://www.pkulaw.com.

始教育强县创建工作,到 2011 底,浙江全省已有 89 个县(市、区)成为浙江省教育强县。[①]

1999 年,浙江省教育厅颁发《关于基本普及高中阶段教育的若干意见》,大力支持省内高中阶段教育发展。[②]

21 世纪以来,浙江省委、省政府继续抓住机遇,锐意进取,努力开创教育事业改革和发展的新局面。2000 年,浙江省政府《关于印发浙江省高等教育改革和发展规划(2000—2020 年)的通知》指出,"高等教育的现代化是现代化建设的前提和基础"[③],浙江省要想提前基本实现现代化,就要大力发展高等教育,把握住人才这一根本资源。

2001 年,浙江省政府出台《关于加快基础教育改革和发展的决定》,要求到 2005 年,基本普及从学前到高中阶段的 15 年教育。[④]

2002 年,浙江省委、省政府发布《关于确保农村义务教育事业健康发展的意见》,贯彻落实中央和省关于农村税费改革的政策,保障农村义务教育经费的投入,促进农村义务教育事业的发展。[⑤]

2004 年,浙江省政府出台《关于进一步加强农村教育工作的决定》,力图进一步提升农村教育水平,缩小城乡教育差距,推动全省基础教育、职业教育、成人教育向全面建设小康社会的目标迈进。[⑥]

2007 年,浙江省教育厅出台《关于推进实施素质教育的意见》,提出要"切实保护青少年学生的合法权益,促进青少年学生健康成长,使'轻负担高质量'成为当前全省中小学教学改革的主要目标"[⑦]。

2008 年,浙江省政府出台《关于进一步加快学前教育发展全面提升学前教育质量的意见》,大力推动普及素质教育,促进义务教育均衡发展。[⑧]

2009 年,浙江省第十一届人民代表大会常务委员会第十四次会议通过《浙

---

① 叶向群.浙江省教育现代化督导评估实践[J].北京教育(普教版),2015(11):25-26.
② 高欢.浙江省教育现代化政策分析[D].杭州:浙江工业大学,2019.
③ 浙江省人民政府关于印发浙江省高等教育改革和发展规划(2000—2020 年)的通知:浙政〔2000〕3 号[A/OL].(2000-03-18)[2021-06-21].https://www.pkulaw.com.
④ 高欢.浙江省教育现代化政策分析[D].杭州:浙江工业大学,2019.
⑤ 中共浙江省委办公厅、浙江省人民政府办公厅关于确保农村义务教育事业健康发展的意见:浙委办〔2002〕39 号[A/OL].(2008-08-13)[2021-06-21].https://www.pkulaw.com.
⑥ 浙江省人民政府关于进一步加强农村教育工作的决定:浙政发〔2004〕47 号[A/OL].(2004-11-12)[2021-06-21].https://www.pkulaw.com.
⑦ 浙江省教育厅关于推进实施素质教育的意见:浙教基〔2007〕150 号[A/OL].(2007-08-31)[2021-06-21].https://www.pkulaw.com.
⑧ 浙江省人民政府关于进一步加快学前教育发展全面提升学前教育质量的意见:浙政发〔2008〕81 号[A/OL].(2008-12-22)[2021-06-21].https://www.pkulaw.com.

江省义务教育条例》,对浙江省教育现代化发展具有重要意义。①

可以看出,这一阶段随着教育法制化时期的到来,以及浙江省学前3年与中小学15年基础教育普及的客观事实,浙江省教育发展迎来了新格局与新要求。浙江省作为经济发达的东部沿海省份,要为全国现代化的实现起到率先示范作用。对此浙江省委、省政府切实结合省域情况,从政策方面统筹调整布局,深化推进素质教育,促进教育的可持续化、均衡化、信息化和个性化发展。这一阶段浙江省教育实力整体得到提升,为教育现代化进入快速提升阶段奠定了坚实基础。

(三)快速提升阶段(2010年以来)

为加快教育现代化建设,构建学习型社会,建设科教强省和人力资源强省,推动浙江省率先实现全面小康,率先实现现代化,浙江省委、省政府根据《国家中长期教育改革和发展规划纲要(2010—2020年)》,制定了《浙江省中长期教育改革和发展规划纲要(2010—2020年)》,②对未来十年浙江教育事业发展作出更加细化与明确的要求,明确了浙江省教育现代化发展的目标和方向,为省内相关部门制定相应行政文件提供了明确依据,使浙江省教育现代化跨越式发展迎来了全新的历史阶段。

2010年,浙江省教育厅出台的《关于切实减轻义务教育阶段中小学生过重课业负担的通知》指出,学生课业负担过重由来已久,是现阶段省内义务教育领域群众反映最为强烈的问题,要深化认识、明确责任、从严管理,有效解决义务教育阶段学校存在的中小学生课业负担过重问题,促进教育健康发展。③ 同年,浙江省教育厅出台的《关于进一步深化教育改革的决定》提出,要继续深化教育改革,全面进入教育现代化建设新阶段。④

2011年,浙江省教育厅印发《浙江省高等教育"十二五"发展规划(2011—2015年)》,明确高等教育发展形势,指出高等教育发展总体目标,提出进一步提高省域高等教育水平和竞争力,为加快建设高等教育强省,实现教育现代化添砖

---

① 中华人民共和国中央人民政府.《浙江省义务教育条例》将施行 全面实施素质教育[EB/OL].(2010-02-28)[2021-06-21]. http://www.gov.cn/gzdt/2010-02/28/content_1544004.htm.
② 中共浙江省委、浙江省人民政府关于印发《浙江省中长期教育改革和发展规划纲要(2010—2020年)》的通知:浙委〔2010〕96号[A/OL].(2010-12-01)[2021-06-21]. https://www.pkulaw.com.
③ 浙江省教育厅关于切实减轻义务教育阶段中小学生过重课业负担的通知:浙教基〔2010〕127号[A/OL].(2010-08-25)[2021-06-21]. https://www.pkulaw.com.
④ 浙江省教育厅关于进一步深化教育改革的决定:浙教法〔2010〕176号[A/OL].(2010-12-07)[2021-06-21]. https://www.pkulaw.com.

加瓦。[①]

2013年，浙江省人民政府办公厅颁发《浙江省人民政府关于促进民办教育健康发展的意见》，规范省内民办学校建设。[②]

2015年，浙江省教育厅制定和颁布了《关于推进普通高中和中职学校学生相互转学工作的指导意见》，打破普教与职教的发展壁垒，实现普职互通新模式[③]，促进了浙江省职业高中与普通高中融通发展。

2016年，浙江省教育厅出台《关于深入推进依法治教的若干意见》，继续加强教育法治建设，为实现教育治理体系和治理能力现代化提供强大保障。[④]

2017年，浙江省教育厅相继出台《全面推进幼儿园课程改革的指导意见》《浙江省中小学生日常行为规范》《关于进一步推进高中阶段学校考试招生制度改革的实施意见》，保障学前到中小学各个学段的学生全面而有个性发展，促进教育高水平均衡化、特色化、多样化发展。

2018—2019年，浙江省教育厅出台《关于加快推进普通高校"互联网＋教学"的指导意见》《"互联网＋义务教育1000所中小学校结对帮扶"民生实事工作方案》等文件，推动教育信息化建设，通过"互联网＋义务教育"以及城乡学校结对帮扶工作缩小城乡差异，带动乡村薄弱学校发展，提升人才培养质量。

2020年，浙江省教育厅办公室颁布《关于进一步做好民办义务教育招生政策落地工作的通知》，全面实行义务教育公民同招、民办学校在审批地招生政策，构建良好的基础教育生态。[⑤]

可以看出，新中国成立以来，浙江省不但在经济发展方面走在全国前列，其敢为人先的开创精神在教育现代化建设中也体现得淋漓尽致。尤其是2010年以来，在国家教育现代化政策纲领的引导下，浙江省大胆尝试，敢为人先，积极探索教育现代化建设新思路，不断丰富教育现代化内涵，切实推动教育现代化跨越式发展。不仅建立完善包含各个学段的教育体系，提升了教育整体实力，还积极探索素质教育模式，减轻中小学生课业负担，推动教育事业开启国际化、均衡化、

---

① 浙江省教育厅关于印发《浙江省高等教育"十二五"发展规划（2011—2015年）》的通知：浙教高科〔2011〕153号〔A/OL〕.（2011-10-31）〔2021-06-21〕. https://www.pkulaw.com.

② 浙江省教育厅关于贯彻落实《浙江省人民政府关于促进民办教育健康发展的意见》的通知：浙教计〔2013〕133号〔A/OL〕.（2013-12-11）〔2021-06-21〕. https://www.pkulaw.com.

③ 浙江省教育厅关于推进普通高中和中职学校学生相互转学工作的指导意见：浙教基〔2015〕20号〔A/OL〕.（2015-02-26）〔2021-06-21〕. https://www.pkulaw.com.

④ 浙江省教育厅关于深入推进依法治教的若干意见：浙教法〔2016〕133号〔A/OL〕.（2016-10-11）〔2021-06-21〕. https://www.pkulaw.com.

⑤ 浙江省教育厅办公室关于进一步做好民办义务教育招生政策落地工作的通知：浙教办函〔2020〕126号〔A/OL〕.（2020-06-10）〔2021-06-21〕. https://www.pkulaw.com.

信息化的新篇章。

总的来说,新中国成立70多年以来,浙江省教育现代化发展大体经历了奠定基础、稳步发展和快速提升三个阶段。20世纪50年代至1994年,浙江省不断完善教育体制,建设满足人民需求的社会主义教育体系,各级各类教育逐步走上正轨,教育质量显著提高,为教育现代化建设奠定了良好基础。1995—2009年,随着教育法制化、普及化进程的开始,浙江省立足现代化建设整体角度,统筹部署教育发展工作,全省各地相继开展教育改革活动,推动教育优质均衡发展,且实现了学前3年与中小学15年基础教育的普及,为教育现代化夯实了基础。2010年,浙江省出台《浙江省中长期教育改革和发展规划纲要(2010—2020年)》,继续深入探索多样化、个性化、差异化教育形式,不仅打造了全面多元的教育体系,而且大力推进素质教育,注重创新人才培养模式,进一步推动教育国际化进程,多角度、全方位协同促进教育现代化发展。

三、杭州市层面

新中国成立后,杭州逐渐确立了现代教育制度和人民教育体系,为国家的进步做出了重要贡献。尤其是20世纪90年代以来,在党和国家教育政策的指导下,杭州教育事业也进入了快速发展时期,用科学、合理的政策,为教育现代化建设保驾护航。

1995年,杭州市人民政府颁发《杭州市职工教育暂行规定》,提出要提高职工队伍素质,加快培养建设人才,适应经济发展和社会进步的需要。①

1996年,杭州市政府印发《杭州市教育强镇(乡)评估标准及实施办法(试行)》,提出高标准普及九年义务教育和推进农村教育现代化,实现创建杭州教育强市的目标。② 这一文件的颁布标志着杭州市吹响了建设教育强镇的新号角。

1999年,杭州市政府同意《关于进一步加强杭州市幼儿教育工作的若干意见》,加快辖区内幼儿教育制度改革与发展,以实现《杭州市教育事业"九五"计划和2010年发展规划纲要》确定的幼儿教育事业发展目标。③

2002年,杭州市人民政府颁布《关于深化改革加快发展率先实现基础教育

---

① 杭州市职工教育暂行规定:杭州市人民政策令〔第83号〕[A/OL]. (1995-06-16). [2021-06-21]. htpps://www.pkulaw.com

② 杭州市政府关于印发《杭州市教育强镇(乡)评估标准及实施办法(试行)》的通知:杭政办发〔1996〕166号[A/OL]. (1996-12-02)[2021-06-21]. https://www.pkulaw.com.

③ 杭州市人民政府办公厅转发市教委关于进一步加强我市幼儿教育工作若干意见的通知:杭政办〔1999〕4号[A/OL]. (1999-02-24)[2021-06-21]. https://www.pkulaw.com.

现代化的决定》,进一步深化基础教育改革,加快基础教育发展,为杭州率先基本实现现代化提供强有力的智力支持和人才保障。① 同年,杭州市教育局出台的《杭州市中等职业学校实施专业现代化建设若干意见(试行)》指出,"要从深化学校教育教学改革,提升学校办学水平和提高教育教学质量的高度来认识专业现代化建设,将专业现代化建设纳入学校近期主要工作之中"②。也是在 2002 年,杭州市教育局印发《杭州市基础教育课程改革实验方案》,将上城、下城、西湖、江干、拱墅、滨江六区及富阳、临安两市作为义务教育课程改革省级实验区,进一步提升教育质量,探索教育现代化之路。③

2004 年,中共杭州市委、杭州市人民政府颁发《进一步推进基础教育改革和发展的若干意见》,全面推进基础教育的均衡化、优质化发展,扩大优质基础教育资源,满足人民群众日益增长的教育需求,着力加快基础教育改革与发展。④ 同年,中共杭州市委、杭州市人民政府颁发《关于促进民办高等教育发展的若干意见》,进一步加快高等教育发展,探索具有杭州特色的高等教育模式,打响"学在杭州"城市品牌,实现"让更多的人接受更好的教育"的战略目标。⑤ 也是在 2004 年,杭州市人民政府办公厅转发市教育局《关于加强和促进初中教育工作意见》,大力推进素质教育,确保初中教育的优质发展能够满足人民群众与日俱增的教育需要。⑥

2005 年,杭州市人民政府颁布《关于进一步加强农村教育工作的若干意见》,提出要缩小城乡教育差距,落实"以县为主"的教育管理体制,完善农村基础教育的投入保障机制,加快农村中小学现代化建设。⑦ 同年,杭州市人民政府颁布的《关于加快学前教育改革与发展的若干意见(试行)》制定了杭州市学前教育

---

① 杭州市人民政府关于深化改革加快发展率先实现基础教育现代化的决定:杭政〔2002〕10 号〔A/OL〕.(2002-06-21)〔2021-06-21〕.https://www.pkulaw.com.

② 杭州市教育局关于印发《杭州市中等职业学校实施专业现代化建设若干意见(试行)》的通知:杭教职〔2002〕1 号〔A/OL〕.(2002-01-13)〔2021-06-21〕.https://www.pkulaw.com.

③ 杭州市教育局关于印发《杭州市基础教育课程改革实验方案》的通知:杭教初〔2003〕1 号〔A/OL〕.(2003-04-03)〔2021-06-21〕.https://www.pkulaw.com.

④ 中共杭州市委、杭州市人民政府关于进一步推进基础教育改革和发展的若干意见:市委发〔2004〕42 号〔A/OL〕.(2004-09-02)〔2021-06-21〕.https://www.pkulaw.com.

⑤ 中共杭州市委、杭州市人民政府印发《关于促进民办高等教育发展的若干意见》的通知:市委发〔2004〕29 号〔A/OL〕.(2004-06-08)〔2021-06-21〕.https://www.pkulaw.com.

⑥ 杭州市人民政府办公厅转发市教育局关于加强和促进初中教育工作意见的通知:杭政办函〔2004〕64 号〔A/OL〕.(2004-03-10)〔2021-06-21〕.https://www.pkulaw.com.

⑦ 杭州市人民政府关于进一步加强农村教育工作的若干意见:杭政函〔2005〕158 号〔A/OL〕.(2005-09-02)〔2021-06-21〕.https://www.pkulaw.com.

3 年行动计划,进一步加快学前教育改革与发展。①

2006 年,杭州市人民政府颁布《关于杭州市逐步实施免费义务教育的通知》,提出要积极创建教育强市,推进义务教育均衡发展,切实破解"上学难"问题。②

2007 年,杭州市人民政府颁布《关于实施义务教育经费保障机制改革的通知》,提出要促进农村综合改革,推进义务教育均衡发展,提高义务教育水平,建设教育强市,提升教育品质。③ 同年,杭州市教育局印发《杭州市学前教育专项经费使用和管理办法》,推动设立相应的学前教育专项经费,确保全市学前教育持续健康发展。④ 随之,杭州市人民政府办公厅转发市教育局等部门《关于进一步加快学前教育改革与发展若干政策意见(试行)》,提出要进一步加快学前教育改革与发展步伐,全面提升全市学前教育整体发展水平,实现"十一五"学前教育事业发展目标。⑤ 也就是这一年,杭州市教育局发布《关于开展创建杭州市学前教育强县和达标县评估工作的通知》,开展创建杭州市学前教育强县和达标县评估工作,加快学前教育改革与发展步伐,全面提升全市学前教育整体发展水平。⑥

2010 年,中共杭州市委、杭州市人民政府颁布《关于加快推进学前教育均衡优质发展的若干意见》,要求进一步加快学前教育改革与发展步伐,全面提升学前教育整体水平,满足广大人民群众"好入园、入好园"需求,以实现高标准、高质量普及 15 年基础教育的目标。⑦

2011 年,杭州市第十一届人民代表大会常务委员会通过《杭州市学前教育

---

① 杭州市人民政府关于加快学前教育改革与发展的若干意见(试行):杭政函〔2005〕39 号〔A/OL〕.(2005-02-01)〔2021-06-21〕. https://www.pkulaw.com.

② 杭州市人民政府办公厅关于杭州市逐步实施免费义务教育的通知:杭政办函〔2006〕11 号〔A/OL〕.(2006-01-20)〔2021-06-21〕. https://www.pkulaw.com.

③ 杭州市人民政府关于实施义务教育经费保障机制改革的通知:杭政函〔2007〕245 号〔A/OL〕.(2007-12-27)〔2021-06-21〕. https://www.pkulaw.com.

④ 杭州市教育局.杭州市教育局关于印发《杭州市学前教育专项经费使用和管理办法》的通知〔EB/OL〕.(2007-07-23)〔2021-06-21〕. https://www.pkulaw.com.

⑤ 杭州市人民政府办公厅转发市教育局等部门关于进一步加快学前教育改革与发展若干政策意见(试行)的通知:杭政办〔2007〕16 号〔A/OL〕.(2007-03-26)〔2021-06-21〕. https://www.pkulaw.com.

⑥ 杭州市教育局关于开展创建杭州市学前教育强县和达标县评估工作的通知:杭教督〔2007〕4 号〔A/OL〕.(2007-07-24)〔2021-06-21〕. https://www.pkulaw.com.

⑦ 中共杭州市委、杭州市人民政府关于加快推进学前教育均衡优质发展的若干意见:市委〔2010〕22 号〔A/OL〕.(2010-11-05)〔2021-06-21〕. https://www.pkulaw.com.

促进条例》,确保学前教育事业有法可依,推动其健康发展。① 同年,杭州市政府办公厅发布《关于印发〈杭州市学前教育三年行动计划(2011—2013)〉的通知》,把学前教育纳入教育优先发展范畴,坚持学前教育的公益性、普惠性,通过实施学前教育 3 年行动计划,加快推进学前教育均衡优质发展,提升基础教育水平,共建共享品质教育。② 同年,中共杭州市委、杭州市人民政府颁布《关于印发〈杭州市中长期教育改革和发展规划纲要(2010—2020 年)〉的通知》,着力解决杭州优质教育资源供需矛盾问题,确保优质教育资源满足公众的需求和现代化进程的需要。③ 也是在这一年,杭州市教育局颁布《关于进一步严格控制义务教育阶段学校补课行为的通知》,进一步规范学校办学行为,切实减轻学生过重的课业负担。④

2014 年,杭州市人民政府办公厅印发《杭州市推进教育国际化行动计划的通知》,进一步提升教育品质,加快教育现代化、国际化进程。⑤

2015 年,杭州市人民政府颁发《关于加快发展现代职业教育的意见》,加快现代职业教育体系建设,增强职业教育办学活力。⑥

2016 年,杭州市人民政府办公厅印发《杭州市学前教育第二轮三年行动计划(2016—2018 年)》,进一步加快学前教育改革步伐,促进学前教育均衡优质发展。⑦ 同年,杭州市人民政府办公厅印发《杭州市特殊教育提升计划(2016—2020 年)》,切实保障残疾人受教育权利,促进教育公平。⑧

2019 年,杭州市人民政府办公厅印发《杭州市推进教育国际化三年行动计划(2019—2021 年)》,加快推进杭州市教育现代化进程,以教育开放促教育改

---

① 杭州市学前教育促进条例:杭州市第十一届人民代表大会常务委员会公告第 57 号[A/OL]. (2011-12-27)[2021-06-21]. https://www.pkulaw.com.

② 杭州市政府办公厅关于印发杭州市学前教育三年行动计划(2011—2013)的通知:杭政办函〔2011〕219 号[A/OL]. (2011-08-25)[2021-06-21]. https://www.pkulaw.com.

③ 中共杭州市委、杭州市人民政府关于印发《杭州市中长期教育改革和发展规划纲要(2010—2020 年)》的通知:市委〔2011〕11 号[A/OL]. (2011-05-25)[2021-06-21]. https://www.pkulaw.com.

④ 杭州市教育局关于进一步严格控制义务教育阶段学校补课行为的通知:杭教办〔2011〕38 号[A/OL]. (2011-10-20)[2021-06-21]. https://www.pkulaw.com.

⑤ 杭州市人民政府办公厅关于印发杭州市推进教育国际化行动计划的通知:杭政办函〔2014〕115 号[A/OL]. (2014-08-18)[2021-06-21]. https://www.pkulaw.com.

⑥ 杭州市人民政府关于加快发展现代职业教育的意见:杭政〔2015〕43 号[A/OL]. (2015-07-31)[2021-06-21]. https://www.pkulaw.com.

⑦ 杭州市人民政府办公厅关于印发杭州市学前教育第二轮三年行动计划(2016—2018 年)的通知:杭政办函〔2016〕110 号[A/OL]. (2016-10-11)[2021-06-21]. https://www.pkulaw.com.

⑧ 杭州市人民政府办公厅关于印发杭州市特殊教育提升计划(2016—2020 年)的通知:杭政办函〔2016〕109 号[A/OL]. (2016-09-30)[2021-06-21]. https://www.pkulaw.com.

革,以教育国际化促教育现代化,全面提升杭州教育品质。[①]

2020 年,杭州市教育局印发《杭州市公办初中提质强校行动实施方案》,继续深化教育体制改革,激发公办初中办学活力,促进公办初中办学质量提升,构建德智体美劳全面培养的育人体系。[②]

第二节　教育现代化理论

一、现代化理论的发展

现代化理论可分为经典现代化研究、后现代化研究、第二次现代化研究等,丰富多样。现进行简要梳理。

(一)现代化理论孕育阶段

19 世纪中叶,孔德、斯宾塞、涂尔干、滕尼斯、韦伯、帕森斯等社会学家开始关注社会变迁,他们的理论体系都力图描述传统社会与现代社会的不同之处,现代化理论就在这些早期社会学家关于"现代社会"的研究中逐渐孕育。

涂尔干(Émile Durkheim)在他的著作《社会分工论》一书中提出了两种基本社会类型,一种是"机械团结",另一种是"有机团结"。从某个侧面可以说,从传统社会向现代社会发展的过程,就是社会劳动分工细化的过程。随着人们多样需求的产生和社会整合的分化,社会组织逐渐建立健全,新的道德体系规范逐渐产生,形成了个体间相互依赖的"有机关联",现代社会便由此产生。韦伯(Max Weber)在他的著作《新教伦理与资本主义精神》一书中指出,资本主义来源于新教伦理所导致的人们价值观的转变。新教徒勤奋节俭、创新进取,合理利用资本谋求企业的发展,最终促使旧资本主义向具有进取精神的现代资本主义转变。韦伯是公认的现代化理论的重要奠基人,他认为现代化的核心指标就是"理性化",他把理性化的经济组织、国家管理、个人观念等作为现代社会的组成部分。

功能学派创始人帕森斯(Talcott Parsons)提出了"五对模式变量"来区分行

① 杭州市人民政府办公厅关于印发杭州市推进教育国际化三年行动计划(2019—2021 年)的通知:杭政办函〔2019〕20 号[A/OL].(2019-02-28)[2021-06-21].https://www.pkulaw.com.
② 杭州市教育局关于印发《杭州市公办初中提质强校行动实施方案》的通知:杭教基〔2020〕1 号[A/OL].(2020-03-02)[2021-06-21].https://www.pkulaw.com.

动者在行动过程中的主观取向,分别是:①普遍性对特殊性,即社会互动规则的适用是普遍适用还是受某些特殊群体或私人关系影响的;②专一性对扩散性,即行动者在社会行动中的权利与义务是局限的还是发散的;③情感中立对情感性,即社会互动中双方投入的情感是较少的还是较多的;④自致对先赋,即社会互动中双方的评价标准是先天所得的还是后天成就的;⑤个人对集体,即社会互动中占据首位利益的是个体行动者还是个体行动者所结成的集体。这五对变量后被用来描述传统社会与现代社会,每对变量中的前者与后者分别对应现代社会的特征与传统社会的特征,后者向前者转化的过程即为现代化。此外,帕森斯通过结构功能剖析了传统社会向现代社会转变的适应性增长、分化、容纳和价值概化四个过程,并从世界史的角度,把现代化划分为三个阶段:第一阶段是英国的工业革命和法国的民主革命;第二阶段是德国的快速工业化;第三阶段是二战后迅速发展的美国。[①]

总之,许多学者都对社会转型给予了足够的关注,无论是孔德、斯宾塞的从军事社会到工业社会,滕尼斯的从封闭性的社区到开放性的社会,贝克尔的从宗教社会到世俗社会,梅因的从身份社会到契约社会等都蕴含着一个重要共识,即现代社会形成的重要原因就是社会工业化与理性化。

(二)早期现代化理论

早期现代化理论也被称为狭义现代化理论,产生于20世纪50年代,并于60年代形成热潮,以1960年,阿尔蒙德(Gabriel A. Almond)等人的著作《发展中地区的政治学》的出版拉开了现代化研究的序幕。60年代后,诸多西方学者从不同的学科角度对现代化问题进行了深入讨论,主要代表人物有:罗斯托(Walt W. Rostow)、沃德(Robert Ward)、拉斯托(Dankwart Rustow)、列维(Marion Levy)、布莱克(Cyril E. Blake)、艾森斯塔德(Shmuel Eisenstadt)、维纳(Norbert Wiener)、亨廷顿(Samuel P. Huntington)、英克尔斯(Alex Inkeles)等。[②]

现代化理论并非在机缘巧合中产生,而是当时特定社会背景的必然产物。20世纪50年代,刚刚结束二战后的世界各国牢牢抓住第二次工业革命的机遇,开始大力恢复和发展国民经济。西方资本主义世界率先实现了社会生产力的飞跃性进步,美国一举成为世界霸主,达到了资本主义经济、政治发展的顶峰。欧

---

① 王佩儒.西方现代化理论概述[J].社会科学,1987(12):48-51.
② 褚宏启.教育现代化的路径——现代教育导论[M].2版.北京:教育科学出版社,2013:6.

洲各国也一扫颓势,迅速实现了战后重建与高速发展。[1] 在这种历史环境中,西方资本主义世界普遍弥漫着自信与乐观的情绪,诸多西方学者认为,当时的资本主义化道路就是现代社会发展的正确方向。

随着旧的殖民体系开始瓦解,原本处于西方国家殖民统治之下的民族国家纷纷独立,社会主义与资本主义道路的选择成为这些新独立国家面对的首要问题。作为资本主义世界的领导者,美国一心想扩大对世界经济、政治的影响力,为了拉拢新独立的这些国家,推出了"杜鲁门主义""马歇尔计划",建立了北大西洋公约组织等,从政治、经济和军事等全方面打击社会主义国家,力图将这些国家吸纳进资本主义阵营。

在这样的背景下,20 世纪 50 年代末 60 年代初,美国年轻的新经济学家、政治学家、社会学家和人类学家开始从各自的学科视角对第三世界国家的现代化问题进行深入探讨和研究,催生了大批有关现代化理论的学术著作,初步形成了早期现代化理论和西方现代化观。[2] 也正因为他们的理论与美国政府的政治目标方向一致,这些理论受到美国政府大力推崇与支持。

可以看出,早期现代化理论诞生于特定的历史背景,具有较强的政治色彩,其主要目的并非真正解决第三世界的现代化发展问题,而是通过现代化理论向新独立的国家彰显西方资本主义国家的优势之处,最终吸引其建立资本主义政治、经济和文化制度。这样以西方内源性现代化作为发展模板,企图让第三世界国家照搬西方资本主义模式以实现现代化的理论体系,势必在实践的检验中失败,而发展中国家的现代化实践也的确证明了该理论的原生缺陷。

(三)现代化理论的发展

20 世纪 60—70 年代,依附理论、世界体系理论均对现代化理论提出批判,并提出第三世界国家的现代化路径。加之第三世界国家的学者结合本国的发展实际,对现代化问题进行了相应的思索,现代化理论进一步发展。70 年代后,越来越多的学者就现代化问题提出了相应的想法,现代化理论不断涌现出新内涵和新形态。

20 世纪 50 年代末期开始,非西方发展中国家在早期现代化理论的影响下,纷纷采取了一系列"全盘西化"的发展措施,在对西方开放、引进外资等举措中逐渐陷入社会资本依附、技术依附的困境。实践证明,"全盘西化"不仅不能带领这些国家走向恢复和发展,反而造成广大发展中国家的经济依赖、政治混乱和社会

---

[1]　俞思念,陈平其.西方现代化理论的兴起与演变[J].学习与探索,2005(6):131-134.
[2]　俞思念,陈平其.西方现代化理论的兴起与演变[J].学习与探索,2005(6):131-134.

动荡。^① 在这样的背景下,依附理论打破早期现代化理论的主导地位,击碎非西方发展中国家的不实梦境,呼吁其独立思考自身的发展路径。

20世纪70年代中期,美国经历了越战失败、石油危机、经济危机等沉重打击,西方资本主义世界不景气的经济现状与日本和"亚洲四小龙"的迅速崛起形成了鲜明对比,这一现状促使学界开始从世界整体视角去思考各国的现代化发展问题。在这一背景下,世界体系理论应运而生。早期现代化理论和依附理论只关注单个国家现代化,而忽视世界整体发展规律。

20世纪70年代后期开始,越来越多的学者开始反思和修正早期现代化理论,并形成了关于现代化理论新的研究成果,主要有新现代化研究、后现代化理论、自反性现代化理论、新发展观和可持续发展理论等。其中,新现代化研究以具体个案研究的形式展开,一改传统与现代二元对立的局面,关注内外部要素对当地现代化的协同作用。后现代化理论则从理论根本的角度对早期现代化理论中"现代性"这一核心概念与"理性"这一基础价值观提出了质疑。其认为西方现代化虽然带来了物质文明的繁荣,却导致人丧失个性,沦为金钱和理性的奴隶。后现代化理论对现代文明理性基础的极端批判和彻底瓦解,时至今日仍被视为批判现实社会弊病的有力武器。^②

20世纪80年代以来,新型工业化国家开始崛起,但很多欠发达国家落后的情况并没有得到改善,除此之外世界发展还出现了更多的新问题,在这样的背景下,新发展观和可持续发展理论应运而生。新发展观强调发展要着眼于人类整体,科学全面对待群体间的共性与差异,最终实现整体的、综合的、多元的、内生的和参与的发展。可持续发展理论同样强调全人类应平等共享发展成果,且在发展的过程中,不以牺牲后代人福利为代价,确保从代内到代际的经济、社会、生态系统的有机统一。

可以看出,随着世界各国现代化发展实践的丰富和问题的涌现,人们逐渐认识到不同的国情会培育出不同的现代化发展模式,照搬某种现代化经验并不能为本国发展提供一劳永逸的答案。只有立足本国国情与实践,才能卓有成效地逐步实现现代化发展目标。因此越来越多的学者提出了实现现代化的各种思路与构想,同时丰富和发展了现代化理论,为现代化理论研究提供了诸多启发。

---

① 褚宏启.教育现代化的路径——现代教育导论[M].2版.北京:教育科学出版社,2013:11.
② 俞思念,陈平其.西方现代化理论的兴起与演变[J].学习与探索,2005(6):131-134.

二、教育现代化研究

(一)教育现代化的含义

"现代化"一词来源于西方,从词义来看为"转变成为现代"。"现代化"通常用来描述一种历史过程,指某种社会形态转变为"现代社会"的过程及其结果。早期现代化理论带有强烈的西方中心色彩,其中有关现代化的内涵是以西方为模板的,现代化即为"西方化"甚至"美国化"。如果按照早期现代化理论的内涵来看,"现代化"一词的内涵和外延只能从西方社会的经济、政治、文化特征中抽象而来,使得其含义具有地域局限性。20世纪60年代,东亚国家的崛起尤其是社会主义国家的发展壮大,打破了现代化只能是西方模式的傲慢论断,为"现代化"一词的普遍性发展带来超越意识形态的、平等客观的理解。

现代化是一个涵盖社会生活各个领域的、复杂的发展过程,是一个综合性的社会变迁过程,通过经济、政治、文化、社会和生态等方面的变革,促进人类社会向工业化、民主化、城市化的社会转变。为此,经济学、政治学、社会学、心理学等不同专业的学者,从相应的学科视角切入,来解释传统社会向现代社会变迁的过程。

关于教育现代化的内涵,学者们分别从内容要素、形态变迁、功能等多个角度加以界定。顾明远认为,教育现代化是传统教育转化为现代教育的过程,包括教育思想的现代化、教育制度的现代化、教育内容的现代化、教育设备和手段的现代化、教育方法的现代化、教育管理的现代化等。褚宏启提出,教育现代化是与教育形态的不断变迁相伴随的教育现代性不断增加的历史过程,如教育的世俗化、国家化、科技化等。冯增俊认为,广义的教育现代化是从适应宗法社会的封建的旧教育转向适应大工业民主社会的现代教育的历史进程;狭义的教育现代化主要是以目前发达国家和地区的教育发展水平为参照系,以推动经济社会现代化进程为主要目的,朝着教育现代化的理想目标加速教育改革和发展的进程。虽然学界对教育现代化的内涵尚未取得一致性结论,但至少在以下几方面达成了共识:第一,教育现代化不是一种教育形式,而是表示一定的教育水平,是指教育发展所达到的较高标准,是教育与一个国家或地区的社会、经济、科学技术以及相应的民族心理相适应的、具有现代社会先进特征的水平状态。第二,正如现代化不是一个固定的目标,而是一种动态的变革过程一样,教育现代化作为现代化的组成部分,同样是一个动态的发展过程。第三,教育现代化是从与传统的农业社会相适应的传统教育形态向与工业社会和知识社会相适应的现代教育形态转化,其实质就是要突破传统的束缚,建立超越性的教育机制,是对传统教育的批判、继承和发展的过程。第四,教育现代化不是一个孤立、狭义的数量增长现象,而是广义的整体转换,是一种教育整体转换运动,这种整体性表现在教育的内部要素和机构上,也表现在教育系统与外部系统的协调平衡上。第五,现代化的根本标志是人的现代化,是人的比较全面、比较自由、比较充分的发展,教育现代化的核心是实现人的现代化。"教育现代化的核心是人的现代化"这一观点得到普遍认同,因为人是教育的核心要素。教育现代化是从传统教育形态向现代教育形态转变的动态发展过程,代表着教育与国家或社会发展程度相适应的水平,不是某一教育特征的独自变化,而是教育整体性质的综合转化。

教育现代化具有革新性,传统教育发展为现代教育的过程是痛苦漫长的,意味着整个教育内容的根本性转变。教育现代化具有复杂性,意味着教育各个方面的协同发展,而非某一部分的现代化。教育现代化具有系统性,各个要素之间密切联系,一个要素的变化会影响其他要素的变化。教育现代化具有全球性,由于各国国情的不同,教育现代化的历程各有特色,发展中国家不必以低姿态在发达国家身后亦步亦趋,发达国家的道路也未必优于发展中国家的道路,各国应以本国国情为主,相互借鉴共同发展。教育现代化具有长期性,从传统到现代的转变历时漫长,常常要以世纪为单位来衡量。教育现代化具有阶段性,传统教育发展为现代教育不是一蹴而就的断崖式,而是逐渐过渡的阶段式。教育现代化具有趋同性,不同于传统教育中不同的类型与存在方式,现代教育的特征则是相似的、接近的,具有共性;教育现代化具有不可逆性,在现代化的过程中,可能偶尔会出现挫折与倒退,但在整体上从传统到现代的转变势不可挡。[①] 总的来说,教育现代化的过程是进步的过程,从传统到现代的转变虽然几经挫折,常伴痛苦,但在付出巨大代价后,教育现代化是实践选择的必然结果。

(二)教育现代化的特征及进程

教育现代化作为一种发展过程和水平状态,必然会表现出其不同以往的特征,这些特征既有现实性又有预测性。对此,学者们做了不尽相同的论述。顾明远根据现代社会的基本情况和当前世界教育的发展形势,归纳出教育现代化的九个主要特征,即教育的民主性和平等性、教育的个性、教育的终身性、教育的多样性、教育的开放性、教育的国际性、教育的创新性、教育的信息化和网络化,以及教育的科学性。谈松华从时间维度和价值维度两方面对教育现代化的特征进行概括,认为从时间维度看,教育现代化是动态的持续发展过程,是教育整体转

---

① 褚宏启.教育现代化的路径——现代教育导论[M].2版.北京:教育科学出版社,2013.

化的运动或教育形态的变迁过程,是对传统教育的批判、继承和发展的过程,是全球性的历史演进过程,是人自身现代化的实践活动过程;从价值维度看,教育现代化具有以实现人的现代化为其根本目的、教育与生产劳动相结合、教育的民主性、教育的科学性和教育的开放性等五个特征。朱旭东认为,教育现代化有以下几个普遍特性:教育的法制化和民主化、教育的国家化、教育结构的完整化、教育理论的科学化和细分化、教育方法的技术化、教育的终身化、教育的国际化和全球化。

综合以上观点,可以归纳出教育现代化的特征至少有以下几点:教育普及化、教育终身化、教育开放化、教育与生产劳动相结合、塑造人的现代素质、教育法制化、教育多样化等。其中,作为现代教育,教育普及化是教育现代化的题中应有之义。如果没有推行义务教育,没有实现基础教育普及化、高等教育大众化,就说自己实现了教育现代化无异于痴人说梦;在教育普及化的基础上实现的教育国际化、个性化、信息化,是更高层次的教育现代化。只有尊重每个孩子的特长,因材施教,运用信息化手段培养具有国际意识的现代公民,才称得上是真正意义上的教育现代化。

褚宏启认为,从历史视角看,可将教育现代化的历程划分为过渡、变革和高度教育现代化三大阶段。[①] 在过渡阶段,有关教育的新观念和新措施等开始零散出现,并且挑战现有的教育秩序。但总的来说,新的教育势力仍然处于萌芽阶段,旧的教育力量依旧不可撼动,虽然局部的教育改革时有发生,但还未出现根本性教育变革。在变革阶段,国家成为兴办教育的主体,公民受教育的机会普遍增加,义务教育大范围普及,中等教育普及率逐渐提高,有关教育的行政管理制度和学校制度逐渐建立并完善。在高度教育现代化阶段,中等教育大范围普及,高等教育得到极大发展,教育体系高度完善。教育与经济、社会、国家的发展相协调,整个教育体系基本定型,只存在较小的、需要微调的问题。

教育现代化发展的过程并非一帆风顺,而是在曲折坎坷中发展。教育现代化的发展过程如同所有变革一样,其中同样存在矛盾与冲突,阻碍和促进教育现代化发展的因素与力量并存,不断博弈。不同利益集团间的冲突不可避免,现代化进程顺利与否,就取决于阻碍因素与促进因素二者间的力量对比。那么,教育现代化发展何时是尽头,其究竟有无实现的可能,已经实现高度教育现代化的国家的教育发展如何,未来该向何处发展,对于这些问题的答案,学界也在激烈争论中。总的来说,当前学界对教育现代化的未来存在两种对立的态度,一种是乐观的,认为一个社会经过不断改革与努力,就能够具有达到较高现代化程度的可

---

① 褚宏启.教育现代化的路径——现代教育导论[M].2版.北京:教育科学出版社,2013.

能性;另一种则是悲观的,认为由于资源的有限性,至少在现有资源下,短时期内无法实现所有国家均达到高度教育现代化的目标。客观来看,虽然资源总量是有限的,但是在如今较充足的条件下,人类合理地利用资源、创造性地开发资源,是能够为教育现代化发展提供一定物质保障的。况且相比于有限的自然资源,人类社会的政治制度与思想观念是影响现代化更为重要的因素。只要端正态度,怀抱希望,切实做出努力与改变,剔除影响教育现代化的不利要素,营造良好的环境,那么教育高度现代化的目标就并非遥不可及。

(三)教育现代化的制约因素

不同国家教育事业的阻力因素各自不同,相应地,其对抗阻力的方式方法也不尽相同,这就使得不同国家的教育现代化进程存在普遍性与特殊性。但是就教育的本质而言,其具有一定的依附性和滞后性,因此教育现代化的实现普遍受制于经济和政治条件。

首先,从经济与教育的关系来看,国家总体的经济形势与经济发展状况对教育现代化具有首要影响。一方面,教育经费的来源很大程度上具有单一性,主要倚靠国家财政拨款。国家经济发展状况较好,就自然为教育现代化发展提供稳定有力的资源保障。而经济高速增长带来的居民收入增加,也可以为教育现代化发展贡献国家保障之外的资源——民间经费。另一方面,经济结构与产业规划影响着高校设置及专业设置,尤其是高等教育的学科设置情况直接反映了国家与当地的经济发展趋势与发展重点。经济结构与产业规划同样影响着具体的培养内容和培养方式,对课程设置、教学内容与方法等产生巨大影响与作用。教育需要与产业发展、经济结构相适应,与国家需求和社会的发展相契合,这是教育外部规律所决定的。

其次,从政治与教育的关系来看,教育永远摆脱不了政治的影响,政治是影响教育现代化的关键性因素。一方面,教育和政治二者是无法分割的共生关系,教育永远不可能摆脱政治干预独立发展,只不过干预程度有大小之分,方向有对错之别。此外,国家政治权力是教育发展最为重要的资源,政治途径是很多重大教育问题得以解决的主要途径。另一方面,良性的政治环境是教育健康发展的必要前提,这是从新中国教育发展70多年的历史和经验得出的基本结论,是实践总结出来的颠扑不破的教育规律与原理。只有坚持党的领导,坚持社会主义办学方向,确立教育优先发展战略,坚持立德树人,才能确保教育事业得到健康快速的发展。

不论从历史还是现实都可以看出,教育作为社会的结构之一,其现代化发展离不开其他社会结构的发展。经济、政治、文化等作为社会的核心结构,不仅决定着教育目标,也决定着服务教育目标的教育内容、教育方法、教育条件和教育管理等。没有社会各个主要层面的现代化,教育现代化的全面、充分实现也是不可能的。

第三节　区域教育现代化与学校发展

新中国成立70多年以来,我国教育事业取得了长足的进步,但是也存在相应问题,尤其突出的是区域教育失衡问题。从价值取向来看,区域教育均衡发展是人民群众对教育公平的迫切要求;从社会政策来看,区域教育均衡发展是教育资源合理配置的重要体现;[①]从学校发展来看,区域教育均衡发展是全面实施优质教育的基础和保障。要想实现区域内部现代化优质学校的创建与发展,更离不开区域教育失衡难题的破解与区域间教育资源的优化整合。这不仅是教育事业面临的重要课题,更是中国特色社会主义长足发展的必然要求。由于经济、文化、社会、历史等因素的差异,我国不同地区的教育发展存在明显差异,因此,区域内部结合自身条件,积极探索相应的发展模式,抓住机遇,迎接挑战,弥补不足,努力推动教育均衡发展与创建现代化优质学校。

长三角、珠三角和京津冀作为我国三大区域经济圈,其经济发展水平、城市建设水平、产业结构布局以及教育事业与学校发展具有各自的特点,尤其在三地经济一体化的推动下,其区域教育合作与均衡发展也被推到了台前。在各地积极探索与实践中,区域教育发展呈现出各自的特色和不同的发展趋势,同时也存在发展不平衡的态势。教育发展与学校建设差异的根源,在于区域经济发展水平的差异,要想从宏观上分析和解决区域教育发展的差异问题,绕不开的首要问题就是区域间经济发展的差异问题。

一、长三角地区

(一)经济发展特点

在地理上,长江三角洲是长江和钱塘江在入海处冲积而成的三角洲,是我国最大的河口三角洲,主要包括江苏省东南部、上海市和浙江省东北部。2010年,国务院正式批准实施《长江三角洲地区区域规划》,将长三角扩大到两省一市,以

---

① 王晓晨.中国基础教育均衡发展问题研究[D].长春:吉林大学,2015.

上海市、江苏省 8 个城市（南京、苏州、无锡、常州、扬州、镇江、南通、泰州）以及浙江省 7 个城市（杭州、嘉兴、湖州、绍兴、宁波、舟山、台州）为核心区，统筹两省一市发展，辐射泛长三角地区（包括江西、安徽等省）。[①]

在历史上，江浙地区曾经是中国资本主义经济萌芽的摇篮。新中国成立以来，长三角地区把握时机，大胆改革，经济社会迅速腾飞发展。尤其是改革开放后，"苏南模式"的集体经济、"温州模式"的个体和民营经济、上海长期积淀的金融和商贸文化，更是催生了长三角的经济发展活力，其发展速度、经济总量、社会组织发育程度等都走在全国前列。[②] 2008 年，国务院颁布的《进一步推进长江三角洲地区改革开放和经济社会发展的指导意见》指出，长江三角洲地区是我国综合实力最强的区域，在社会主义现代化建设全局中具有重要的战略地位和带动作用，[③]长三角的战略地位被提升到前所未有的高度。

由于地理位置、政府政策以及市场机制等因素的差异，长三角地区形成了典型的"一主多副"的经济发展模式，以上海为龙头，辐射江浙地区，形成了长三角城市带。上海是长三角经济扩散和产业布局的中心，围绕经济实力最强的上海，浙江的宁波、杭州、温州、嘉兴，江苏的南京、苏州、无锡、镇江等城市积极调整产业布局，对内联合内陆地区力量，对外吸纳发达国家资金、技术，不断向现代化迈进。21 世纪以来，长三角在越来越多的领域展开交流与合作，联系日益增强，区域经济明显收敛，地区间差距逐渐缩小，一体化程度不断加深。[④]

（二）区域教育合作与学校发展

在经济一体化的背景下，教育一体化发展也被提上日程。2003 年，上海市教育部门分别与江苏、浙江签订了《关于加强沪苏两地教育合作的意见》以及《关于加强沪浙两地教育合作的意见》，长三角的教育合作迈入良性发展道路，教育合作从构想正式走向现实。[⑤] 至今长三角教育合作已走过将近 10 个年头，围绕教育体系的各个方面签署了若干合作协议，就推动薄弱学校改进展开了全面交流与合作。

① 张蕾蕾.长三角区域高等教育联动改革与协调发展的行动路线研究[D].苏州：苏州大学，2013.
② 刘钰.长三角、珠三角与京津冀区域经济比较[J].中国国际财经，2017(12)：22-23.
③ 国务院关于进一步推进长江三角洲地区改革开放和经济社会发展的指导意见：国发〔2008〕30 号[A/OL].（2008-10-16）[2021-06-21].http://www.scio.gov.cn/xwfbh/xwbfbh/wqfbh/2008/1016/Document/309032/309032.htm.
④ 刘钰.长三角、珠三角与京津冀区域经济比较[J].中国国际财经，2017(12)：22-23.
⑤ 余秀兰.促进与区域经济的良好互动：长三角教育的应为与难为[J].教育发展研究，2005(17)：60-62,65.

2003年,两省一市教育部门签署了《长三角高校毕业生就业工作合作组织合作协议书》,正式建立了长三角高校毕业生就业工作合作组织,[1]充分保障学校育人育才的成效。

2004年,上海市教育评估院和江苏省教育评估院共同签署了《关于进一步加强苏沪两地教育评估合作的协议书》;同年,江浙沪三地教科院签订《长三角教育科学研究合作协议》,继续推进区域内教育评估和教研交流合作的深入发展,重新认识"好学校"的内涵与衡量标准。

2005年,江浙沪三地教育部门签署《长江流域各省市教育共同发展协议书》,推进各类教育资源共享,着眼于推动"系统优化"的优质学校观,携手建设教育现代化。

2008年,江浙沪三地教育部门签署《上海市、江苏省、浙江省关于长三角社区教育合作协议》,加强教育管理者与教师培训合作,共享网络教育资源,成立教育合作组织,推动区域教育一体化进程。[2] 力求从物质和技术层面,积极帮扶薄弱学校建设,实现学校条件、装备与教育信息技术的现代化发展。然而这些合作具有一定的随机性、一般性和滞后性,并未取得实质性的突破。

直至2009年,长三角教育联动发展研讨会在南京召开,江浙沪三地的教育行政部门负责人在会上共同签订《关于建立长三角地区教育协作发展会商机制协议书》,这标志着长三角教育合作已由民间层面向行政制度化层面转变,[3]为现代化优质学校创建提供了良好的成长基础与空间,是长三角教育协同发展的重要一步。会议中,三地与会代表就各级教育提出了全方位合作意向,立志推动长三角地区率先基本实现教育现代化,并向教育部呼吁建立试验区。[4]

2010年,江浙沪成立"长三角教育联动发展协调领导小组及其办公室",其职责为专门落实有关教育事业发展的重大事项,象征了改革区域内部学校治理体系与增强相关治理能力的决心,推动三地在区域教育全面协作与现代化转变中迈上新台阶。

2011年是长三角教育合作协议签订最多的一年,在这一年举办的"第三届

---

①　龚瑜. 长三角大学生跨省就业保留原户籍 江浙沪人才流动无障碍[EB/OL]. (2003-10-15)[2021-06-21]. http://zqb. cyol. com/content/2003-10/15/content_747719. htm.

②　江浙沪两省一市签署长三角社区教育合作协议书[EB/OL]. (2008-10-13)[2021-06-21]. http://www. gov. cn/wszb/zhibo273/content_1121442. htm.

③　中华人民共和国中央人民政府. 长三角教育交流合作向行政决策层面、制度化转变[EB/OL]. (2009-03-31)[2021-06-21]. http://www. gov. cn/jrzg/2009-03/31/content_1273631. htm.

④　中华人民共和国中央人民政府. 长三角教育交流合作向行政决策层面、制度化转变[EB/OL]. (2009-03-31)[2021-06-21]. http://www. gov. cn/jrzg/2009-03/31/content_1273631. htm.

长三角职业教育联动发展研讨会"上,江浙沪三地政府与教育主管部门共同签署了《关于长三角高等教育专家资源库建设及共享的协议》《长三角高等学校大型仪器设施共享协议》《关于建立长三角地区高校图书馆联盟的框架协议》《长三角研究生教育创新计划合作协议》《关于共同举办长三角地区国际教育展合作意向书》《长三角高校优秀中青年干部挂职培养合作协议》《长三角地区高校学分互认协议》等 7 项协议,①不断提高区域内高等教育资源的开放互通程度。在当前区域内部优质学校已具备一定现代性的基础上,进一步明确了优质学校未来发展的路径与方向。

2012 年,第四届长三角教育联动发展研讨会在苏州举行,安徽省首次加入。三省一市教育行政部门共同签署了《进一步建立新一轮长三角教育协作发展会商机制协议书》,表示要共同建立"长三角教育综合改革试验区",联合成立"长三角教育联动发展研究中心"②。为了使新优质教育资源辐射更多的公立学校,《上海市新优质学校集群发展三年行动计划(2015—2017)》提出,到 2017 年,上海新优质学校集群发展的学校数量将扩大至 250 所左右,覆盖全市义务教育阶段约 25％的学校。③

2019 年 5 月,习近平总书记主持召开中共中央政治局会议,会议审议并通过了《长江三角洲区域一体化发展规划纲要》,标志着长三角一体化发展成为新时代社会主义建设中一项重要的国家战略。④ 同年 10 月,上海普陀区、江苏苏州市、浙江嘉兴市、安徽芜湖市签约成立"长三角一体化四地教育联盟",四地抢抓重大机遇,率先建立长三角一体化教育联盟,⑤全面激发学校效能,为教育跨区域交流奠定坚实基础,进一步推动长三角教育一体化与现代化优质学校发展。

可以看出,长三角以资源互通、信息互认、人才互流为结合点,将区域教育合作发展深入到具体项目与实际操作中,实现了基础扎实、合作深入、全面持续的教育合作共赢。教育部门主动介入是长三角地区教育合作成功的最大推力,⑥其不断扩大化教育合作领域,切实保证了区域内部教育资源的优化配置和利用。

---

① 中国教育信息化网.长三角教育联动发展研讨会在沪举行扩大高教资源互通共享[EB/OL].(2011-04-19)[2021-06-21].https://www.ict.edu.cn/news/n2/n20110419_1508.shtml.

② 江苏省教育厅.第四届长三角教育联动发展研讨会在苏州召开[EB/OL].(2012-05-14)[2021-06-21].http://jyt.jiangsu.gov.cn/art/2012/5/14/art_38307_3270718.html.

③ 杨婷.优质:学校现代化评价的综合标准[J].苏州大学学报(教育科学版),2020,8(3):21-29.

④ 中共中央党校(国家行政学院).习近平主持中共中央政治局会议[EB/OL].(2019-05-13)[2021-06-21].https://www.ccps.gov.cn/xtt/201905/t20190514_131621.shtml.

⑤ 上海普陀教育局.普陀、苏州、嘉兴、芜湖长三角一体化四地教育联盟成立[EB/OL].(2019-10-31)[2021-06-21].http://www.shpt.gov.cn/jyj/qunei-xinwen/20191031/453229.html.

⑥ 李春红.长三角、珠三角区域教育合作的比较研究[J].教育理论与实践,2007(2):47-49.

此外,政府部门通过行政手段创造条件与资源,从培养人才到留住人才,切实保证各自的教育投入能够产生最大效应。尤其在教师队伍建设、学生素质提升、优质学校创建等方面,长三角地区结合地方实际情况,凝聚各方力量,勇于创新办学模式,探索个性化办学思路,以人为本,不断满足人民群众对教育的多元化需求。[①]

二、珠三角地区

(一)经济发展特点

在地理上,珠江三角洲是西江、北江共同冲积成的大三角洲与东江冲积成的小三角洲的总称,简称"珠三角"。珠三角位于广东省中南部,毗邻港澳,与东南亚地区隔海相望,海陆交通便利,被称为中国的"南大门"。1994年,广东省委在七届三次全会上提出要建设"珠江三角洲经济区",这是珠三角概念的首次提出,最初包括广州、深圳、佛山、东莞、中山、珠海、江门、肇庆、惠州等9个城市。[②] 2003年广东省提出"泛珠三角"概念,[③]包括广东、广西、海南、云南、贵州、四川、湖南、江西、福建等9个省区和香港、澳门两个特别行政区。2019年2月18日,中共中央、国务院印发《粤港澳大湾区发展规划纲要》,以香港、澳门、广州、深圳为中心引领粤港澳大湾区建设。

广东省位于我国大陆南端,有着悠久的对外通商历史,具有重要的经济战略地位。改革开放前,珠三角只包括广州1个大城市和佛山、肇庆、江门、惠州等4个小型城市,是典型的以农业经济为主的地区。[④] 1978年,深圳与珠海、汕头、厦门一起被设立为经济特区,正式迎来了改革开放的浪潮。改革开放40多年来,珠三角地区敢为人先,勇立潮头,积极探索,以日新月异的变化书写着城市发展的奇迹。

珠三角是我国最早实施改革开放的地区,肩负着改革开放先行者、体制改革试验区和对外开放窗口的重要责任。为了使经济迅速崛起,珠三角充分运用党和政府给予的优惠政策和灵活措施,利用毗邻港澳、华侨众多的地缘优势和人缘

---

① 周真真.内涵与理念:优质学校创建的实践分析[J].学校党建与思想教育,2012(11):16-18,25.

② 中国经济网.1994:"珠三角"带来区域经济一体化时代[EB/OL].(2009-01-16)[2021-06-21] http://views.ce.cn/fun/corpus/ce/ww/200901/16/t20090116_17984686.shtml.

③ 泛珠三角区域合作大事记[J].今日中国,2004(8):33.

④ 田井才.珠江三角洲经济发展模式及提升竞争力对策研究[D].长春:吉林大学,2004.

优势,抓住机遇,锐意创新。[①] 珠三角地区引进国外的资金、技术和先进的管理经验,大力发展以外向型经济为主的市场导向型发展模式,直接参与国际产业链的循环,形成了一套具有珠江三角洲特色的经济发展模式。不同于长三角"一主多副"的经济发展模式,珠三角地区的经济发展模式是典型多元中心的"诸侯经济",广州、深圳、佛山、珠海、东莞、中山等城市综合实力都比较强大,[②]力量较为分散。

(二)区域教育合作与学校发展

不同于长三角政府牵头的区域教育合作,珠三角的区域教育合作是由教育部门之外的部门针对有效开发人才而展开的。2003年12月,珠三角城市群的各人才交流服务中心主任应中国南方人才市场和深圳市人才交流服务中心的邀请齐聚广州,共同探讨区域教育合作问题并达成相关共识,标志着珠三角城市群人才交流一体化战略联盟正式建立,[③]对未来教育部门的合作提出了迫切要求。

随着社会的发展、人民生活水平的提高,人们不再满足"有学上",而是要"上好学",追求优质、高品位的教育。[④] 为顺应人民的需要、办好优质教育、建好优质学校,2004年6月,"9+2"省区政府领导人签署了《泛珠三角区域合作框架协议》,把科教文化作为区域合作十大领域之一,提出要加强各方高等院校和科研院所在科技与教育资源应用方面的合作,加强文化和人才交流;加快推进科技文献、科技信息、专家库、动植物资源和水文资源等基础性科技教育资源的联网共享;加强协调,建立区域创新体系;以高新技术及产业化开发为主,逐步建立区域科技项目合作机制和成果转化平台,推进区域产业协作和战略合作联盟。[⑤] 这一举措将珠三角区域内部优质教育资源总量扩大,是切实推动教育质量水平整体提升的关键一步。

为落实这一框架协议,为人民提供更加优质的教育,2004年和2005年相继在广州、成都举行了两届泛珠三角区域教育合作和发展会议,与会代表共签署了《关于加强泛珠三角区域教育交流合作的框架协议》《泛珠三角区域教师交流合作框架协议》《共建泛珠三角区域教育信息平台合作协议》《泛珠三角区域基础教

① 田井才.珠江三角洲经济发展模式及提升竞争力对策研究[D].长春:吉林大学,2004.

② 李春红.长三角、珠三角区域教育合作的比较研究[J].教育理论与实践,2007(2):47-49.

③ 广东省人民政府.珠三角城市群将联手赴外省招才 8市合作框架协议签署[EB/OL].(2007-03-14)[2021-06-21].http://www.gd.gov.cn/gdgk/gdyw/200703/t20070314_14271.htm.

④ 周真真.内涵与理念:优质学校创建的实践分析[J].学校党建与思想教育,2012(11):16-18,25.

⑤ 东方新闻.泛珠三角区域合作框架协议(全文)[EB/OL].(2004-06-04)[2021-06-21].http://news.eastday.com/eastday/news/news/node4942/node21505/userobject1ai276814.html.

育课程改革与教学研究项目交流合作框架协议》《泛珠三角区域大学生就业信息资源共享合作协议》和《关于粤港澳三地学校缔结姐妹学校事宜的框架协议》等6项协议[①],进一步推动区域教育合作与教育资源整合。

2005年1月27日,广州、深圳、珠海、佛山、惠州、东莞、中山和江门等8市的人事局领导在广州签署了《珠三角人才资源开发一体化合作协议》,进一步奠定了珠三角在人事人才服务领域合作的基础,切实确保学校教育质量与人才培养成效。[②]

2006年,中国南方人才市场以前期调研数据为依据,牵头草拟了《珠三角城市群人才交流一体化合作框架协议》,并在综合多方意见后形成了最终协议文本。[③] 同年,泛珠三角各省区政府共同制定了《泛珠三角区域合作发展规划纲要(2006—2020)》,进一步实现科技资源的开放和共享,为泛珠三角区域教育发展合作提供了制度基础,为创建优质学校提供了更加丰富的理念指导。[④]

至2011年,泛珠三角区域多次召开泛珠三角区域教育交流与合作联席会议,然而这些会议多为交流形式,其合作性质并不明显。直至目前,珠三角地区的教育合作,更多体现在东部省区对西部省区、港澳对内地学校的对口帮扶与交流合作。

可以看出,相较于以政府行为为主要动力的长三角教育合作,珠三角教育合作与发展更多以市场与社会需求为推动力。政府与区域合作的意向并不明显,使得如今出台的政策中指向区域教育合作具体内容的少之又少,未能为现实中开展区域教育合作提供明确具体和制度化的政策保障,难以为区域内部优质学校创办提供统一有效的政策指导。而且,珠三角对教育合作与协调的态度并不明朗,其最初合作的着眼点并非教育,而是人才特别是高端人才的利用,相较于长三角自主培养人才、留住人才的教育合作主张,珠三角地区更倾向于从外引进人才,因此也使得珠三角早期教育合作的重点与核心大多局限在如何吸引人才以及人才的使用上。[⑤] 而创建优质学校最重要的一部分就是实现由结果优质向过程优质过渡的目标,仅靠人才输入以弥补母体的"营养不足"并非良策,政府和

---

① 黄崴,孟卫青.泛珠三角区域教育发展合作的背景、现状与机制[J].教育研究,2007(10):67-72.

② 广东省人民政府.珠三角城市群联手赴外省招才　8市合作框架协议签署[EB/OL].(2007-03-14)[2021-06-21].http://www.gd.gov.cn/gdgk/gdyw/200703/t20070314_14271.htm.

③ 广东省人民政府.珠三角城市群将联手赴外省招才　8市合作框架协议签署[EB/OL].(2007-03-14)[2021-06-21]..http://www.gd.gov.cn/gdgk/gdyw/200703/t20070314_14271.htm.

④ 泛珠三角合作信息网.《泛珠三角区域合作发展规划纲要(2006—2020年)》全文[EB/OL].(2006-03-03)[2021-06-21]..http://www.pprd.org.cn/fzgk/hzgh/201606/t20160621_53310.htm.

⑤ 李春红.长三角、珠三角区域教育合作的比较研究[J].教育理论与实践,2007(2):47-49.

学校应当秉持"学以成人"的育人目标,[①]关注未来人才结构与人才支撑,为区域内部创造新鲜血液。

三、京津冀地区

(一)经济发展特点

在地理上,京津冀地区位于环渤海地区心脏地带,地处华北平原北部,西临太行山与燕山山脉。行政上,京津冀地区包括北京、天津和河北省的保定、廊坊、唐山、石家庄、邯郸、秦皇岛、张家口、承德、沧州、邢台和衡水 11 个地级市以及定州和辛集 2 个省直管市。京津冀地区是中国北方经济规模最大、发展水平最高的城市化地区。[②]

京津冀地区历史渊源深厚,自元朝以来就本为一家。明清之时,天津与河北是极具战略重要性的"京畿重地",北京周边地区的繁荣和发展对于巩固京师的政治稳定具有不容忽视的重要性。[③] 然而晚清以来,天津与河北的战略地位一落千丈,从"拱卫京师,以固根本"的突出地位直线下降至资源输出的"后勤处"。直至 20 世纪 80 年代,国家开始实施国土整治战略,将京津冀地区作为四大试点地区之一,其才开始走上协同发展的道路。2014 年,习近平总书记在北京主持召开的座谈会中提出京津冀协同发展战略,以疏解北京非首都功能为"牛鼻子",推动京津冀地区协同发展。

然而,长期以来,受北京对周围地区资源空吸的影响,京津冀地区几乎没有良好的合作共享,各方资源高度集中于北京,并未在京津冀地区形成均匀分布的经济格局,反而造成了京津冀地区经济严重失衡,形成具有巨大落差的"梯度发展"格局。[④] 一方面河北地区的资源被动高度汇聚北京,另一方面又被动接受在京不具备竞争力的经济个体和产业布局,加剧了河北在京津冀区域内被动选择的发展地位,且付出了经济、资源、环境等巨大的代价。此外,由于长期以来以政治文化见长,受制于北京的政治稳定和社会安定因素,京津冀地区的行政力量十分强大,社会力量和民营经济衰弱,也未能发挥相应的作用。[⑤] 长久以后,京津

① 杨婷.优质:学校现代化评价的综合标准[J].苏州大学学报(教育科学版),2020,8(3):21-29.

② 刘浩,马琳,李国平.1990s 以来京津冀地区经济发展失衡格局的时空演化[J].地理研究,2016,35(3):471-481.

③ 孙久文,原倩.京津冀协同发展战略的比较和演进重点[J].经济社会体制比较,2014(5):1-11.

④ 刘钰.长三角、珠三角与京津冀区域经济比较[J].中国国际财经,2017(12):22-23.

⑤ 刘钰.长三角、珠三角与京津冀区域经济比较[J].中国国际财经,2017(12):22-23.

冀区域经济发展失衡格局越演越烈,且出现蔓延趋势,逐渐扩大至社会、文化、科技和生态等诸多方面,"环京津贫困带"现象日益严重。

(二)区域教育合作与学校发展

京津冀教育协同发展的理念以京津冀协同发展战略为依托,相关政策出台时间较短,虽然三地在各个学段的合作取得了一定进展,但经费投入、教育质量、招考政策等方面差距仍然显著。且北京与周边地区之间具有难以调节的利益矛盾,加之制度缺乏与认识不足,京津冀地区教育合作与资源整合进度缓慢,阻碍重重。

2015年,中共中央政治局召开会议,审议通过《京津冀协同发展规划纲要》,京津冀协同发展正式被提升为国家战略。可惜的是,《京津冀协同发展规划纲要》更多强调经济产业结构升级与转移,其实施细则包括交通、环保和产业一体化发展等,并未涵盖教育领域。① 而且京津冀协同发展战略的定位在于疏解非首都功能,所有工作的开展均围绕此进行,保障首都核心功能为该战略的首要出发点,而非京津冀区域各主体的切实利益。② 在这样的背景下,教育协同发展与校际合作在客观上虽然是实施京津冀协同发展战略的必然要求,但却在很长一段时间中处于制度空白的尴尬阶段。

京津冀地区校际合作是实现京津冀教育协同发展的重要路径,"十三五"期间,京津冀教育合作项目开始以对口帮扶、开办分校、教育集团化等形式全面展开。2016年,由北京大兴区发出倡议,联合天津市北辰区和河北省廊坊市成立了京津冀三区市教育联盟,通过激发薄弱学校活力、实现优势互补,来探索区域教育协同发展的实际举措。同年,京津冀三地在京签署《教育督导协作机制框架协议》,③力图充分发挥第三方评估机构的监督和助推作用,通过不断追踪和审查学校发展动态,减少资源不均衡流动,从而激励区域内部各学校主体自主改革体制机制,解决优质学校创建中的各项问题。

2017年,京津冀教育协同发展工作推进会在河北廊坊召开,三地联合发布《京津冀教育协同发展"十三五"专项工作计划》,将着重推进教育领域非首都功能疏解合作、基础教育合作、人才队伍建设、对口帮扶、人才培养合作等10个重

---

① 中华人民共和国中央人民政府.中共中央政治局召开会议 研究部署规划建设北京城市副中心和进一步推动京津冀协同发展有关工作[EB/OL].(2016-05-27)[2021-06-21].http://www.gov.cn/xinwen/2016-05/27/content_5077392.htm.

② 桑锦龙.教育服务国家重大发展战略(笔谈)[J].教育研究,2019,12(479):122-128.

③ 邯郸市教育局.京津冀三地签署教育督导协作机制框架协议[EB/OL].(2016-06-07)[2021-06-21].http://jyj.hd.gov.cn/newsInfo.aspx?pkId=2937.

点项目。① 会议中,北京市通州区、天津市武清区、河北省廊坊市率先签署了《关于开展教育协同发展的合作协议》,三区(市)将启动建设 10 个基础教育协同发展共同体和中等职业学校联盟、幼儿园联盟,②努力顺应基础教育阶段"重点校"到"示范校"再到"现代化优质学校"教育理念革新的发展趋势。

2019 年初,京津冀教育协同发展工作推进会在雄安新区召开,北京市教委、天津市教委、河北省教育厅联合发布了《京津冀教育协同发展行动计划(2018—2020 年)》,明确提出要优化提升教育功能布局、推动基础教育优质发展、加快职业教育融合发展、推动高等教育创新发展、创新教育协同发展体制机制等 5 个方面的内容。③ 同年,北京市印发《2019 年教育领域疏解协同工作要点》和《2019 年教育系统疏解整治促提升专项行动计划》,进一步推进三地校际交流合作。④

据不完全统计,截至 2021 年,北京市海淀区与河北省张家口市、北京市门头沟区与河北省张家口市及涿鹿县、北京市西城区与河北省保定市、北京市房山区与河北省石家庄市裕华区及廊坊市固安县、北京市东城区与河北省邯郸市及石家庄市桥西区等已先后签署教育合作协议,⑤推动北京中小学开展跨区域合作办学,将京津优质教育资源与河北省共享。这些合作切实有助于三地合作学校在更大范围内比对、梳理和借鉴彼此发展经验,借鉴合作学校发展历程中的关键路径与方法,能够促进自身更加明了所面临的机遇与挑战,最终实现全面可持续发展。⑥

可以看出,自从京津冀协同发展战略正式提出,三地教育合作日益紧密,在各个学段不断探索,取得了重大进展与突破。然而,京津冀教育协同发展依旧在希望与失望间不断徘徊。首先,相较北京和天津两个直辖市,河北省在政治地位和经济水平上均处于劣势,其拥有的教育资源与二者相比更是有天壤之别。在资源本不平衡的基础上,教育合作的形式更多以接受京津地区的教育帮扶为主,这种"给什么就吃什么"的被动地位使得实现优质教育均衡的难度和阻碍较大。其次,京津冀三地归属不同的行政区域,地方政府本身对教育协同发展的认识不

---

① 曹连喆.京津冀基础教育协同发展的困境与出路[J].智库时代,2020(14):134-135.

② 廊坊市人民政府.京津冀教育协同发展工作推进会在我市召开[EB/OL].(2017-02-18)[2021-06-21].http://www.lf.gov.cn/Item/66010.aspx.

③ 北京市人民政府.京津冀联合发布教育协同发展三年行动计划[EB/OL].(2019-01-08)[2021-06-21].http://www.beijing.gov.cn/ywdt/zwzt/jjjyth/zxxxi/201901/t20190108_1819354.html.

④ 桑锦龙.教育服务国家重大发展战略(笔谈)[J].教育研究,2019,12(479):122-128.

⑤ 河北新闻网.京津冀教育协同发展 通州、武清、廊坊携手打造学校联盟[EB/OL].(2017-02-19)[2021-06-21].http://lf.hebnews.cn/2017/02/19/content_6320564.htm.

⑥ 吴洪成,寇文亮.京津冀中小学校际合作定位与运行机制研究——基于河北合作学校的调查[J].教育学术月刊,2020(7):32-41.

同,态度懈怠,意愿也很难统一,在合作时地方保护倾向十分明显,以追求自身利益最大化为最终指向,难以形成良性的资源互惠模式。[①] 最后,京津冀地区的教育合作缺乏完整的制度保障、运作机制以及资金体系,其协同发展规划与管理的某些方面甚至仍然处于自发无序的碎片化阶段,[②]部分学校发展处于教育脱贫阶段,京津冀教育协同发展前路依旧坎坷漫长。

① 曹连喆.京津冀基础教育协同发展的困境与出路[J].智库时代,2020(14):134-135.
② 桑锦龙.教育服务国家重大发展战略(笔谈)[J].教育研究,2019,12(479):122-128.

第二章　中外学校评估理念与实践的新进展

【本章概述】

学校评估理念引领学校评估实践。近年来,受实证主义、管理主义、建构主义等思想的影响,学校评估在世界范围内先后经历了多次理念和实践的双重变革,形成了评估理念兼容并包、评估实践交错展开的学校评估图景。在学校评估理念中,增值性评价侧重效能监测;发展性评估关注学校持续改进的效果;自我评估有助于激发学校评估的活力;同行评议借助外部评估的专业资源,兼顾学校的发展特色。以上四种评估理念形塑了现代世界学校评估的演变路径,形成了质量优先、兼顾公平的评估理念,重视自我评估的评估模式,多元化的评估主体,指向学生全面发展的评估指标,定性和定量相结合的评估方法,以及服务于学校改进的评估目标。我国学校评估借鉴了以上评估理念,结合区域办学特色开展地方性探索,取得了丰硕成果。

学校评估是规范学校办学实践、确保学校教育质量和引导学校办学方向的指南。2020 年,我国印发了《深化新时代教育评价改革总体方案》(以下简称《方案》),明确提出要改进中小学校评估。具体而言,中小学校的评估重点在于促进学生全面发展、保障学生平等权益、引领教师专业发展、提升教育教学水平、营造和谐育人环境、建设现代学校制度以及减轻学业负担、提高社会满意度等方面。[①]《方案》为未来一个时期内我国中小学校评估指明了发展方向。21 世纪以来,以追求卓越而公平的教育为旨归,基于以学生为中心的教育理念,学校评估在世界范围内经历了理论和实践的双重变革,描绘出了学校变革的新图景。然而,与发达国家相比,我国的学校评估存在设计上缺乏广度、深度和效度等问题,需要从专业性、系统性和操作性等方面提升评估能力。[②] 随着素质教育在中小学领域全面、深入的开展,我国在基础教育阶段的学校评估中重视对素质教育和全面办学质量的评估。在全面梳理近年来学校评估理念的基础上,对 21 世纪以

---

① 新华社.中共中央 国务院印发《深化新时代教育评价改革总体方案》[EB/OL]. (2020-10-23)[2021-02-21]. http://www.gov.cn/zhengce/2020-10/13/content_5551032.htm.

② 张东娇.论国家教育评估能力建设——从国际经验和中国学校评估设计欠缺谈起[J].教育研究,2012,33(4):115-121.

来学校评估改革取得较大进展的国家和地区开展检视,能够为促进我国中小学校评估发展提供新的借鉴。

第一节　现代教育评价与学校评估理念

学校评估指使用评估指标评估学校的整体或特定表现,系统地探究中小学办学的优点与价值,发现问题,并提出相应的建设性意见和建议,以提升学校的教育教学质量,促进学校的持续改进。[①] 学校评估需要统筹兼顾影响学校发展的基本因素,包括学生发展状况、教师发展状况、学校文化氛围、学校资源水平、学校管理能力等,并结合学生学业成就标准,回应社会需求。20 世纪 80 年代,美国学者古巴(Guba)和林肯(Lincoln)在其著作《第四代评估》中将课程与教学的评估理念划分为 4 个阶段,分别为测量时代、描述时代、判断时代和心理构建时代。[②] 在此基础上,近年来,结合第三代和第四代评估理念而产生的增值性评价、发展性评价、自我评价是我国中小学评估中广泛采用的评估理念,对学校的评估实践起到了指导作用。近年来,在欧美国家兴起并得到广泛使用的同行评议是学校评估的新模式,可以为完善我国学校评估发挥重要的借鉴作用。

一、增值性评价

增值为经济学术语,用于测算某一事物所产生的经济效益,政府为测算绩效并以此为依据分配公共支出而采用增值评价。教育领域内的增值性评价肇始于具有绩效和问责传统的美国,在大规模标准化测试广泛开展的背景下,增值性评价随着教育全球竞争继而被英国、加拿大、法国等多个国家应用于学校评估之中。

1984 年,美国统计学家威廉·桑德斯(William Sanders)等人首次提出增值性评价的理念和实践方法。经过近 10 年来评估理论的普及和统计技术的发展,1992 年,田纳西州正式使用增值性评价的评价系统,运用多水平分析模型,通过控制学生的初始学业成绩、经济社会背景等学校教育中不可控的因素测算增值分值进而对学校和教师效能进行评估,综合使用增值指标与出勤率、升学率等绩

[①] 闫艳.基础教育学校评估[M].杭州:浙江大学出版社,2020.
[②] 卢立涛.测量、描述、判断与建构——四代教育评价理论述评[J].教育测量与评价(理论版),2009(3):4-7.

效指标,并据此对学校和地区开展全面评估,[①]标志着增值性评价在美国中学评估中得到广泛认可。美国多州在中小学评估中使用增值性评价,具体措施为利用统计学技术,对学生多门学科开展多年的追踪分析,利用变化、增长和增长率等关键数值,将特定时期内学生学业成绩的增值作为关键指标,从州、学区、学校、教师、学生等多个层面评价学校的办学效能。此时,在美国以绩效和问责为主的评估文化中,增值性评价的结果与州、学区和学校的问责体系紧密结合,作为关键指标应用于各类考核评估中。

为深入了解学校的整体教育质量,将单个学校置于国家整体教育背景中把握学生的学业水平,英国广泛采用了增值性评价方式开展中小学评估。英国基于国家课程测试和考试结果利用国家增值系统评估中小学的历史可以追溯到1998年。此后的10年间,英国在全国范围内推广评估学校效能的增值性评价。到2006年,多元增值评价体系在英国中小学得到广泛应用,用以评估学校的办学效能。评估结果通过学校的年度增值分数表示。

21世纪以来,增值性评价在世界范围内得到广泛应用。经济发展与合作组织(OECD)开展的教育系统国际指标项目吸纳增值评价方式,用以增强国际社会不同国家间学校效能比较指标的效度,极大地推动了增值性评价在全球范围内的传播。[②] 21世纪初,加拿大开始采用增值性评价方式开展中小学绩效评估,并根据增值性评价的结果衡量学校的办学绩效,公布中小学办学绩效排名结果,为政府、教育管理者、学校、家长、学生等利益相关者提供全面、深入的教育参考信息。法国也将增值评价体系引入国家层面,用"附加值"指标的形式开展增值性评价,并将其纳入教育部的学校评估指标体系中。

与课程与教学评估发展过程中偏重测量和描述的理念不同,增值性评价突破只关注目标是否达成这一评估理念来评价办学质量的局限,将社会对学校教育的关注点从片面强调学生的学业成绩是否达到既定标准转移到动态跟进学生的学业进步水平。增值性评价以学校办学水平的增加值为主要依据判断学校的发展状况,最终目标是通过持续跟进学生学业情况,促进学生学业进步。增值性评价的本质是关注学习过程和变化,综合考虑办学过程中影响学生成绩的相关因素,如家庭背景、办学条件、原有成绩等,利用动态增加的"价值"展现学校在办学过程中付出的努力和取得的成绩。基于数据统计和动态监测的增值性评价强调持续提升学校的教育质量,以学生的进步幅度作为教育评价的客观尺度,为所

---

① 王建华,卢鸿鸣,缪雅琴.基础教育质量综合评价理论与实践研究[M].长沙:湖南教育出版社,2019.

② 边玉芳,王烨晖.增值评价:学校办学质量评估的一种有效途径[J].教育学报,2013,9(1):43-48.

有学校提供了公平展示办学水平的机会。[①] 增值性评价通过数据测算和历时性的发展变化为教育管理部门、学校和教师提供了有效指导学校改进的参考，为学校评估提供了客观合理的途径，最终助力学校改进，提高学校的整体教育质量。

增值性评价方法在学校效能评价中取得了良好的效果。增值性评价建立在学校教育质量和学生学业水平的基础之上，通过标准化测试把握学生学业进步的增量，因而被视为更加公平、更为准确的评估方式。例如，英国在教育评估中通过使用增值性评价方式，降低了生源质量差异对学校评估结果带来的不利影响，在遏制教育中的"马太效应"方面取得了显著成就，促进了不同学校之间的均衡发展，长远来看，可有利于推进教育公平。

然而，增值性评价在实践中也遭遇了一些困境。首先，增值性评价以统计学知识和技术的运用为前提，目前较为普遍的增值性评价模式为线性回归模式、固定效应模式、随机效益和多层模式等。准确开展增值性评价对评估者的专业能力和素养提出了较高的要求。其次，就评估理念而言，增值性评价因忽视与学业成绩密切相关且与学校办学质量不相关的影响因素，如先前的学业成绩、性别、种族、年龄、对特殊教育的需求和社会背景等而造成评估理论方面存在潜在不足。[②]

二、发展性评估

发展性评估是评价学校发展过程所采取的行动策略，以学校的日常教育教学、管理和学习生活为内容，以促进学校发展和自主发展能力形成为目的。[③] 发展性评估以学校自主评估为主，具有评价主体多元化的特点。评估过程中，发展性评估的鲜明特色是"以评促建"，评估的重点是：资源配置、学校文化、学校管理、教师发展和学生发展。[④]

20世纪90年代初，英国开放大学教育学院的纳托尔（Latoner）和克利夫特（Clift）等人提出了发展性评估理念，主张教育评估要以发展为本，兼顾个性发展和专业发展，评估双方建立信任并互相合作，采取开放式评价方式。[⑤] 随后，我

---

① 马晓强. 探索增值评价，我们在顾虑什么？[J]. 中小学管理，2020(10)：5-7.

② Saunders L. The use of "value-added" measures in school evaluation：A view from England[J]. School Autonomy and Evaluation，2001(31)：489-502.

③ 邬志辉. 发展性评估与学校改进的路径选择[J]. 教育发展研究，2008(18)：5-10.

④ 王刚，孙金鑫. 学校评估的新趋向：从示范性评估到发展性评估[J]. 当代教育科学，2005(8)：8-12.

⑤ 叶爱英，颜辉盛. 国内发展性评估研究综述[J]. 教育与教学研究，2014，28(9)：1-5.

国学者对发展性评估开展了深入研究,指出发展性评估是一种尊重个体差异、基于学生实际表现的评价方式,强调评价要尊重差异。① 在学生发展性评估中,注重促进学生的全面发展。在学校发展性评估中,由于每所学校都有其独特的发展历程,并形成了各自的特色,用相同的标准难以全面、准确衡量不同学校的办学水平。因此,发展性评估鼓励学校打造自己的发展特色,是一种自我改进式的评估方式。与增值性评价不同的是,发展性评估的目的不是将学校的发展简单地等同于学校教育成果的增值,学校的发展不只是量的增加,更重要的是质的提高、机制的转换、能力的提高和价值的提升。这一理念为当前区域学校教育发展不平衡、校际发展不均衡的现状提供了一种改善型评估方法,鼓励不同层次、不同类别的学校充分挖掘自己的特色,使学校教育改革有了重要抓手,得到了广泛实践。

发展性评估可以促进学校的持续改进。首先,表现在学校各成员价值观的持续改进。学校发展的内在动力源自其所秉承的思想体系,学校的价值观包含教师所持的学生观、学生所持的教师观等方面,是学校成员的信念体系。② 只有教师相信学生可以实现自我发展,学生相信教师能指引自己,建立共同的价值取向,由"明白"逐渐走向"相信",从而确立符合现实情况的发展方向,才能促进学校不断改善。其次,表现为促进学校主体能力的全面提升,包含以校长为首的学校管理者的管理能力、教师的教学能力和学生的学习能力。最后,表现为促进学校全面发展。发展性评估不排斥对结果的测量,而是更加关注全面的"产出"或"绩效"。对于教师来说,全面的"绩效"指的是关注每一位学生的发展而不是少数学生的发展;关注学生的身心健康、学习兴趣和满意度等而不仅仅是成绩;关注学生的全面发展而不是片面发展等。因此,发展性评估为促进学校的全面质量提升提供了全面、立体、丰富的理论引领和实践指南。

然而,发展性评估在实践中也面临了一定问题。首先,是发展性评估具有低利害性,即评估结果不会对评估对象造成利害性影响。低利害性作为发展性评估的独特优势,可以使评价者更真实地表达自己的想法,有利于获取最真实的评价结果,给予个体关怀,激发个体自我发展的原动力。然而,由于与资源和利益的直接关联程度较低,低利害性的发展性评估依赖评估主客体双方的内生改进需求,难以引起个体的足够重视;加之个体具有一定的惰性,发展性评估的约束力不强,很难及时获得有效的自我改进方法,无法发挥榜样的影响力,也不能体现他人对个体的期望效应。其次,发展性评估较难关注起点问题。发展性评估

---

① 钟启泉.研究性学习:"课程文化"的革命[J].教育研究,2003(5):71-76.
② 邬志辉.发展性评估与学校改进的路径选择[J].教育发展研究,2008(18):5-10.

关注个体差异,但每个个体的成长环境各有差异,每个学生都有自己的长处和短处,当聚集在一起时,教师很难关注个体起点上的差异,并且随着自身的不断发展,学生之间的差异也在悄然发生改变,增加了发展性评估的实施难度。[①]

三、自我评估

学校自我评估指学校成员测评学校的现行结构和过程的效能,并评估学生学习成果质量的评估方法。[②] 学校自我评估模式是基于现代学校评估实践而逐步兴起的,不仅能够提升外部评估的质量,更能激发学校的主动性,成为学校进行科学管理、有效决策的重要手段。[③]

学校评估从 20 世纪中后期以政府对学校的绩效问责为主要目的,逐渐转变为促进学校全面提升办学质量。评估主旨的悄然变化随之带来学校评估在组织模式上的转变,即政府督导的外部评估不再占据主导地位,外部评估与学校自我评估相结合成为备受关注的评估方式。

鉴于外部评估具有绩效导向、缺乏灵活性、忽视学校的发展特色、为教师和管理者带来沉重的工作负担等问题,20 世纪 90 年代,世界范围内逐渐兴起自我评估模式。根据经合组织的统计数据,截至 2019 年,欧洲共有 26 个国家的 31 个教育体实行了外部评估,其中有 27 个教育体明确要求学校同时开展自我评估。[④] 荷兰高度尊重学校自主权,重视学校自我评估与改进,在学校自我评估方面树立起了典范。荷兰督导局在学校评估中不仅依据国家制定的质量要求,还鼓励学校自己定义质量要素,看重学校实现自我质量要求的程度,鼓励学校通过自身努力提升学校质量。在国家层面,2012 年以来,荷兰优秀学校项目要求学校进行自我评估,学校对评估方法、评估内容、评估主体和评估结果的使用具有完全自主权。[⑤] 近年来,自我评估方式在我国香港、澳门等地区得到了广泛应用。早在 2008 年,香港教育局协助全港中小学校进行了一次自我评估,初步形成了较为完整的自我评估体系。2018 年起,澳门开始推行"学校自评先导计

---

① 张国礼.实施发展性评价容易出现的误区及困惑[J].教育科学研究,2009(2):43-44,56.

② 窦卫霖.为了更好地学习——教育评价的国际新视野[M].上海:上海教育出版社,2019.

③ 李凌艳,许璐,苏怡.促进者朋友:爱尔兰学校自我评估中专业第三方的定位与实践模式[J].外国教育研究,2019,46(11):105-113.

④ De C I, Birch P, Birch S,et al. Assuring quality in education: Policies and approaches to school evaluation in Europe[M]. Luxemboury: Publications Office of the European Union,2015.

⑤ 武向荣.荷兰学校督导评估改革特征与趋势[J].外国中小学教育,2018(9):38-44.

划",从 2020 年起,逐步将该计划推广至澳门的所有非高等教育学校。[①]

学校自我评估的目的在于审视学校发展现状并设计未来发展计划,具有自主性、诊断性、发展性等鲜明特点。然而,由于学校自我评估多是自发的、自我主导的,长期以来缺乏外部的专业指导,容易陷入低质量评估的泥淖。为提升学校自我评估的质量,需要注重以下四个方面的问题。

首先,为学校自我评估提供必要的专业指导和技术支持。学校自我评估是学校的自觉行为,外部的专业支持能够为学校开展有效的自我评估提供必要的保障。例如,教育行政部门和教育专业机构可协助学校制定自我评估指标、开展教师自评能力培训、提供地区内学校的发展数据为学校自评提供参考、解读相关评估数据、提供专业咨询等,引导学校形成有效的自我评估机制。其次,研发科学的自我评估工具。科学的评估工具能够保证在评估过程中收集到客观的数据以真实地反映学校的发展状况,有助于学校作出正确的评价和判断,提高自我评估的科学性、可信度。再次,充分吸纳学校相关利益人员的意见。学校发展需要校内外利益相关人员的参与和支持,在学校开展自我评估、收集的数据和资料、制定相应措施、进行学校发展规划时,应广泛征求学校教师、学生、学生家长等相关人员的意见,形成教育合力,共同推动学校的进步。最后,密切学校自我评估和学校发展规划的联系。学校自我评估强调对学校发展状态的检视,评估结果为制定学校发展计划提供信息依据,两者的紧密联系和配合能够较好地促使学校形成发展与问责机制。

自我评估强调学校发展与问责精神,利于促进学校不断自我完善和提高。学校自我评估秉持学校是发展的主体,也是评估的主体的理念,强调以评估促学校发展。与注重监督和问责的外部评估相比,学校自我评估激发了学校的自我发展动力,利于提高自我规划和持续发展能力。因此,在学校评估中要重视自我评估的作用和价值,发挥学校的积极性,让学校在办学过程中自我诊断、自我评价,不断提高学校的自我评估能力与自我调适能力。[②]

四、同行评议

2013 年,经合组织通过综合研究 25 个成员国的学校评估实践发现,促进学

---

① 吕雅洁.澳门"学校自评先导计划"评价体系的特点及启示[J].教育测量与评价,2020(7):29-35.
② 季诚钧.学校评估要把握好四个关键点[J].教育发展研究,2019,39(24):3.

校间合作和交流的同行评议模式初见端倪,[①]芬兰、英国、韩国和比利时等多个国家的学校评估均采用了不同形式的同行评议方法。同行评议在利用外部评估资源优势的同时发挥内部评估的自我改进功能,经合组织指出要促进并支持学校采取同行评议的方式开展学校评估,同行评议逐渐成为学校改进合作模式的新选择。数据显示,2018 年,英国有 44% 的学校在学校评估中采用了同行评议方法,[②]同行评议受到越来越多国家的重视,其评估理念和实践模式也不断得到发展和完善。

　　同行评议是指通过具有相近知识和能力的学校之间的互评开展学校评估的一种模式。同行评议重视合作,优势在于其建立在共同认可的理念上,如灵活、真实、信任、可信和严格。合作质询、批判优异、合作实践是同行评议的核心。利用外部评估标准、开展评估主体的评估能力建设、提供建设性评估反馈、内部交流评估结果是同行评议的主要特点。同行评议是在对外部评估和内部评估两种主要的评估理念批判性继承的基础上,取其长处、规避不足而形成的产物,旨在促进学校质量改进,属于自我评估的范畴。在学校层面,同行评议关注学校的发展规划和改进,从同行评议中获得的反馈可以作为学校改进的重要依据。通过校长和教师同行之间的平等对话和合作讨论,在统一的话题范围内展开专业讨论,利于学校的自我反思。在个体层面,同行评议为校长和中层人员提供了真实的、基于情景的专业学习机会,在提供和接收反馈意见的同时也提升了自我评估能力。在地区层面,同行评议能够促进学校领导者之间的专业发展。在学校改进的过程中,与同行校长共同合作,兼具帮带互助功能。校长个人的意见常常会受到专业孤立(professional isolation)的影响,与同行之间的讨论在一定程度上能够弥补不足。同行评议反映了校长作为学校领导者的水平,可促进区域内学校之间的资源共享和共同进步。[③]

　　学校在同行评议网络中制定主题框架是同行评议的前提。同行评议能够帮助校长、专业能力较强的中层领导或教师通过互评获得反馈,建立互帮互助的友谊关系。建立在交流、评议和改进基础上的同行评议一定程度上弥补了外部评价带来的高利害关系的短板。德国、澳大利亚昆士兰的学校评估通过学校间的

　　① Phelps R P. Synergies for better learning: An international perspective on evaluation and assessment [J]. Assessment in Education Principles Policy and Practice, 2014, 21(4): 1-37.

　　② Greany T, Higham R. Hierarchy, markets and networks analysing the "self-improving school-led system" agenda in England and the implications for schools[M]. London: UCL IOE Press, 2018.

　　③ Diamond C, Kowalkiewicz A. Peer reviews as a complement to system reviews in Queensland [M]//Godfrey D. School peer review for educational improvement and accountability: Theory, practice and policy implications. New York: Springer, 2020.

互助实现学校改进。①同行评议的评估理念是发展导向,可以利用外部评估的标准,但评估结果不对外公开,也不进行排名和打分,能够更大程度上发现学校的弱点,并给予较大的改进空间。评议成员之间秉持促进学校改进的宗旨,开诚布公地诊断学校发展中存在的问题,并积极建言献策,通过合作和建设性对话达成评估目标。同行评议的学校评估模式能够激发学校持续改进的内生性动力,而非在外部评估裹挟下被动改进。同行评议在优质学校之间能够发挥更大的效果,能够促进学校之间不断提升标准,追求更高的办学质量。此外,同行评议的前提是建立起相互信任和负责的关系,同时也利于实现集体道德。② 秉持向大多数学生和家长负责的原则,需要学校真实地提供评估材料,评议成员开诚布公地发表评估意见。学校领导者需要从"领导者"转向"实干家",评估者需要具有较强的评估能力以免评估流于形式。在中小学评估中使用同行评议方法顺应了评估理论发展的潮流,充分展现了调动学校主动性、尊重学校发展特色、提高学校改进动力、维系学校持续发展的特点。

第二节　现代教育评价与学校评估的国际比较

教育评估理念与学校评估实践相辅相成,互为依托。一方面,教育评估理念为学校评估提供了方向指引;另一方面,学校评估实践促进了教育评估理念的完善。21世纪以来,在以上教育评估理念的指引下,世界主要发达国家的学校评估取得了新进展。以国家权力对教育实施监督和指导的教育督导是学校评估的长效机制,集中体现了学校评估的总体发展方向,通过审视教育督导和学校评估的新发展,利于把握学校评估的前沿动态。

一、评估理念:质量优先,兼顾公平

首先,强调质量标准。英国教育督导突出学校评估的质量标准。英国是最

① Diamond C, Kowalkiewicz A. Peer reviews as a complement to system reviews in Queensland [M]//Godfrey D. School peer review for educational improvement and accountability: Theory, practice and policy implications. New York: Springer, 2020.
② Godfrey D. From external evaluation, to school self-evaluation, to peer review[M]//Godfrey D. School peer review for educational improvement and accountability: Theory, practice and policy implications. New York: Springer, 2020.

早实施教育督导制度的国家之一,形成了以学校效能和增值性评价为核心指标[①]的英国教育督导与学校评估体系。2010 年,英国颁布并实施《学校督导评价指标——英国学校督导指南和等级分类说明》,以追求"高质量的教育公平"为目标。[②] 2019 年,英国教育标准局颁布《学校督导手册》,以整体效能为核心,以教育质量、学生言行、学生发展和学校管理为关键指标,突出教师的教育质量和学生的学习效果,强化对教育质量的关注。[③] 荷兰的学校督导制度注重对学校实施风险督导,预防学校质量下降的风险。[④] 从近年来英美中小学的督导评估指标体系可以发现,教育督导和学校评估将教学质量、学生的学习质量和社会能力等作为核心指标,强调质量维度,对学校的整体办学效能开展全方位督查,突出了学校评估的质量标准。

其次,促进教育公平。追求公平又有效率的教育是世界教育改革的基本潮流。学校评估是教育发展的风向标,21 世纪以来,世界主要发达国家的学校评估实践,彰显了对教育公平的价值追求。促进所有学生展现最大的学习潜力、消除社会背景对学业成绩的不利影响,以及提升学生幸福感是丹麦教育评估的三项基本原则。爱尔兰也开展了"学校机会平等"(Equality of Opportunity in Schools)的专项评估。[⑤] 芬兰奉行以公平和以人为本的学生评价观。[⑥] 在具体的评价方法运用中,由于增值性评价能够控制家庭、社会、经济背景差异给学生成绩带来的影响,克服单纯使用学生学业成绩对教师和学校开展绩效问责而导致的不公平问题而被广泛运用。自 1992 年,美国田纳西州开始探索增值性评价,该州的教育评估始终延续增值性评价的传统。增值性评价的模型和方法在美国的北卡罗来纳州、宾夕法尼亚州等多个州得到了大范围的推广和应用。[⑦] 2010 年,加拿大安大略省颁布了"K-12 学校有效性评估框架",其核心是在提高学生学业成就的同时,更加注重减小学生"成就差距",促进学校教育的公平,进而提升所有学生的学业成就与幸福感。[⑧]

---

① 汤丽娟.英国中小学教育督导评估指标体系研究[D].杭州:杭州师范大学,2020.

② 刘文钊,王小栋,郝玲玲.英国最新教育督导评价指标述评[J].比较教育研究,2011(3):55-59.

③ 汤丽娟.英国中小学教育督导评估指标体系研究[D].杭州:杭州师范大学,2020:29.

④ 武向荣.荷兰学校督导评估改革特征与趋势[J].外国中小学教育,2018(9):38-44.

⑤ Golden G. Education Policy Evaluation:Surveying the OECD Landscape[J]. OECD Education Working Papers,2020,236:1-73.

⑥ 杨晓,杨慧.芬兰基础教育学生评价的理念、实施与启示[J].教育理论与实践,2020,40(22):27-32.

⑦ 周瑶,陈星贝.增值性评价:来自美国田纳西州的核心经验[J].中小学管理,2020(10):11-15.

⑧ 宋怡,马宏佳.加拿大安大略省 K-12 学校有效性评估框架述评[J].教育测量与评价,2020(10):26-35.

二、评估模式：重视自我评估

以政府为主导的外部评估为中小学带来了巨大的压力，为争取良好的评估结果，获得竞争性拨款，中小学会采取博弈行为。就此而言，以学校问责为主要目标的外部评估难以进一步发挥促进学校持续改进的功能。将外部评估与内部评估相结合的评估方式在评估实践中因能够利用外部评估的资源，并充分尊重学校的办学自主权和发展特色，而得到中小学的广泛认可。例如，近年来，英国学校评估重视采用以自我评估为主要方式的内部评估。美国是分权制国家，教育领域采用高度分权的教育行政体制，没有全国统一的教育督导机构或标准，学校评估由各州教育管理部门或地方教育局指导开展。2015 年，美国出台的《每个学生成功法案》(*Every Student Succeeds Act*)指出，要以州为主体设计学校问责制度，允许各州根据各自设定的学业评估标准开展学校评估，在学校评估方面给予州教育行政部门较大的灵活性。进入 21 世纪后，内发式学校改进成为日本基础教育学校改革的主流路径。内发式学校改进的推进主体是学校自身，学校自主、自发地设定教育目标和管理目标，并将目标在教师队伍中普及，通过学校全体教师的共同努力与合作来实现目标，[①]属于自我评估的范畴，极大地激发了学校参与评估的动力。

三、评估主体：鼓励多方参与

第三方在美国的学校评估中扮演着重要角色。尼奇(Niche)公司是以排名为主要业务的大型互联网公司，每年对"最佳中小学和学区"进行排名。为提升自我评估的质量，确保自我评估的真实性以发挥在学校改进中的作用，英国探索出了以专业第三方参与学校自我评估的模式。在该评估模式中，第三方的角色地位发生了从"批判者朋友"到"促进者朋友"的转变。"批判者朋友"指第三方在评估过程中既能提出尖锐的问题同时又能扮演可以信赖的朋友的角色。为第三方在评估中长期发挥促进作用，爱尔兰的研究者将"促进性"与"批判性"相结合，提出了"促进者朋友"的专业第三方定位，以提升学校自我评估的有效性，减轻学校的压力，推动学校自我评估文化的生成。[②] 同行评议模式是对"促进者朋友"理念的

① 孙雪茏,殷爽.日本"内发式学校改进"进程与路向研究[J].比较教育研究,2020,42(9):76-82.

② 李凌艳,许璐,苏怡.促进者朋友:爱尔兰学校自我评估中专业第三方的定位与实践模式[J].外国教育研究,2019,46(11):105-113.

实践。借助外部评估的工具和资源开展自我评估,能够提高自我评估的有效性。美国对中小学的教育督导和学校评估以地方教育局或州为主体,分权制的教育督导体系有利于各地区开展特色化的学校评估。从美国中小学评估的指标、数据来源可以发现,学校评估十分重视学生、家长、社区以及其他利益相关者的意见,尤其注重在定量分析的基础上结合对核心利益相关者定性访谈的方式开展学校评价,充分吸纳利益相关者对学校改进和促进学生发展的看法和建议。

四、评估指标:指向学生全面发展

评估指标是确保评估准确度和评估质量的关键。在《普通中小学校督导评价指标》的指导下,英国地方教育督导局制定了七十多项细则,督查内容包括办学目标、董事会建设、校风学风、教师队伍、校长领导、课程设置与管理、教与学的成绩、家校沟通等方面。[①] 为建立"思考型学校"和"学习型国家",新加坡采取"卓越学校模式",[②]旨在提高学校和学生实现全面发展的能力。新西兰的学校评估特别强调以学生的情感、态度和价值观为评估指标。[③] 2014 年,美国进步中心(Center for American Progress)指出学校问责和评估的首要目标是学校的持续改进,并提出了中小学评估体系的六大指标,分别为学业成就、学生成长、英语语言、早期预警、持久性指标、大学和职业准备。值得注意的是,早期预警是针对学业成绩差和有辍学危险的学生的评估指标,通过评估发现问题,并尽早实施干预措施。持久性指标通过毕业率监测学生的学习毅力。[④]

以上指标在关注学业成就的基础上,涵盖了对影响学生学业成就的客观条件、品格等因素的考察,以发展性的视角关注学生的职业准备,折射出了促进学生全面发展的教育理念。美国尼奇公司组织的"美国最佳公立高中排名"包括三个层级八项指标:第一层级为学业成绩;第二层级为文化与多元性、家长/学生对学校的整体体验,以及师资力量;第三层级为俱乐部和课外活动、健康和安全、资源和设施、体育成绩。虽然第三层级各指标所占权重均为 2.5%,[⑤]但对以上指

---

①　孙河川,刘颖,史丞芜.英国教育督导评价指标体系解析[J].教育发展研究,2009,28(12):21-25.

②　余振.新加坡中小学教育督导评估政策及其启示[J].武汉市教育科学研究院学报,2007(2):57-59.

③　武向荣.美国、新加坡等国家和地区学校质量督导评估实践及其启示[J].教育测量与评价(理论版),2016(3):7-11.

④　韩芳,杨盼.美国 K-12 学校评价指标体系:背景、内容与前景[J].现代教育管理,2019(6):111-117.

⑤　邹礼程,洪明.美国基础教育第三方评价及其启示——以尼奇公司"美国最佳公立高中"排行为例[J].教育测量与评价,2019(4):31-37.

标的测评提高了传统学校评估的综合性,以更为全面的视角衡量学校的办学实力以及学生的发展水平。

五、评估方法:定性定量相结合

定量评价基于客观数据,能够准确反映学校的基本办学状况,以学生学业成绩为主要测量对象的定量分析在外部评估以及国家或州层面的大范围学校评估中广泛应用。定性评价主要通过访谈、观察、实物搜集的方法获取评估数据,能够弥补定量评价中数据缺失的问题,更加直接、真实地获取评价数据,并利于开展定量数据的有效性验证,在中小学评估中,成为自我评估模式中学校走访、对利益相关者调查的主要数据获取方法。

定量和定性方法相结合能够弥补单一评估方法产生的数据有效性不足的问题,被主要发达国家广泛应用于中小学评估中。例如,美国纽约州的学校评估采取定量与定性相结合的方法。一方面,采用定量方法采集和分析学生的学习成绩、出勤率等数据。另一方面,为了解学校的优势和不足,抽样调查教师、学生、家长、校长群体。评价者通过观察、访谈或问卷调查等途径获得描述性信息。德国的巴伐利亚州开展内外部相结合的学校评估方法,常用的方法包括数据分析、标准化问卷、结构性观测和系统性反思。[①] 数据分析是对学生的学业成绩、升学率等客观数据的评估,标准化问卷采用定量研究的方法评估学校的教育措施是否有效。结构性观测和系统性反思则采用了定性研究的方法搜集和分析研究数据,最终结合定量分析结果形成评估报告。定量研究和定性研究互为补充,是学校评估的两块基石。

六、评估结果:促进学校改进

在英国,早期的外部评估侧重对中小学开展绩效评估和问责,评估结果被主导评估的外部评估机构所掌握,未能及时将评估结果反馈给评估对象,不能发挥促进评估对象持续改进的作用。为弥补外部评估的不足,自我评估模式被广泛应用于中小学评估。结合外部评估和内部评估优势的同行评议模式旨在通过开展高质量的评估,将评估结果有效反馈至评估对象进而促进评估对象改进教育教学。就评估指标而言,近年来,英国教育标准局颁布的评价指标体系凸显了对教育质量的关注,其终极目标是促进学校改进。

---

① 黄崇岭.德国巴伐利亚州学校评估体系探析[J].世界教育信息,2019,32(22):67-71.

20世纪70年代以来,美国中小学评估经历了从规定与顺从、处罚与规避,逐步发展到主动支持与改进的变化轨迹。[①] 纽约州的学校评估注重对学校的指导,基于学校的办学特色提出评价反馈。为此,纽约州开发了用于指导本州学校质量评估的评估标准,[②]依据每个评估对象的具体情况形成评估质量报告,在评估数据和评估发现的基础上为学校提供专业发展反馈建议,以期为改进学校教学和管理提供参考数据和专业的指导。现阶段,无论是州政府主导的学校评估,还是第三方机构开展的全国性学校评估,美国学校评估的价值诉求都落脚于对学生学业成就的提升、全面发展的指导和学校持续改进的支持。与英国指向学校改进的评估目标相似,美国中小学评估凸显服务学生和学校发展的目标。伊利诺伊州的学校评估关注学校的个性化表现,地方教育行政部门每年发布的关于区域内基础教育阶段公办学校的年度质量报告,分别适用于州、学校和地区。[③] 例如,尼奇公司对课外活动、健康和安全等重要维度的评估指标的设置是结合利益相关者的诉求的。基于以上评估指标和评估方法开展的学校评估能够较好地服务学生进步和学校发展的目标。

如果很多个国家采取了相似的教育变革行为,这种行为大多不是政策推进的结果,而是不同国家的学校自发的选择。纵观近年来世界主要发达国家的教育评价改革可以发现,学校评估呈现出相似的发展特点,具体表现为:在评估理念上,坚守评估的质量标准,重视对办学效益的评估,同时大力促进教育公平发展。在组织模式上,强调政府督导与学校自评相结合、国家统一标准与地方自主实践相结合。由于主要发达国家具有教育去中心化的发展特点,内部自我评估成为当前学校评估的主要路径。在评估主体上,在国家、州层面的督导以外部机构为主,地区和学校层面的评估以内部专家为主,并大力鼓励有一定独立性的第三方机构开展评估工作。在评估指标上,关注学生学业结果,同时重视对学校发展多元化和学生全面发展的引导。在评估方法上,采用科学方法收集数据并形成评估报告,具体表现为采用定量和定性相结合的评估方法。[④] 与绩效问责为主的外部评估理念不同,现阶段世界上主要发达国家的学校评估都体现出促进

① 韩芳,杨盼.美国 K-12 学校评价指标体系:背景、内容与前景[J].现代教育管理,2019(6):111-117.

② 朱忠明.基础教育阶段学校质量评估的审视及启示——以美国纽约市为例[J].现代基础教育研究,2019,34(2):98-105.

③ 李钰,冯晖.美国教育质量评估监测行动策略及其启示——根据伊利诺伊州学校报告卡的分析[J].上海教育评估研究,2020,9(5):50-55.

④ 李凌艳,李勉,张东娇,褚宏启.基础教育阶段学校评估的国际比较[J].北京师范大学学报(社会科学版),2010(2):11-19.

学校改进的发展性评估理念,最终指向学校的持续发展和学生的全面发展。

第三节　现代教育评价与学校评估的地方探索

秉持"以评促教""以评促学""以评促建"的评估理念,我国开展了层次多样、类型丰富的学校评估改革实践探索。在诸多学校评估中,江苏省星级学校评估和上海市特色学校评估与时俱进、因地制宜地运用现代化评估理念,建构了较为完备的评估体系。

一、江苏:星级学校评估

江苏省普通高中星级评估是江苏省教育评估院以全省普通高级中学为评估对象开展的一种等级评定,旨在发展优质特色普通高中,彰显办学特色,全面提高普通高中的整体水平和办学品质。为不断满足人民群众对优质普通高中教育资源的需求,2003年7月,江苏省人民政府发布《关于加强基础教育改革与发展的意见》。为进一步贯彻落实文件精神,江苏省教育厅决定大力推进高中教育均衡发展,在全省范围内开展普通高中星级评估,替代省重点中学验收。①

江苏省在全国首创普通高中星级评估工作机制,坚持"以评促建、以评促改、以评促管、评建结合、重在建设"的原则,积极整合普通高中优质教育资源,调动各方积极性,促进高中教育均衡发展,充分发挥评估机制的助推作用,强化标准引领,突出过程监控,强调结果导向,形成了"晋星评估—复审评估—常态监测"的动态评估机制。② 江苏省普通高中星级评估内容由传统思维转变为全新理念,评估对象由少数精英转变为全体学校,评估形式由挑选重点转变为星级鉴定,过关标准由柔性积分转变为硬性标准,打破了以往评估的终身制,设定星级学校称号的时效性,五年内复核通过才可保持原星级称号,这一系列举措不断调动学校的积极性,使学校保持评估激励作用的长效性,从而能更高质量地办更好的、人民满意的高中教育。③ 实践证明,江苏的星级学校评估机制,能有效促进

① 江苏省政府关于加快基础教育改革与发展的意见:苏政发〔2001〕68号[A/OL].(2001-04-30)[2021-06-21].htpps://www.pkwlaw.com.

② 江苏省教育厅.省教育厅关于印发江苏省普通高中星级评估实施办法的通知[EB/OL].(2018-10-26)[2021-06-21].http://jyt.jiangsu.gov.cn/art/2018/10/26/art_55510_7854088.html.

③ 本刊编辑部.星级评估:优质发展普通高中的新机制——来自江苏省普通高中星级评估实践的报告[J].教育发展研究,2010,30(22):70-74.

学校与时俱进地发展特色,凸显以下两个特色。

(一)以评促建:为学校发展服务

随着我国经济体制改革的不断深化,学校教育出现了一些矛盾与问题,高中教育普及水平不断提高与人民群众日益增长的对优质教育资源的需求之间的矛盾日益突出。江苏省普通高中面临诸多发展困境。南北差异较大、重点学校一枝独秀、农村高中的教育投入不足等问题逐渐浮现出来。针对教育中存在的以上突出问题,江苏省整合组建专家团队开展深入研究,历时两年,推出普通高中星级评估机制。这一机制是面向高中学校的一种发展性评估,改变了以往重点中学验收的评估方式,更侧重发展质量的等级鉴定。评估作为为学校发展服务的过程,其目的是促进学校发展,突破了给学校打分定等级从而评优劣的局限,通过评估,让学校更优、更强。

在评估过程中,被评估学校与实施评估的单位不是分散的两条轨道上的两匹马车,而是同一个"团队"里的合作者。从材料评审到现场考察,从师生访谈到多层次反馈会,多种方式使参评各方互相了解、信任和尊重,采取"一对一""一对多"的学校结对方式,为学校之间建立起沟通和学习的桥梁。邀请校长、专家共同为学校发展问诊把脉,出谋划策,根据不同的学校发展困境制定不同的发展策略,从单一的教育评估变成优质学校发展的咨询服务。江苏省星级学校评估中按照评估标准规范评估过程,不达标的学校会面临暂缓通过复审或者摘掉星级学校牌子的局面。这些措施在一定程度上为学校提高教育质量施加压力,同时也激发了学校为争取和保留星级学校荣誉称号的动力,从而通过以评促建,实现学校优质发展。

(二)成效显著:学校办学活力提升

促进学校发展的评估,需注重评估指标的引领性,从而激发学校的发展活力。在评估过程中,从评估程序的设计、评估流程、评估结论等方面,江苏省在本质上坚持鼓励学校发展、在价值引领上强调多元发展、在目的上坚持以人为本;在评估的功能上,坚持以评促建,高星级学校要继续发展,低星级的学校则要考虑如何通过评估"晋星",这增强了星级学校的进取心和忧患意识。之前的重点学校评估是"一评定终身",但是星级评估之后,所有学校失去终身制的评估称号,面临新的评估和每五年一轮的复审。面对学校布局的难题,江苏省将星级评估与本地高中事业发展、布局调整相结合,优化区域教育资源的科学均衡配置,积极倡导扩建和改扩建,不仅推动了学校的硬件条件发展,也为地区高中的布局调整创造了有利条件。江苏省将星级学校评估列为政府重点工作,加大政府对教育的支持力度,教育经费大量倾斜。在政策的激励下,学校的办学热情被点燃,使优质资源不断扩展,学校不断发展,办学活力不断增强,人民群众的需求日益得到满足,在全国产生了较大影响。

二、上海:特色学校评估

推进适应学生全面而有个性发展的教育教学改革,是"公平而高质量"教育的重要内容,上海在通过学校评估促进建设高质量教育教学体系方面开展了有益探索。2011年,上海市启动的特色普通高中建设与评估项目是上海市学校评估改革的典范。在该项目中,上海市提出了"评估过程和学校发展过程相统一"的理念,并逐步形成重目标导向、重实践运用、重自主评估、重学校改进、重评估引领的经验,实行多轮回评估设计和多组合评估策略,释放了学校的发展潜能,改革创新策略推陈出新。①

上海市特色普通高中的创建过程分为特色项目、学校特色、特色学校三个阶段,并设置了相对应的评估标准来评定学校是否符合相对应的评估等级。特色普通高中评估不仅标准较高,且评估过程极其严格,需要经历组内交流、市级展示、初评、复评四个阶段,且时间跨度大。从2016年起,上海市教育评估院开始开展上海特色普通高中评估,到2020年,共有12所学校被评为上海市特色普通高中。上海市特色普通高中评估在以下三个方面拓展了学校评估的实践维度。

(一)办学理念评估:注重教育导向

上海市特色普通高中推进方案提出了"为每个学生提供适切的教育"的理念。评估指标的设计充分考虑了学生多样化和个性化的发展需求。从指标权重分配上,一级指标"课程与教学"与"成效与示范"占比共达到60%,体现了以学生发展为主的价值导向。从发展目标上,上海市开展特色普通高中评估是为了推动普通高中的错位发展和特色发展,如上海甘泉外国语中学的特色定位是"日语见长、多语发展、文化理解",将自身特色与学校文化深度融合,发展特点鲜明。总体上,特色普通高中评估将逐步实现高中学校教育由分层转变为分类的目标。

(二)整合评估资源:重视资源运用

理论是实践的先导,思想是行动的指南。上海市特色普通高中评估,充分运

---

① 郭朝红.评估是如何促进学校发展的——上海市特色普通高中评估分析[J].上海教育科研,2019(9):38-42.

用了现代评估理论,体现出依靠数据支撑、关注目标达成度、评估中优化目标、强调协商对话等特点。在理论上,依次运用了第一到第四代评估理论;在实践运用中,12所上海市特色普通高中成功创建的背后离不开其依赖的环境和资源优势。如华东政法大学附中的特色是"尚法",依靠所依附的大学来定位发展自己的特色,整合运用了大学丰富的学科资源与专家学者团队的智慧,实现了特色发展。

(三)强调自主参与:助力学校改进

上海市特色普通高中要经历创建—市级展示—申请初评—申请复评—命名—示范引领六个阶段。从评估时间跨度上看,申请创建到市级展示需要1～5年的时间;从评估过程上看,这个时间段是学校完成规划内容、完善各项条件的重要过程;从学校改进上看,学校申请创建完全是自主参与、自主制定学校规划、自主邀请专家指导、自主组织同类特色学校间的交流、自主完善发展的过程。同时,特色普通高中的创建要靠特色项目驱动,从一个到多个;将学生发展、教师队伍成长、课程体系完善等办学特色融入其中,从局部到整体,从局部特色融合成整体的学校特色。[①]

---

① 朱丽.特色普通高中建设中的道、势、术融合——基于上海市特色普通高中创建实践的分析[J].中国教育学刊,2020(10):41-46.

第三章　第三方评估

【本章概述】

　　学界普遍认为,第三方参与教育评价是必然趋势。第三方评估因其独特的优势与特征能够避免教育系统内部评价带来的弊端。政府委托第三方评估符合社会发展和教育变革的需求,也是全面提升教育质量、推动教育强国建设的重要探索。本章共有三个小节。第一节主要探讨政府主导教育治理、学校主体责任和社会参与协同共治三方面的内容。第二节主要探讨教育评价中的第三方评估,包括第三方评估的特点、现实困境和完善建议。第三节关注政府与第三方机构的合作,论述了合作机制与应然走向两部分内容。

第一节　教育治理中的"管、办、评"分离

　　"管、办、评"分离是《中共中央关于全面深化改革若干重大问题的决定》中对教育领域综合改革提出的重要要求,是构建我国现代教育治理体系的基本要求。它意指政府、学校、社会三者之间关系的重新建构,为政府实现现代化治理奠定基础。2010年颁布的《国家中长期教育改革和发展规划纲要(2010—2020年)》指出,"促进政校分离、管办分开,与我国国情相适应,顺应时代发展,创建管理自主、依法办学、社会参与、民主监管的现代学校机制,打造新型高校、政府与社会关系模式"[①]。其中,"管"指政府转变职能、管理教育;"办"即学校独立自主办学;"评"就是第三方评估机构发挥其专业性、独立性的优势实施评估(见图3-1)。因此,"管、办、评"分离是政府、学校和社会各自分工明确,配合得当、联动发展和有机统一,有助于形成"政事分开、权责明确、统筹协调、规范有序的教育管理体制"[②]。也可以从统筹的角度对政府、学校、社会三者关系格局进行调整和重新定位,形成政府、学校、社会责任明晰、协同共治的新局面。

---

　　① 袁贵仁.深化教育领域综合改革　加快推进教育治理体系和治理能力现代化——在2014年全国教育工作会议上的讲话[N].中国教育报,2014-02-13(1).

　　② 史华楠.教育管办评分离的条件、目标和策略分析[J].中国教育学刊,2015(7):65-72.

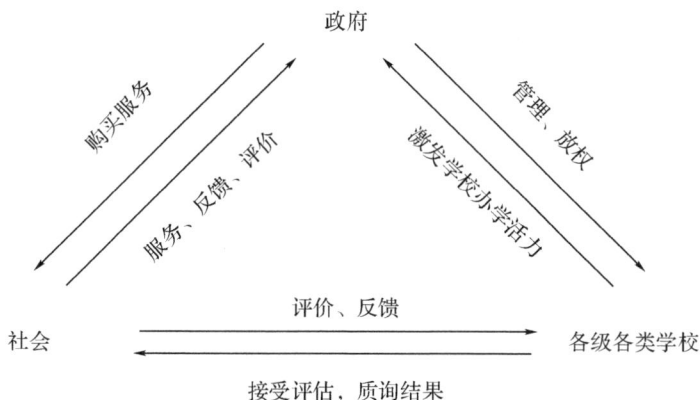

图 3-1　"管、办、评"分离政策下政府、学校和社会的关系

一、政府主导教育治理

"管"在"管、办、评"分离的改革中处于基础地位,[①]因为只有管理上放权,才有可能为学校"办"和社会"评"提供更多创新空间。法国启蒙思想家卢梭在《社会契约论》中认为,政府存在的必要性在于"作为一种代理机构聚合国家的公共力量并行使国家意志"[②]。在中国现行的体制下,政府在教育中主要发挥协调不同群体的利益矛盾、规范教育要素、确保教育系统有序良性运行等重要作用。在教育"管、办、评"分离中,主要应该明确权力界限、明晰功能范围和规范行为方式,这就要求政府要确定自身的角色。

(一)"管、办、评"分离政策的发展历程

1985 年至今,我国教育管理体制改革大致经历了注重"管理"的改革到注重"管理和办学"的改革再到注重"管理、办学和评价"的改革三个阶段,分别是以改革"管理"为主的政策探索阶段、以改革"管理和办学"为主的政策深化和改革阶段和以"管理、办学和评价"为主的政策探索阶段。第一阶段中,标志性文件是1985 年颁布的《中共中央关于教育体制改革的决定》,政策重点在于明确中央和地方的管理职责。随着我国经济体制、政治体制和科技体制改革不断深化,教育体制及其运行机制逐渐不能适应社会发展的需要,"管、办、评"分离政策进入了

---

① 高兵,杨小敏,雷虹.管办评分离的本质探析与实现路径[J].教育评论,2015(3):7-9.
② 卢梭.社会契约论[M].北京:商务印书馆,1980.

政策推进的第二阶段。这一阶段以 1993 年《中国教育改革和发展纲要》和 1998 年《面向 21 世纪教育振兴行动计划》两个文件的颁布为主要标志。政府开始强调社会各界对于教育的参与,调动社会力量打破政府办学的单一模式,推动公民办学校共同发展。进入 21 世纪后,"管、办、评"分离政策进入了第三阶段,这一阶段中的中国教育走向全面推进素质教育阶段,因此强调建设现代学校制度,完善督导评估制度,改变单一的、封闭的、僵化的评价机制等。在第三阶段中,《2003—2007 年教育振兴行动计划》《国家中长期教育改革和发展规划纲要》《中共中央关于全面深化改革若干重大问题的决定》等文件的颁布分别从不同的方面强调了教育体系改革的必要性和紧迫性,也丰富了"管、办、评"分离政策的内容。党的十八大首次明确了"管、办、评"分离政策的概念,提出要建设政府适度管教育、学校规范办教育和社会科学评教育的健康发展环境。至此,"管、办、评"分离政策的主体内容基本明确,框架体系基本搭建(见图 3-2)。

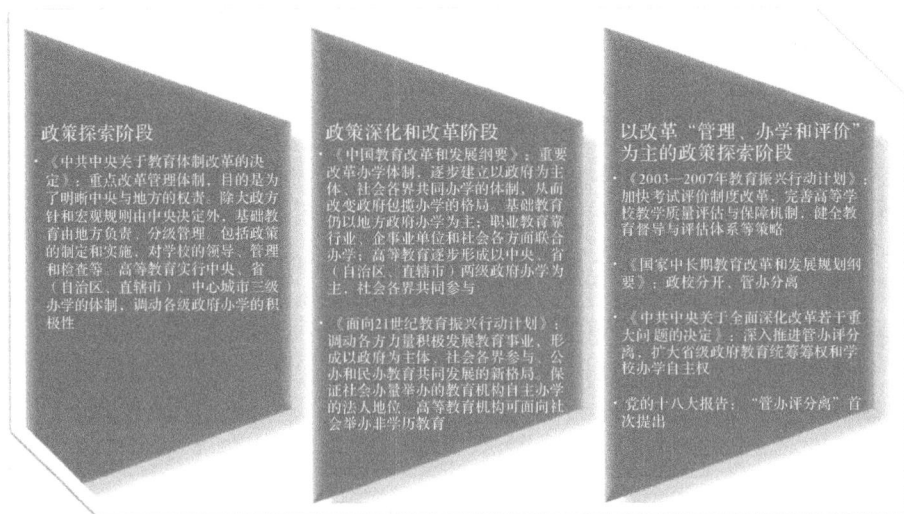

图 3-2　我国不同阶段"管、办、评"分离政策的主要内容

(二)明确政府在教育中的角色和定位

长期以来,我国政府在教育中的角色为学校的创办者、学校的管理者和学校的评价者。政府在办学体制中集决策、执行、监督角色于一体,这就使教育中存

在政府"一肩挑"的现象,衍生了管理主体、办学主体、评价主体边界模糊化等问题。[①]因此,明确政府在教育中的角色和定位对于"管、办、评"分离政策发展起到基础性助推作用。

首先,从政府与教育的关系来看,主要存在两种观点:一是制度性因素影响教育发展;二是教育的发展需要政府的介入和干预。前者认为教育的发展有赖于社会经济发展水平,后者则更加强调教育的独立性。无论上述哪种观点,都在一定程度上强调了政府对于教育的控制和指导作用。因此,教育的发展离不开政府的合理参与,政府应在教育管理中掌握主动权。

其次,从行政职能看,政府通过有效利用公共行政权力,合理配置人、财、物等多种资源,经过组织、领导、控制等行政行为向社会和公众提供教育这一公共产品与服务。权变领导理论为政府履行教育职能提供了方法论指导,即政府的教育职能应当随着社会发展、教育发展和人们对教育需求的变化而改进,从而提供更加优质均衡的教育服务。

最后,从政府的治理方式转变来看,自新中国成立以来,我国政府对教育的管理经历了"百废待兴时期的行政垄断、计划经济时期的高度集权、市场经济条件下的高度集中和威权管理"[②]等阶段,显示出时代背景对于政府治理方式的影响和作用。在国家治理方式发生战略性转变的新时代,人民群众对于美好生活的向往、对高质均衡教育的追求不断推动政府现代化治理能力和水平的提高,也敦促政府重新考虑自己在教育系统中的角色与定位,从而更好地解决我国教育存在的顽瘴痼疾。

(三)提升政府教育治理能力

推进"管、办、评"分离是实现教育治理体系现代化的重要途径。在这一改革背景下,政府应当提升自身的"元治理"能力,对基础教育公共事务进行现代化治理。这就要求政府加快角色转变过程,提供支持教育发展的政策和确保教育发展的充足资源,同时完善相关的法律法规,履行好监督教育评价的职责。

政府要积极完成角色转变,构建服务型政府。长期以来,政府在教育系统中扮演多重角色,造成教育行政部门既是办学主体又是评价主体的"教评不分"的局面,致使政府、学校和社会三方之间关系不清、权责划分混乱。新时代的现代化教育治理要求政府转变角色,从"父母官"转变为"服务者",把对于教育的"管

---

① 刘想元."管办评分离"改革的意义与关系重构[J].教学与管理,2016(6):29-31.
② 史迁、史华楠.教育管办评分离中政府角色定位的支点与标杆[J].扬州大学学报(高教研究版),2019(6):28-33.

理"转变为对教育的"治理"和向教育参与者提供优质的服务。教育治理不同于以往的教育管理,具有参与主体多元性、主体合作性等特征,强调多方主体的参与、合作和共治。这需要政府能用教育学语言贯彻教育方针、落实教育规划、致力于为受教育者服务,[①]通过一系列治理过程与手段,激发各教育利益主体的活力,保证各级各类教育经费充足,各级各类学校设施健全、办学规范,教育系统良性运行,确保受教育者参与教学活动的平等性和良性教育结果的可获得性,追求和实现教育公共利益的最大化,实现治理的核心目标——"善治"。

首先,作为教育"善治"的顶层设计者,政府应适应"元治理"对管理方式转变的要求,推行清单管理方式,制定基础教育宏观管理的"权力清单、负面清单和责任清单"。新时代中国教育应当实现教育管理向教育治理的转变。想要实现这一点,一是政府要有"善治"的改革方向和落地目标。在明确的方向和目标的引领下精心设计顶层制度,让目标的实现有制度化的支撑。二是利用设计好的顶层制度明确政府的权力责任,减轻政府不必要的教育负担,强调政府对于教育评价的监督和考核作用,而非亲自实施评价。三是政府要在实践中厘清与学校和社会的关系,加强监管和责任履行的意识,避免出现不良后果。

其次,作为教育产品的供给责任者,政府要不断提升自身的管理能力,通过专题培训、集体学习的方式不断提升管理能力和服务水平。[②]面对当前教育需求从"有学可上"到"能上好学"的变化,政府的工作重点也应当发生改变,致力于提高教育这一公共产品的质量和效率,不断提供多样性的、能满足多样需求的教育服务产品,以优质均衡的教育服务助推教育现代化的进程。

再次,作为教育公平的维护者,政府及其教育行政部门应依法保障全民享有平等的受教育权利,大力提高全民族素质。党的十九大明确提出优先发展教育的基本方略,政府必须以此方略为依据,培养前瞻意识,认识到教育对于中华民族伟大复兴的重要作用和其具有的长期利益,制定科学的教育事业发展规划,将建设教育强国变为施政目标,让优先发展教育的政策落到实处,切实做到让教育优先发展。

最后,作为教育服务的实施监督者,政府需要做好顶层设计和建立公共治理问题的应对机制。在教育公共服务的实施过程中,政府应当履行好监督责任,为推进公平、高质的教育发展积累经验。同时鼓励公民发挥"主人翁"精神,积极主动参与教育治理过程,从而更好地实现协同共治。由此,政府在提升管理能力的基础上提供优质服务,依靠法律和规范体系保证教育系统良性运行,动员社会力

---

① 张其禄.管制行政:理论与经验分析[M].台北:商鼎文化出版社,2007.
② 孙远太.管办评分离背景下基础教育协同治理机制研究[J].教学与管理,2017(27):27-29.

量实现多主体参与,从而更好地助推教育现代化的进程。

二、明确学校主体责任

"办"即学校办学,学校掌握办学的自主权。"办"在"管、办、评"分离改革中处于核心地位,因为学校是办学的主体,办学质量直接决定教育质量。[①] 学校作为教育领域中综合系统改革的重要动力,直接影响教育系统的运行效率和改革成效。因此,学校在"管、办、评"分离改革中要重点提高教育质量,利用多样化办学方式等激发教育活力。同时要遵循教育发展的规律,建立有利于学校办学的制度,保障学校在因校制宜的基础上明确办学意图、人才培养规格、发展目标定位等,推动学校实现发展图景,完善内部治理结构,利用好办学的自主权,提高办学质量和水平。

(一)积极利用办学自主权,健全学校自主管理

《国家中长期教育改革和发展规划纲要(2010—2020 年)》和《依法治教实施纲要(2016—2020 年)》都提出要建设"依法办学、自主管理、民主监督、社会参与的现代学校制度",以及"构建政府、学校、社会之间的新型关系"[②]。这就要求"依法建立与完善学校法人制度,确立学校的法人地位,从而保障学校依法自主办学"[③]。学校要利用好办学的自主权,不断通过自我反思、自我约束和管理实现长足发展,从而保证良好的办学水平和质量。[④] 学校要利用好教育行政部门"所放之权",在具体实践中,可以通过以下三个方面实现学校的自主办学与自主管理。

第一,自主制定办学章程、建立学校制度体系。矛盾的特殊性决定了不同学校在办学中遇到的问题、需要克服的困难具有特殊性,因此需要不同的着力点和提升手段。由此,学校要利用好自主制定章程、建设制度体系的权利,[⑤]以国家的法律法规和教育政策为大纲,建立起适合学校发展的办学章程、规范和制度体

①　高兵,杨小敏,雷虹.管办评分离的本质探析与实现路径[J].教育评论,2015(3):7-9.
②　新华社.国家中长期教育改革和发展规划纲要(2010—2020 年)[EB/OL].(2010-07-29)[2021-06-21].http://www.gov.cn/jrzg/2010-07/29/content_1667143.htm.
③　范国睿.教育管办评分离改革:理论假设与实践路径[J].教育科学研究,2017(5):5-21.
④　袁贵仁.深化教育领域综合改革　加快推进教育治理体系和治理能力现代化[J].中国高等教育,2014(5):4-11.
⑤　"中国特色高等教育思想体系研究"课题组,周远清,瞿振元,陈浩,等.中国特色高等教育思想体系举要[J].中国高教研究,2017(4):1-25.

系,明确办学目标和定位,构建独特的发展思路,避免"千校一面"的局面,真正将学校办出水平和特色。[①]

第二,自主制定发展规划。将学校的办学愿景转为现实并非易事,也非一日之功,这不仅需要学校在办学过程中明晰路径、有力执行,避免对人力、财力、物力的无端消耗,而且需要研究学校的现状和学校办学愿景之间的差距,在此基础上明确达成目标所需要改进的方面和付出的努力,并将这些事情按照优先级排序,拟定详细的、有针对性的发展规划,有计划、有步骤地推进,使愿景逐步落到实处。

第三,建立完善、有效的自我评价机制。学校可持续发展和真正的成熟都需要完善且有效的自我评价机制。对学校进行有针对性、准确性的评价,不仅能够帮助其认清发展现状、明确改革和优化方向,也有助于最大化利用资源。一是学校的自我评价应当指向促进学校自身发展,制定的目标要具有操作性、实践性和接受度。二是学校自我评价应当注重满足"用户"的需求。学校是改革的主体,作为提供教育服务的组织,理应为社会公众提供满意的"产品"。学校的"用户"是学生和家长,这就要求学校根据本校学生和家长的特点与需求,结合实际和办学特色对课程计划、教学质量、师资队伍建设、学校管理进行动态评价,从而给学生和家长提供更好的服务,努力让公众充分了解学校的运作机制。三是学校自我评价是全体利害关系人参与的评价。自评过程要纳入教师、学生、家长和社区代表的评价,从而提升学校运作的透明度,让教育过程中的参与者(即各个利害关系人)都能够有机会全方位了解学校的运行现状与运行机制,保障他们的知情权和参与权,给学校更多改进和发展的机会与空间,从而在推进教学改革的实践中最大限度地减少阻力。不仅如此,所有利益相关者参与评价有利于学校从多方面了解不同群体的利益需求,从而最大限度地降低有限理性的负面效应,提高决策科学性,保障更普遍群体的利益。[②]

(二)加强现代学校制度建设

无论是政府简政放权还是社会参与评价,最终目的都是促进学校的自主办学,因此,建设现代学校制度势在必行。现代学校制度包括"核心制度和外围制度,前者主要涉及教学管理制度、校本教研制度、学生评价制度、教师评价制度和学校内部管理制度,后者包括产权制度、投入制度、办学体制、后勤制度和社会参

[①] 常生龙.区域推进现代学校制度建设的机制探索[J].中小学管理,2015(6):31-33.
[②] 崔允漷,夏雪梅.试论学校自我评价的问题及对策[J].全球教育展望,2004(8):36-41.

与制度,建立现代学校制度要转变政府的教育职能,落实学校的办学自主权"①。在实现路径上,一方面,需要政府、学校、社会在权力互动的过程中明确各自的责任边界,合理分配所需资源,保证学校有适合发展的良好环境;另一方面,需要通过现代学校法人制度、现代学校产权制度和现代学校自组织制度的建设与完善,提高学校自我组织、自我管理的能力,从学校内部挖掘发展动力,推动学校不断发展。

第一,完善学校法人制度。《中国教育改革和发展纲要》明确指出,"在政府与学校的关系上,要按照政事分开的原则,通过立法明确高等学校的权利和义务,使高等学校真正成为面向社会自主办学的法人实体"。学校法人制度的建立,目的在于调整政府与学校之间的关系,保障学校的办学自主权。赋予学校法人地位有助于避免行政力量对学校办学的过度干预,让学校拥有更多的空间办好学、教好书、育好人,提供有质量的教育服务。

第二,推进校本管理。校本管理最初起源于美国,后被许多国家和地区的中小学校管理改革所借鉴。它强调学校管理的自主性、分权和多元主体参与管理,要求学校调动可用力量与资源促进改革和发展、提高教育质量、提升管理的效率。校本管理注重学校办学自主权和学校的主体地位,也是未来学校管理的重要发展趋势。在校本管理下,学校能够灵活、独立发挥优势和特色,提高资源分配和利用的效率,推动教育合力的形成。

第三,完善学校内部治理结构。学校依法自主办学,关键在于形成多方参与、协同治理的内部治理结构。学校承担着立德树人的教育职责,在建立与完善内部治理结构时,需要推动教师、学生、家长、社区等多元主体充分发挥主观能动作用,强调不同主体的参与性、资源利用的有效性,同时关注学校的组织特征和文化特质,形成强有力的组织文化。基础教育领域可以通过加强党组织建设,完善校长准入制度和学校民主管理制度来实现学校内部治理结构的改革和优化,从而更有力地引导学校向上发展。

第四,推进以学校章程为核心的学校治理机制建设。学校章程作为学校的"宪法",是学校依法自主办学的重要依据。2012年,教育部发布《全面推进依法治校实施纲要》,要求"到2015年,全面形成一校一章程的格局",力求突破中小学无章办学、章程不明确的问题。② 为此,学校需要充分分析自身的特征与优

---

① 褚宏启,贾继娥.教育治理与教育善治[J].中国教育学刊,2014(12):6-10.
② 教育部.全面推进依法治校实施纲要:教政法〔2021〕9号[A/OL].(2012-11-22)[2021-06-21]. http://www.moe.edu.cn/publicfiles/business/htmlfiles/moe/s5933/201301/146831.html.

势,结合实际情况制定和完善学校章程,进而建立与完善基于学校章程的治理机制。①

(三)积极推进多样化办学

从世界范围来看,一些发达国家已经逐步摒弃庸俗化、工业化的办学模式,开始强调学校自主办学,逐渐走向办学多样化,允许不同形式的学校共同发展以满足不同学生的能力以及家长的需求。② 学校办学多样化是社会创新发展的要求。风险社会和不确定的未来充满着多种发展的可能性和更为多样化的需求,这就要求教育事业不断自我革新、与时俱进。学校办学要坚持多样化,从而迎合社会发展的趋势和其对于多样性人才的需求。在具体的实践中,学校要充分关注个体的差异,引导学生通过学校教育发挥自身特长。作为一种组织系统,学校的办学要素可以分为技术、制度和文化三大要素,"这三者构成了学校办学系统的三维结构:以技术为基础,以制度为规范手段,以文化为导向"③。

第一,技术创新,技术创新要从"教"与"学"两方面入手,要聚焦课程创新和教法与学法创新。一是课程创新。课程是老师教与学生学共同作用的对象,也是学校教育的主要载体。课程创新能够保证学生学习到更符合时代发展要求的知识,不断随着时代发展更新自身的知识体系,从而更好地适应未来时代的要求。二是教师教的方法和学生学的方法创新,尤其是学法创新,要重视学生的主体地位,努力创设轻松有趣的氛围,让学生能够自主学习、快乐学习。三是教学组织形式创新。教学组织形式是联系教师、学生及课程的重要纽带,能够帮助建立更加和谐的师生关系,帮助老师与学生更好地学习知识,这就需要打破固化思维,对班级授课制进行根本性创新,接纳和尝试不同的教学组织形式,让学生和教师真正实现教学相长和学生学习效率的最大化。

第二,制度创新。一是学校章程创新。章程要凸显学校办学理念、办学目标、办学特色,④要健全校长负责制,建立学校民主管理制度,完善民主决策程序,拓宽社会参与学校办学与管理的渠道,要对学校的治理结构、管理机制、课程与教育教学重大制度作出明确、具体的规定。⑤ 二是以章程为统领进行学校管理制度创新,在章程建立之后,相关的配套政策和制度也要纳入建设范围,通过

① 范国睿.教育管办评分离改革:理论假设与实践路径[J].教育科学研究,2017(5):5-21.
② 苑大勇.多样化的图景:欧洲基础教育择校问题研究[J].教育科学研究,2011(3):69-72.
③ 余勇.论学校教育管办评分离的逻辑[J].教育研究与实验,2018(6):39-44.
④ 范国睿.基于教育管办评分离的中小学依法自主办学的体制机制改革探索[J].教育研究,2017(4):27-36.
⑤ 方芳.章程创新引领学校内部治理改革[J].中国教育学刊,2015(7):104.

完善的制度体系丰富章程的核心概念,支撑学校发展。三是学校内部治理结构创新,即主要解决好学校内部的权力关系问题,[①]避免因为权责划分不清影响正常的教育教学工作,为学校有序发展营造良好的环境。

第三,是文化创新。学校文化是学校发展的精神根基,多样化办学需要以新的文化作为支撑和灵魂。一要学校能从高位出发,反思教育的真谛,厘清自身发展与教育和社会发展的关系,在此基础上深入反思教育的基本议题和办学的基本宗旨,从本质上明晰学校的本质和办学多样化的必要性。二要在战略层面上创新,要制定和实施一系列管理决策与计划,既要立足现实,也要放眼未来,实现全程性管理和全面性管理。三是信念层面的创新。共同的校园文化是学校的精神力量,有助于教师、学生、学校领导和管理人员形成合力,从而促进学校发展。这些文化给学校共同体以一种感召力和号召力,让教师、学生、学校领导和管理人员能够产生归属感、凝聚力和向心力,激发奋斗激情和使命感,共同促进学校发展。[②]

三、社会参与协同共治

"评"即社会评价,是"管、办、评"分离改革的指挥棒。[③] 第三方参与评价不仅能监督政府履行职能情况和学校办学质量与成效,更是社会参与教育评价的直接表现。然而,当前第三方评估却存在着很多问题,不仅数量不足,专业资质也令人堪忧。因此,激发社会专业评价组织参与评估的热情、提高社会专业评价组织的专业能力势在必行。

在"管、办、评"分离改革中,评价是反馈环节,具有重要的导向作用。[④] 治理模式下的"社会评教育",更多地强调权利的分配和评价的独立性,从而避免单一评价带来的弊端,体现出社会公众的参与性和治理的民主性。因此,政府应引导社会形成良性氛围,让民众逐步培养起对于科学、合理、公平评估的肯定意识,引导有资质的社会专业评价组织发挥专业性、独立性和科学性的优势,为改善教育现状进言献策,这样教育综合改革反馈机制才能摆脱"传统的单向性和封闭性造成的不对称性,呈现出全通道式、无边界式的广泛参与性"[⑤]。如此,第三方评估

① 余勇.论学校教育管办评分离的逻辑[J].教育研究与实验,2018(6):39-44.
② 熊川武.学校"战略管理"论[J].高等师范教育研究,1997(2):6.
③ 吴启迪.加强评估机构能力建设 努力促进管办评分离[J].中国高等教育,2011(13/14):18.
④ 袁贵仁.深化教育领域综合改革 加快推进教育治理体系和治理能力现代化[N].中国教育报,2014-02-13(1).
⑤ 刘佳."管办评"分离的构建与协同机制研究[J].中国教育学刊,2015(9):47-50,82.

的优势和作用才能最大化彰显,才能有效改善传统评价模式的弊端和当前评价专业性较差的尴尬局面。

(一)社会监督与评价的必要性

第三方评估由具有评估资质和能力的社会组织实施,相较于教育系统内部的自我评估更具客观性和公正性,同时能够避免因为行政职权过度影响带来结果可信度低的情况。从世界范围来看,第三方评估近年来越发受到追捧,但其真正蓬勃发展是在 20 世纪 70 年代西方新公共管理运动之后。[①] 目前,各政府部门与社会行业越发重视和呼吁开展独立的第三方评估,使得其从理论共鸣成为实践共识。[②] 作为教育民主化重要进程之一的教育评价民主化,不仅是政府依法管理和行政的要求,也有利于学校办学效率和教育质量的提高和教育事业发展。现今,尽管社会参与教育评价受到重视,教育中介机构也有更多参与教育评价的机会,但总体来讲,社会参与教育评价还不充分,也不够成熟。因此,培养一批有专业资质和能力的社会专业评价组织并将评价的权力交到它们手中,有利于提高评价结果的真实性、客观性,也有利于推动教育评价民主化进程。

(二)依法保障社会组织和个人的教育参与权

"多元共治必须以法治为基础和前提","没有法治,就没有秩序和效率,善治就无从谈起"[③]。任何社会组织和个人都要在法律和规范的框架内以合法途径参与教育评估。然而,由于第三方评估在我国起步较晚、发展不健全,目前的评估制度仍有待完善,这就使评估难免存在私利性、非合作性博弈和"合谋"寻租等种种问题。[④] 评估制度的不健全可能会加剧评估过程中私利性的负面影响,进而危害社会公众利益。因此,需要建立和完善相关法律法规。相关法律体系的建立和完善有利于明确权责边界,如《公民参与法》《学校法》《家长委员会章程》等法律法规,明确规定"社会参与教育的权利和责任、参与内容、参与任务、参与方式、参与途径和方法以及教育评价中的多元主体之间的关系"[⑤]。体系化的法律规范为第三方评估的良性发展规划了正确的道路和方向,接下来就需要政府与第三方评估机构双方共同努力来推动其高质量发展。具体而言,政府需要制定相关的优惠和扶持政策,为社会组织参与教育评价扫清制度障碍,营造良好环

---

① 石中英.教育中的民主概念:一种批判性考察[J].北京大学教育评论,2009(4):65-77,189.

② 袁强.第三方评估运行机制与实践规制的理性建构[J].中国教育学刊,2016(11):33-38.

③ 褚宏启,贾继娥.教育治理与教育善治[J].中国教育学刊,2014(12):6-10.

④ 曲秀钰.民间第三方教育评估的发展困境及缘由[J].民办高等教育研究,2020(17):84-87.

⑤ 蒲蕊,柳燕.教育管办评分离中政府、学校和社会的角色[J].教育科学研究,2016(12):44-48.

境;同时加大对社会专业评价组织能力的培养和对评估过程的监督。第三方评估机构则要充分调动自身参与教育评价的积极性,并利用好政府的支持政策,不断提高评估能力和评估的专业性、客观性,切实发挥出自身优势、履行好监督责任。

(三)提高社会参与教育监督与评价的意识和能力

第三方评估强调多元主体参与和利益相关者的协商合作,用第三方评估的民主性和客观性取代单一评价方式的垄断性和片面性,不仅顺应了教育评估改革的国际趋势,也能加快我国基础教育阶段评估进入制度化、规范化的轨道,[①]从而提高评估结果的科学性和权威性,实现国际交流与对话。第三方评估的要义在于动员社会力量,打破单一的评价方式和评价体系,让更多的群体参与教育评价。"有效的社会参与是一个相当艰苦与复杂的过程,需要提高社会参与主体的参与意识和能力。"[②]由此可见,培训对于唤醒和强化公众参与教育评估的意识具有巨大而深远的效用,这就说明政府需要着力培养这一意识,让公众在价值观上认同第三方评估的独特价值,认识到客观评价的必要性和紧迫性。在形成了积极主动参与社会评价的意识之后,要进一步培养客观和科学评价的能力与技能,让民主评估、科学评估和客观评估的美好图景有落在实处的可能性和知识支撑。

第二节　教育评价中的第三方评估

伴随着教育评价民主化的进程,第三方评估逐渐成为主流,其因具有客观性、独立性、科学性的特征而受到欢迎,加上国家教育改革政策的支持,具有较好的发展前景,日益成为主要的评估方式。第三方评估的概念大约是在 21 世纪初被引入我国的,[③]先是在商业领域获得推广,后来又逐渐进入教育领域。目前,我国的教育第三方评估积累了一些实践经验,但总体而言仍处在起步阶段,[④]此外,因为外部环境和评估能力相对稚嫩,仍存在很多不成熟之处,所以受到质疑。然而,无论从理论上还是实践中都需要公正、独立、科学的第三方评估,这也就使

①　袁强.第三方评估运行机制与实践规制的理性建构[J].中国教育学刊,2016(11):33-38.

②　蒲蕊.论教育治理中的社会参与[J].中国教育学刊.2015(7):26-31.

③　Fullan M. The new meaning of educational change[M]. 3rd ed. New York: Teachers College Press,2001.

④　杨玉茗.国内第三方参与教育评价研究综述[J].教育现代化,2020(3):75-77.

得第三方评估机构的存在和发展成为一种必然。

一、第三方评估的特点

（一）第三方评估的必要性

学界普遍认为，第三方参与教育评价是必然趋势。原因主要有以下几点：第一，第三方评估是国家教育政策改革的需要，也是教育行政部门切实履行好自身应有职责的需要，有助于政府明确行政权力的边界，更好地指导和监督教育评价。第二，第三方评估符合国际教育评价发展的趋势，我国采取这种评估模式有助于加强国际交流对话，在学习国外先进经验的基础上不断推进本国实践进步，从而更好地推进"管、办、评"分离政策的实施。[①] 第三，优质的第三方评估具有传统评估模式不具有的优越性，结果更具客观性、公正性和更高的信效度，[②]同时也保证了社会参与学校办学，有助于打破教育封闭管理的模式，从而助推教育系统的变革和进步。由此可见，第三方评估因其独特的优势与特征，能够避免教育系统内部评价带来的弊端，符合社会发展和教育变革的需求，也是全面提升教育质量、推动教育强国建设的重要探索。

（二）第三方评估的优势特点

第三方评估是对教育事实的检验，能够为形成新的教育需求提供依据，又是教育发展和进步的重要杠杆。作为"管、办、评"分离政策最后一公里的第三方评估拥有独立性、客观性、公正性等优势，正为改革所需。原因主要有以下五点：第一，评估实施主体相对独立。实施教育评估的组织（即第三方评估机构）是相对独立的，与政府和学校之间不存在隶属关系，这也就意味着其与政府和学校的利益相关性较差，受利益影响和制约也就较少。它们接受委托或自主实施评估监测，可以在一定程度上保证评估监测结果的公平性和公正性。第二，评估层次丰富、内容多样。从评估层次上看，第三方评估囊括了从国家到学校各个层次；从评估内容上看，包含教育教学质量、发展水平、学业质量等多个方面，也包括"政策标准制定、工具研发等基础工作，以及执行过程、效果评价"[③]等综合内容。第

---

① 朱旭东.论"国培计划"的价值[J].教师教育研究,2010(6):3-8.
② 张炜.教师职前培养质量标准化评价的定位及差异性研究[J].现代教育管理,2015(8):56-63.
③ 谢凡.实施"第三方评价"：打通"管办评分离"的"最后一公里"——来自"北京2016教育督导与评价研讨会"的声音[J].中小学管理,2016(8):40-41.

三,评估的专业性强。实施第三方评估的组织以社会组织为主,包括高等院校、教育科研机构、教育学术团体、民间智库和其他社会组织,组织成员也多具备过硬的专业素质,他们能够利用科学的技术方法、专业的评估知识制定可实施的评估方案,以保证评估的专业化水平与质量。第四,评估结果相对公正。第三方评估能够使用科学的评估理论和评估方法,选用合适的评估工具,遵循相关教育法律法规的规定和要求,开展实地调研和评估。同时,也能够根据需求公开评估结果,接受相关利益主体和社会公众的监督,保证评估的透明和公开。第五,评估主体多样化、社会参与度高。[①] 第三方评估能够保障社会公众的参与,可供选择的评估工具也更多,如可通过问卷、访谈等方式收集资料,这样就间接使得社会公众有了表达意见和利益诉求的机会,从而使更广泛的群体参与评价。随着互联网大数据的广泛应用,公众代表还可以通过网上评议、在线填写调查问卷或其他方式参与评估,使评估的手段日趋多样化,也更能符合时代发展的特征。

二、第三方评估的现实困境

党的十八届三中全会明确提出要"推广政府购买服务",国务院十分重视第三方评估工作,明确要求"用第三方评估促进政府管理方式改革创新"。2014年,国务院在各地政策落实情况督查工作中首次引入第三方评估,相关职能部门相继出台相关文件,积极培育、引导和规范第三方评估。目前国内对于第三方评估机构的资质审核与准入主要靠行政主管部门的前置审批和登记备案,渠道单一,因此,可以借鉴国外的先进经验,采用多种渠道认可资质,如准入式、招标式、委员制等。[②] 由于第三方评估在我国起步较晚,所以在外部发展环境、机构自身建设及社会监督机制等方面都受到很大程度的制约。目前,国内的第三方评估机构主要是接受政府或学校的委托开展活动,这就决定了无论是经费使用、人员配备还是机构选择都在很大程度上取决于教育行政部门,[③]这也就导致第三方评估机构的评价活动会受到一定程度的限制,也会不可避免地带有行政色彩。因此,充分实现第三方评估的独立评估仍存在诸多障碍。

① 谢凡.实施"第三方评价":打通"管办评分离"的"最后一公里"——来自"北京2016教育督导与评价研讨会"的声音[J].中小学管理,2016(8):40-41.
② 李亚东,俎媛媛.我国第三方教育评价的核心问题辨析及政策建议[J].教育发展研究,2018(21):1-5.
③ 莫玉音.我国第三方教育评估机构的资质认证现状与标准[J].教育测量与评价,2019(4):38-44.

（一）独立性较差

第三方评估机构的建立必须要有政策保障，这是其得到政府和社会公众认同的重要基础，也是确保其合法性的重要来源。在具体的实践过程中，第三方评估受到行政力量的干预和制约，影响有限，效用发挥不足。原有的体制和评价模式使学校和政府熟悉和适应了政府主导的自上而下式的评估路径。而第三方评估模式的出现与应用仍在起步阶段，社会认可程度不高，加上第三方评估机构本身的专业性和权威性有所欠缺，评估结果很难形成一致结论。此外，第三方评估仍受到行政权力的制约，在制定评估计划和自主选择评估项目上也就丧失了自主性，评估行为很大程度上体现和服从的均是行政色彩较浓的"政府意志"①。这就使有序进行的评估活动需要行政权力的辅助，评估经费和人员的选用需要行政部门的批准，一般流程为教育行政部门下发文件，各地做好准备工作与第三方评估机构对接，然后再开展考核、评估，这就让第三方评估机构很容易成为"政府意志"的实践者，也在很大程度上削弱了评估活动主体的意识和能动性。

（二）专业性不足

第三方评估机构需要树立公信力才能更好地促进评估和自身的发展，这就要求它们要具备符合国家准入机制的相关资质。在此基础上，还需要相关的行业标准、规章制度和行为准则来进行自我约束，从而避免第三方评估机构处于一种无序状态。② 在专业队伍建设方面，目前的第三方评估机构中行政管理人员较多，而理论研究人员和具有专业技术的评估人员相对欠缺，兼职研究人员也往往是行政工作人员；③ 评估专家很难做到在所有专业领域都具有强专业性，这就会造成两方面的不良后果：一是行政工作人员占比过多会使得评估的理念偏向于工作逻辑，从而不利于打破原有的评价机制；二是专家对于评估工作某方面的侧重会导致评估结果出现偏颇，从而影响评估的专业性和客观性。在专业水平方面，现有的评估指标体系缺少科学、系统的设计，以借鉴原有的或国外相对成熟的指标体系为主，也有部分只是简单拼凑多项评估指标，很难形成符合中国教育实际、具有较强科学性和理论性的指标体系，也就使得评估结果在科学性上大

---

① 严萍，李欣婷.第三方评估如何落地——省级教育评估机构转型发展探究[J].研究生教育研究，2019(6):67-72.

② 莫玉音.我国第三方教育评估机构的资质认证现状与标准[J].教育测量与评价，2019(4):38-44.

③ 冯晖，王奇.论教育评估的专业化[J].教育发展研究，2015(11):12-14.

打折扣。从评估技术上来看,目前常用的评估技术与方法大多停留在国际通用方法上,很难形成专业性和学理性较强的研究结果,不能满足社会需求。为了解决第三方评估机构专业性欠缺的问题,建议在借鉴国外先进做法的基础上,国家和地方要积极探索和建立完善的社会组织参与教育评估的资格准入制度,重点核查这些机构的专业能力、人员配备和从业资质,可以采用政府购买服务等方式将具有高资质的社会评估机构纳入评价队伍中,形成教育评价的科学力量,针对性地诊断教育系统的问题并提出解决对策。

(三)公正性欠缺

第三方评估的特征之一就是具有公正性。然而,公正性的实现需要第三方评估机构成为多元教育治理主体之一,拥有法律地位。[①] 从实然的角度来看,虽然第三方评估逐渐成为主流,国家也颁布了相关的扶持政策,但习惯于传统评估模式的惰性、法律地位不够、社会认可度低等种种现实困境也制约着第三方评估的公正性。主要有以下几方面的表现:第一,由于评估是上级行政部门推动的,学校在评估过程中处于被动地位,在思想上和心态上常处于不情愿甚至是对立状态。而第三方评估机构需要应对来自行政部门委托的压力和学校的阻力,无形中加大了工作难度,进而影响到评估结果的公正性。第二,在关系本位的社会中,任何活动都会难免受到人情、关系、交情等种种难以避免的因素的影响,[②]这就会使得多方利益盘根错节,在具体实施评估的过程中受到负面的阻力,进而影响最终的评价结果,也不利于第三方评估机构社会认同度的提升,造成恶性循环。第三,第三方评估机构并未成长为具有独立地位和强专业性的评估力量,评估活动需要行政部门的审批,这就使所谓的"第三方"并不具有实际意义上的独立性。为此,第三方评估需要加强对自身的"元评估"[③],在内部建设完备的监督和管理机制,做到自我反思、自我监管。

(四)效用性有限

在"管、办、评"分离政策的背景下,第三方评估机构日益发展壮大,其专业

---

①　覃塽,曹一红.教育公共治理视角下第三方教育评估机制的路径探析[J].上海教育评估研究,2019(5):10-14.

②　严萍,李欣婷.第三方评估如何落地——省级教育评估机构转型发展探究[J].研究生教育研究,2019(6):67-72.

③　覃塽,曹一红.教育公共治理视角下第三方教育评估机制的路径探析[J].上海教育评估研究,2019(5):10-14.

性、规范性、公正性和效用性日益增加。^① 然而,当前的评估工作立足于决策层面对教育政策的整体控制,很容易受教育政策重心转移等因素干扰,这就使第三方评估机构很难把握教育的难点、痛点、堵点问题,进而也就很难提出针对性的解决措施,使评估的持续性和导向性受损。此外,评估结果运用范围较窄,有时仅仅起到了解现状的作用,很难和教育政策的制定与优化、政府教育投入、教师队伍建设、教师评聘制度优化等有机结合,对帮助政府优化管理、学校提升办学质量的效用明显不足。^② 从国内目前第三方评估产生的实际效果上来看,一些民营的教育评估机构已经建立,但评估专家的遴选范围、评估覆盖面和评估结果影响力都还不够大。此外,不同的评估机构采用不同的评估理念和技术模型,在最终结果上很难形成一致的结论,也缺少合作交流的基石,这就使第三方评估的结果很难为社会所接受,进而不利于提高其社会公信力。^③ 为了提高第三方评估的效用性,需要建立专业化的评估队伍和客观的评估体系。在评估的过程中要制定差异化的评估指标和体系以更好地适应不同评估对象的需求。要保证评估流程的专业性,在制定、反思、评估的过程中确保客观性。同时也要结合学校自评的结果,帮助学校认识到办学存在的问题,针对性地提出可操作的改进措施。

第三节　政府与第三方评估机构的合作

一、合作的机制

良好的运行机制是制度能够良性运转、评估能够正常推进的重要保证。为避免第三方评估出现"制度悬置、运动式推进或浅层化运作"^④的问题,在实践中应建构科学的运行机制。从过程维度出发,基础教育中第三方评估的运行机制应包括评估前置的动力—保障机制、评估过程的沟通—协调机制以及评估结果

---

① 冯晖.教育评估现代化的内涵特征与推进策略[J].上海教育评估研究,2019(3):1-4.

② 严萍,李欣婷.第三方评估如何落地——省级教育评估机构转型发展探究[J].研究生教育研究,2019(6):67-72.

③ 覃源,曹一红.教育公共治理视角下第三方教育评估机制的路径探析[J].上海教育评估研究,2019(5):10-14.

④ 袁强.第三方评估运行机制与实践规制的理性建构[J].中国教育学刊,2016(11):33-38.

的应用—反馈机制①等内容。

（一）动力—保障机制

第三方评估的动力机制系统主要包括内驱力和外驱力。其中，内驱力是关键和本质，外驱力是发端和重要的影响因素。从内、外驱动力的构成上来看，我国基础教育中第三方评估的外驱力主要包括国家有关教育的大政方针、有关教育变革的国际趋势和走向、我国社会经济发展水平和导向等。这些外部影响因素构成了我国基础教育评估制度变革的客观需求。社会协作系统学派的创始人切斯特·巴纳德（Chester Barnard）认为，"人并非'完全理性的经纪人'，而是只具有有限的决策能力和选择能力"。根据这一假设，将外驱动力内化为内驱力就需要第三方评估系统内部所有的利益相关者进行协商，形成一致目标，进而共同推动这一进程。因此，要关注不同利益群体的利益诉求并将其加以整合，力求实现利益博弈平衡。这就需要不同的利益主体相互理解、加强沟通，形成将私利转化为公共利益的共识，这样才能达到合作共赢和理想大同的境界。不仅如此，教育行政部门要履行好自身的职责，综合运用各种行政手段和必要的行政措施进行宏观管理与监督，减少直接的行政干预。在购买第三方评估机构服务时，需要严格审核第三方评估机构的专业水平和资质，审核的过程也要做到程序正当、公平合理、公正透明，保证真正高质的评估机构能够被遴选出来，发挥好重要作用。

（二）沟通—协调机制

开展第三方评估需建构组织、信息和情感等多方面的沟通与协调机制，打破政府、学校和评估机构之间的交流屏障。第一，要加强组织沟通。第三方评估顺利开展有赖于不同的利益主体之间的协调配合、通力合作。政府和教育行政部门应当履行好自身的治理和监督职责，实时跟进配套政策，不断更新管理思想，保证评估的质量和水平。同时，也需要看到市场调节具有的滞后性等弊端，进行必要的监督，避免"市场失灵""管控失效""信息失真"②等不良后果滋生。基层学校与第三方评估机构之间要努力构建良好关系，形成符合目标与价值的利益共同体，助推评估的顺利进行和学校的良好反馈，尽量避免因为沟通过程不畅带来的一系列负面效应。因此，各需要增加沟通的频次，强化沟通的成效，以增进理解，为进一步协调配合打下坚实的基础，发挥第三方评估的价值。

第二，要确保信息畅通。信息的畅通是保证评估过程顺畅、结果真实的重要

---

① 袁强.第三方评估运行机制与实践规制的理性建构[J].中国教育学刊,2016(11):33-38.
② 袁强.第三方评估运行机制与实践规制的理性建构[J].中国教育学刊,2016(11):33-38.

因素。从评估流程来看,优质的评估需要第三方评估机构通过多种合法渠道广泛收集、整理、使用有关教育的真实有效数据,并利用技术手段和统计方法在数据分析和理论探讨的基础上开发评估指标体系,并验证这一指标体系的信效度,通过检验后付诸实践,以衡量教育发展水平。如果在这一过程中出现信息沟通渠道不畅、信息不对称的情况,便会造成"信息孤岛""数据冲突"等难题,[①]阻碍第三方评估发挥实效,也就很难为教育行政部门的决策提供良好的、有实际操作意义的建议。为避免出现此类现象,应建立开放的教育信息资源共享平台。在高度信息化和大数据时代,教育领域应当利用好互联网高效、便捷、透明度高等优势,通过信息处理技术及时将评估数据录入、处理、更新,利用网络平台公布评估结果,这不仅有利于实现"纵向层面的上下信息联通、横向层面的相关信息对比、立体层面的综合信息咨询"[②],而且有助于帮助各级政府和教育行政部门从宏观上把握地区教育发展态势,帮助学校了解自身发展情况,从而协调政府、学校和第三方评估机构之间的权责分配,增进了解和信任,也能更好地使公众保持对于教育事业的关心、热情和保护他们应有的监督权利。

第三,要促进情感融通。"管、办、评"分离涉及多方主体,想要顺利推进该项政策,需要不同主体之间合作,而合作的基础不仅仅是符合多方利益和目标的共同体的构建,也需要不同主体之间相互理解、情感融通。第三方评估涉及多个利益主体,这就更加需要多主体之间加强交流、增进理解。具体来看,评估者的"价值观念、情感好恶、舆论干扰等主观因素都可能在系统的评价中反映出来"[③]。处于被动地位的被评估者也具有能动性,往往呈现出"应付检查"等心理特征或"完成任务"的应对方式,对于评估质量和最终结果都会产生不良影响。因此,加强不同主体之间的情感融通有利于减少误会和摩擦,帮助不同主体相互理解,从而最终实现多主体之间良好信任基础上的高质量评估。

(三)应用—反馈机制

反馈是评估的最后环节,评估功能的完整体现离不开完善的反馈调节机制。第三方评估强调多元评价、多元主体参与和多元价值实现,这就要求在实践中建构评估结果的应用机制和公开反馈机制。"前者作为一种应答,彰显评估的激励、改进和监督功能,同时有助于维护评估权威并保障评估功能落地;后者增加

---

① 袁强.第三方评估运行机制与实践规制的理性建构[J].中国教育学刊,2016(11):33-38.
② 张铭凯.第三方评价机构参与中小学生综合素质评价:可能、角色与运行[J].教育发展研究,2014(20):34-39.
③ 马永霞.教育评价[M].北京:当代世界出版社,2001.

评估的透明度,为评估信息公开铺设公众理解渠道,体现民主精神。"[1]第三方评估结果的应用应致力于以下六个方面:第一,诊断学校发展状况,让其明晰自身的发展现状、需要重点解决的问题,提出有针对性和强操作性的整改意见。第二,总结优质学校先进的经验和做法,归纳这些学校成功的模式和经验,并建议相关教育行政部门予以表扬和宣传。第三,向教育行政部门反馈评估结果,评估的最终目的是促进教育事业的发展,这就需要第三方评估机构及时向政府和教育行政部门反馈评估结果,为它们的科学决策和资源分配提供有力参考。第四,公开评估结果,接受政府、学校、业内同行的评议和社会全方位的监督,帮助搭建信息共享的数字化平台。第五,深化理论研究。评估的数据是宝贵的财富,对数据的处理和挖掘不但有助于推动教育实践,也有利于教育科研的发展,因此,利用本土数据深化理论研究,尽早形成符合本土实际的理论体系。第六,修正和完善评估指标体系。评估指标是评估的重要工具,根据现有数据不断反思和调整指标中不合适的项目,有助于形成更加精准有效、科学完整的指标体系,进而帮助评估不断完善、成熟。

二、应然走向

(一)政府参与的必要性——评估理论的支持

对于评估的认知和理解经历了相对较长的过程。严格来看,20 世纪 30 年代才出现了评估活动,直到 40 年后相关的理论和分类模型才逐步出现,相对为人熟知的"时代"模型[2]就是其中之一。这一理论以人们的具体实践活动特征和人们对于评估的认知程度将评估划分成了四个阶段,总结起来,每个阶段的关注点分别是"测量""描述""判断"和"协商建构"[3]。由此可见,伴随着评估活动的不断发展和人们对评估活动认知的不断深化,评估所呈现出的功能或最终追求的结果也在不断提升层次。归根结底,评估活动需要利益相关方的参与,需要多元主体相互理解基础上的利益协商。只有如此,才能在保证评估过程客观公正的基础上得出具有信服力和实用性的结果。

那么,在"管、办、评"分离政策背景下,第三方评估中常见的利益相关方都有哪些呢?当前我国第三方评估机构主要接受政府委托开展教育评估项目,因此

①　袁强.第三方评估运行机制与实践规制的理性建构[J].中国教育学刊,2016(11):33-38.

②　彼得·罗希,等.评估:方法和技术[M].邱泽奇,等,译.重庆:重庆大学出版社,2007.

③　李雁冰.论教育评价专业化[J].教育研究,2013(10):121-126.

区域内教育行政部门是十分重要的利益相关方之一,它不仅仅是委托人,同时也是政策制定者、评估主办者和项目主管者。另外,我国"管、办、评"分离政策实施不久,政府作为长久以来的评估主导者,熟悉评估流程和路径,形成了适用性广的工作方法,积累了丰富的工作经验。因此,提高第三方评估的质量和效益,应当正视政府的作用,做到充分与政府协商。

我国政府参与具体评估项目的经验尚且不足,但以德国为主的西方国家形成了成熟可推广的参与模式,它们将评估过程分成三个阶段,即评估的设计与开发阶段、调查实施与数据分析阶段和评估结果的应用阶段。①

阶段一是评估的设计与开发阶段。这一阶段需要明确评估对象和评估目的、制定评估标准与流程、确定评估实施主体、完成经费使用说明、论证评估设计合理性和科学性等。② 也就是要搞清楚应该评估谁、为什么要评估,以及由谁、何时运用何种工具和方法进行评估。在完成了阶段一的准备工作后,就进入到了阶段二——调查实施与数据分析阶段。这一阶段的工作主体是第三方评估机构,它们需要利用专业技术和手段对收集到的数据进行处理和深度挖掘,形成数据分析报告和评估结论。这一阶段中,第三方评估机构需要对数据严格保密,采取科学方法,以确保评估过程、结论和效果的客观性和科学性,提高评估结果的信效度。政府在这一过程中则需要扮演好协调者和监督者的角色,保证评估进程顺利无阻。阶段三是评估结果的应用阶段。结果应用涉及多方利益主体,在结果应用的方式选择上,需要多主体之间进行利益协商,达成共识,在保证社会公共利益的前提下,尽可能地保证各方利益的均衡。此外,政府要在此阶段听取第三方评估机构的专业报告和建议,将部分调研结果落地,切实发挥好第三方评估的实际效用,促进教育评估和教育事业的发展。

(二)"管、办、评"主体联动融合

"管、办、评"分离是为了让不同主体参与教育评估的过程,责任明确、功能各异,共同形成教育公共治理的新格局。在明确责任划分和各自的角色定位、职责范围后,顺畅成熟的评估也离不开多主体的联动融合。

第一,要推进政府、学校、社会三方目标融合。"管、办、评"分离是充分发挥人力、财力、物力作用,利用教育内外部各种有利条件,高效率地实现教育管理目

---

① 赖因哈德·施托克曼.非营利机构的评估与质量改进:效果导向质量管理之基础[M].唐以志,景艳燕,等,译.北京:中国社会科学出版社,2008.

② 鞠锡田.政府参与第三方教育评估:现实路径、理性思考与应然走向——基于对 S 省的实证考察[J].当代教育科学,2019(7):66-71.

标的活动过程。[①] 想要办好人民群众满意的教育,政府、学校和社会必须目标一致,明确共同努力的方向和凝聚合力。具体而言,政府要完成角色转变,构建服务型政府,深入了解人民群众对于教育的需求和期望,鼓励社会全体公民发挥积极性和主观能动性,开拓参与教育公共事务管理的渠道。作为教育的直接实施场所,学校面对教育服务的接受者——学生和家长。学校要办好学,就要积极利用好办学自主权,不断改善和创新育人模式,努力提高办学水平,满足受教育者的多样化需求和社会对于多样性人才的需要,切实履行好育人职责。社会,即第三方评估机构则要肩负起"评"的重担,发挥好自身的专业优势和特长,优化评估手段,利用先进、科学的评估理念和评估方式实施评估,通过评估解决好教育发展中的教育质量问题,激发教育系统不断完善的内在动力,努力满足社会经济发展对教育提出的新要求。

第二,要推进政府、学校、社会三方职责融合。"管、办、评"分离是为了明确不同主体的职责,提高教育系统运行效率,从而构建现代化教育治理体系,提高现代化教育治理能力。然而在运行过程中,如操作不当,则会适得其反。明确的责任链条不仅能够避免出现推诿、权力死角等负面情况,还能够在多元主体之间搭建起信息沟通的桥梁,实现信息共享。[②] 政府、学校、社会三方应当协商一致,着重满足社会的需求,切实解决公众最为关心和质疑的问题。具体而言,一是要建立畅通的信息沟通和共享渠道,保证信息流通,提高合作效率和水平。二是政府要提高自身的治理水平,学校要提升办学效率和办学水平,第三方评估机构则要明确评估标准、提高评估水平。三是要推动资源整合,不同的主体要明确自身的优劣势,在合作的过程中扬长避短,提高资源利用的效率和合作的成效。四是要按照权责匹配的原则,确保教育的管理、办学和评价权真正属于政府、学校和社会三方主体。不要出现分主体却不分权的情况,让教育改革流于形式。从根本上说,"管、办、评"分离改革就是要明确教育职责和权力在三方主体之间的分配,提高教育系统的运行效率。在具体的实践中,政府应当根据第三方评估机构的评价结果对相应主体进行考核、监督和追责,倒逼学校提升办学水平。对于资质不全的评估机构则要限期整改,健全行业准入机制,提高行业准入标准,加强对评估市场的监管,努力营造良性的竞争氛围。同时,第三方评估机构也要及时向政府部门反馈评估结果。一方面协助政府根据结果反思工作中的不足,推动政府不断改进治理方式;另一方面评估结果可以督促学校提高办学水平。政府要建立健全问责机制,加强对学校校长和副校长的问责,也要加强学生、家长与

① 周海涛.高等教育"管办评分离"的缘由与路径[J].国家教育行政学院学报,2014(3):7.
② 高兵,杨小敏,雷虹.管办评分离的本质探析与实现路径[J].教育评论,2015(3):7-9.

利益相关者对学校的问责,明晰"管、办、评"协同联动的责任链条。[①] 学校则应当重视评估结果,同时结合自评结果,找出制约学校发展的顽瘴痼疾,有针对性地制定操作性强的解决方案,并将改革成果实时公布,接受来自政府和社会的监督,切实提高学校办学能力和办学水平。

---

① 杨亚伟.教育治理现代化进程中基础教育管办评分离改革研究[D].郑州:郑州大学,2019.

第四章　评估指标设计与工具开发

【本章概述】

在党的十九大关于"深化教育改革,加快教育现代化,办好人民满意的教育"的新时代教育政策背景下,根据国内外教育现代化理论,现代化优质学校研究,学校评估理论、经验以及拱墅区教育发展的实际情况,设计了拱墅区现代化优质学校评估体系与操作手册以及相关问卷工具、访谈工具和听课工具。该指标体系设计兼顾现代化优质学校硬件与软件、教学与管理、定性与定量、静态与动态、校内与校外、现实与前瞻等多维度、多视角,建构了"基础性指标""发展性指标""前瞻性指标"和"规范性指标"。经国内专家论证,认为指标体系设计具有较强的政策意义和实践价值。评估涉及的相关问卷工具、访谈工具、听课工具包括了三类群体(学生、教师、家长)满意度问卷、学生心理测验量表、四类群体(学生、教研组长与普通教师、分管校级领导与相关教师、校长)半结构访谈提纲、通用听课记录表,所有工具设计基于理论和现实基础,问卷经过统计分析,具有良好的信效度,达到教育测量学要求。

第一节　评估指标设计

一、评估指标设计的依据

(一)教育现代化背景下的现代化优质学校研究

1. 教育现代化背景

教育是国之大计。如前所述,目前已有大量关于教育现代化理念、内涵、特征的研究,虽然不同学者对于教育现代化的理解并不统一,但有一点共识,即教育现代化是一个动态发展,不断改进和进步,能力持续提升的过程,而非静态单一结果的呈现。

教育现代化是我国教育规划纲要中的重要蓝图。党的十八大以来,我国的教育现代化进程始终围绕着"培养什么人、怎样培养人、为谁培养人"这一根本问题。教育现代化倡导的教育优质性、公平性、终身性、均衡性、普及性等立足教育人道性,主张关注学生个体成长,遵循教育规律和学生成长成才规律,促进人自由而全面的发展,促进学生的自我实现。要实现"培养符合时代需要的现代化人才"这一目标,需要从各方面实现教育现代化,具体包括教育观念的现代化、教育制度的现代化、教育内容的现代化、教育设备和手段的现代化、教育方法的现代化、教育管理的现代化等。总之,从培养人的角度来讲,实现传统教育向现代化教育的转变是社会发展、国家发展的需要,在教育改革步伐中,推进教育现代化就需要明确方向、制定战略。

2019 年,《中国教育现代化 2035》提出了"发展中国特色世界先进水平的优质教育"的战略任务,要完善教育质量标准体系,制定覆盖全学段、体现世界先进水平、符合不同层次类型教育特点的教育质量标准,明确学生发展的核心素养要求。此外,要构建教育质量评估机制,建立更加科学公正的考试评价制度,建立全过程、全方位人才培养质量反馈监控体系。浙江省作为率先公布省域教育现代化 2035 行动纲要的省份,其任务体系包括了推进高水平、聚焦高质量、扩大全方位、加强高投入、促进高效能等五大范畴,通过顶层谋划下好教育现代化先手棋,以重点领域强省带动教育事业整体跃升,以优质教育资源充盈和谐教育生态,以教育质量保障筑牢教育现代化生命线,以教育治理体系建设增强教育软实力。[①]

十九大五中全会上提出了"建设高质量教育体系"的要求,那么教育现代化建设进程中如何满足人民群众享受优质而公平的教育需求,如何以高质量发展理念来持续推进教育现代化?具体来说,教育现代化发展就是要体现"教育供求更加平衡、教育资源配置更加高效、教育结构更加优化、教育机会获得上更加公平、教育生态更加和谐美好"等多方面特征。[②] 但是一些学者也对教育现代化发展过程中的"内卷"提出了担忧,教育中的"内卷"指的是目标上、价值评价体系上和竞争方式上的高度单一化。教育内卷发生的本质原因是学校教育转型滞后于社会转型。比如在基础教育领域,信息技术现代化投入之大、教学改革关注之重、各项课程教学改革研究成果之多,却并未真正扭转以升学主义为导向的教育观念。政府、学校、家长、学生仍然围绕升学率或考试成绩来"争夺"教育资源和

---

① 张天雪,孙不凡.迈向教育现代化 2035 的浙江方案——基于《浙江教育现代化 2035 行动纲要》的分析[J].中国教育学刊,2020(4):41-47,84.

② 杨小微.以高质量发展理念推进教育现代化[J].教育发展研究,2021,41(3):3.

社会资源,呈现出了一种非良性的教育生态。国内学者认为实现教育现代化需要推进和深化教育评价改革,使教育评价也实现同样的现代化。评价指标是否适切、评价方法是否合理直接关乎教育现代化的推进。因此,在思想观念上要厘清教育现代化的价值取向,在实际运作上要多层面、多样化地实现教育现代化评价,在教育过程层面要保障实现"公平""效能""赋权""生态"和"优质"这些价值目标。① 在实现教育现代化的基础上,通过赋予学校办学自主权、增强办学内生动力,把教育质量评价作为指挥棒,加强对育人质量、教育公平、教育高效与可持续发展的评价,推进基础教育的高质量发展,办好人民满意的教育,促进教育高速发展转向高质量发展。②

2. 现代化优质学校研究

现代化优质学校,顾名思义是指现代化的高质量学校。随着教育现代化的发展,在新时代背景下,必须思考现代化优质学校的价值理念是什么,标准是什么,如何打造现代化优质学校等问题。

对于中国学校的现代化,国内学者通过反思百余年基础教育现代化变革的艰难历程,总结了国际视野与本土立场结合、理论汲取与实验探究结合、科学精神与人文向度结合、多元融通与文化自觉结合、追求效率与促进公平结合、个体求索与集团推进结合的,具有本土学校变革特色的中国教育经验。③

有学者认为,学校是制度化教育的基本形态。学校现代化评价的"5E"标准包括公平(equality)、效能(efficiency)、赋权(empowerment)、生态(ecology)以及优质(excellent)五个维度,而其中的"优质"维度是其他"4E"的上位概念,只有实现了教育的公平、效能、赋权以及生态的现代化学校才是优质学校。④ 国外对教育公平和效能的研究要比我国早很多,从1966年科尔曼做了《教育机会均等》(*Equality of Educational Opportunity*)的报告开始,教育界进行了大量的关于学校效能的研究。如莱佐特(Lawrence Lezotte)提出了有效学校的七个基本特征:第一,安全有序的校园环境;第二,高期待的氛围;第三,教学领导力;第四,清晰而聚焦的目标;第五,学习的机会和时间;第六,学生进步的常态监测;第七,积极的家校关系⑤。此外,"赋权"是一种刚性的治理方式,"生态"则是一种柔性的

---

① 杨小微. 推进教育现代化亟待跟进教育评价现代化[J]. 中国民族教育,2021(2):9.

② 本刊编辑部. 基础教育高质量发展的时代使命[J]. 人民教育,2020(20):12.

③ 黄书光. 学校现代化变革的本土探索与中国经验[J]. 教育发展研究,2020,40(24):1-6.

④ 杨婷. 优质:学校现代化评价的综合标准[J]. 苏州大学学报(教育科学版),2020(3).

⑤ Lezotte L W. Correlates of effective schools:The first and second generation[M]. Okemos, MI:Effective Schools Products, Ltd. , 1991.

治理状态,更多地体现为学校内部的人际关系、组织氛围,以及学校内外的互动与支持等。[①]

对于什么样的学校才是优质学校,一些研究者提出了自己的看法。斯滕伯格认为"真正的优质学校是让所有的学生都通过教育达到优秀,提高学业分数是追求优质的自然结果,并不是目标本身"[②]。优质的标准应该由原来传统的"3R"——读(reading)、写(writing)、算(arithmetic),转变为新的"3R"标准——善于推理(reasoning),有韧性(resilience)和责任感(responsibility)。国内其他一些学者认为,优质学校应该是"有特色的学校""拥有优良的教育工作和优秀的学校文化,能很好地促进全体学生全面发展的学校""能够不断获得和合理运用自身能力,改善学校文化、提升学校管理和教师能量,最终促进学生全面持续发展的学校"。虽然优质学校没有统一的概念,但是最后的落脚点都在于人的全面发展上。国内学者普遍认为"优质学校挑战传统学校,不同于普通学校,其分水岭在于优质学校摆脱功利化的侵蚀和应试教育的束缚,尤其要根治重知识、轻智慧,重理科、轻文科,重理论、轻实践等'半个人的教育'或'残缺的教育'的现象,让基础教育面向未来,为学生的终身发展奠定扎实基础"[③]。

随着教育改革进程的推进,人们对学校的评价逐渐开始多元化,不再局限于单一的升学率这一指标。目前有学者主要从结果层次(教育产出)、能力层次(教育过程)和文化层次(价值观念)来解读优质学校的内涵。其中在能力层次方面,已经从过去较为关注学生学业成就转变为关注学校的可持续发展能力,包括学校的管理能力、教师的教学能力和学生的学习能力。[④] 教育评价也越来越重视学生综合素质如学业成就、心理品质、身体素质、人际关系、道德情操、思想观念、创新精神与实践能力等多个方面。可以说,学校评价理念的转变对优质学校创建有很好的促进作用。但是,目前也存在一些问题,比如优质学校评价的标准没有统一定论,优质化学校创建过程中缺乏理论基础和实践经验,学校缺乏评估后的自我改进能力等。在创建优质学校时应注意处理好三大关系,[⑤]分别是教学质量与学校文化的关系、同质与个性的关系、高效与底线的关系,即优质学校创建要全盘考虑学校发展目标、对学生学习和教师成长的有效关注以及学校文化建设等,努力挖掘和发展学校办学特色,避免同质化,并且优质学校创建始终不

① 冉华,程亮.学校现代化的"生态"维度:标准与指标[J].中国教育学刊,2020(11).
② 斯滕伯格.论优质学校的现代标准[J].教育发展研究,2009(2):42-45.
③ 项红专.优质学校的阶段性发展与策略性推进[J].中国教育学刊,2018(7):43-47.
④ 邬志辉,陈学军,王海英.优质学校的概念、建设过程与指标框架研究[J].东北师大学报,2004(3):113-120.
⑤ 林璐晨.中小学优质学校评价研究[D].福州:福建师范大学,2011.

能背离优质教育服务,以满足群众不断发展的优质教育需求为原则和初衷。

(二)教育评价与学校评估理论

1. 教育评价与学校评估的概念

教育评价的概念最早由泰勒(Ralph Tyler)于 20 世纪 30 年代提出,他认为教育评价本质上是一种测定教育目标在课程上和教学方案中究竟被实现多少的过程。教育评价作为教育管理的一种手段和教育的重要构成要素,贯穿于整个教育活动之中,对教育活动及其现象作出价值判断,发挥着导向、鉴定、改进、调控与服务等功能。[1] 2020 年 6 月,中央全面深化改革委员会第十四次会议审议通过的《深化新时代教育评价改革总体方案》指出,教育评价事关教育发展方向,要全面贯彻党的教育方针,坚持社会主义办学方向,落实立德树人的根本任务,遵循教育规律,针对不同主体、不同学段、不同类型教育的特点,改进结果评价,强化过程评价,探索增值评价,健全综合评价,着力破除唯分数、唯升学、唯文凭、唯论文、唯帽子的顽瘴痼疾,建立科学的、符合新时代要求的教育评价制度和机制。[2]

学校评估则是运用教育评价的理论和方法,对学校的教育、教学等各项工作和学校管理水平给予价值上的判断,是对学校内部诸因素的评价。葛大汇认为学校评估也称为办学水平评价,评估内容主要包含了行政管理与业务开展状况、学生培养状况、办学条件状况等。评估形式分为外部行政督导机构或他人对学校的评估(即外部评估)和校内评估。外部评估可以使学校管理者对教育发展的形势、行政法规、社会需求和舆论以及重要的评估内容和准则标准有所把握,而校内评估主要是指学校校长或领导班子在学校内部进行的自我评价。[3]

随着国外学校效能和学校改进研究的推进,学校评估对学校发展的引导作用越来越受到人们的重视。国外中小学评估从形式上可分为外部学校评估和内部学校评估两类。[4] 外部学校评估是外部评价者对一所学校内部运行结构和过程以及学生学习成果质量的评估。外部学校评估标准通常高度标准化,不仅描绘了外部评估应该关注什么,而且定义了一所好学校要达到什么样的标准。评估内容包括教育管理目标、学生结果、教学质量和遵守法规等。程序上包括数据

---

①　朱立明,宋乃庆,罗琳,等. 新时代教育评价改革的思考[J]. 中国考试,2020(9):15-19.

②　中央深改委审议通过《深化新时代教育评价改革总体方案》[EB/OL]. (2020-07-01)[2020-07-14]. https://www.eol.cn/news/yaowen/ 202007/t20200701_1736125. shtml.

③　葛大汇. 学校评价的主要内容与含义[J]. 教育参考,2004(6):10-11.

④　杨中超,杜屏. 国外中小学学校评估的特征及未来政策走向——基于 OECD 和欧盟教育报告的分析[J]. 现代教育管理,2018(9):63-67.

分析与前期分析、现场考察和撰写评估报告。外部学校评估对学校自我评估过程的改进起着促进和刺激作用。内部学校评估也称学校自我评估，是学校评估自己的过程，评估内容从教学方法到管理效率，涉及学校教育的方方面面。内部学校评估主要由学校工作人员实施，也会与其他利益相关者如学生、家长或当地社区成员合作评估，多主体参与被视为成功的内部学校评估的一个重要特点。

杨中超等人认为国外的学校评估使教育系统评价框架的各个组成部分(学生评价、教师评价、学校评价和教育体系评价)发挥协同增效作用，其评价方式和评价内容对我国学校评价具有以下启示：一是强调课堂实践，把评价重心放在教师教学和学生学习上；二是评价主体的能力建设是影响有效学校评估的关键。[①]

2. 第五代教育评价理论

20 世纪 80 年代，库巴和林肯提出了现代教育评价发展"四代论"[②]。第一代评价理论为测量时代，侧重测验与测量。该时期大量的测量理论和技术被应用于教育评价工作，追求的是评价结果的数量化、客观化。第二代评价理论为描述时代，侧重对测验结果的描述，主要是描述教育目标与教育结果是否一致，以判断实际的教育活动与预期的教育目标之间的差距。第三代评价理论为判断时代。该时期关注评价者能否帮助制定一定的判断标准与目标，认为评价不应只关心教育的目标，检验教育目标达到的程度，而是为了改进。因此评价的终点应放在教育过程之中，收集相关资料为教育决策提供有用的信息。第四代评价理论为建构时代，该时期从建构主义出发，认为评价是评价者与其对象相互交互、共同建构的过程，并能引导各方参与者达成共识。这个时期的教育评价提出了"共同建构""全面参与""价值多元化""评价中的伦理道德问题"以及"应答性资料收集法"和"建构主义评价法"等评价思想和方法。

第五代评价理论于 20 世纪 90 年代末出现，奉行"评价应当以行动研究的方式进行"的理念，即主张通过教育中的利益相关方参与的行动的研究开展教育评价，并将教育决策视为评价的一部分。第五代评价理论在尊重教育中利益相关方评价的不同诉求的基础上，突出在评价中通过行动研究对教育现状进行客观分析并作出教育决策。此次评估指标设定以第五代评价理论为指导，重视学生、家长、教师、教育行动管理者对教育的诉求。

3. 发展性学校评价理论

发展性学校评价是国内外教育改革和学校发展研究领域中新的重点和热点，

① 杨中超,杜屏.国外中小学学校评价的特征及未来政策走向——基于 OECD 和欧盟教育报告的分析[J].现代教育管理,2018(9):63-67.
② 卢立涛.浅析学校评价理论的发展历程与趋势[J].教育理论与实践,2007(11):23-27.

目前对于发展性学校评价的界定依旧存在着争议。卢立涛认为"发展性"是指事物不断发展的状态和具备的不断向前的趋势,与"发展性"相对应的概念是"增值"。"增值"指的是学生入学时的水平与毕业时水平的差距。学生变化的幅度即"增值"的大小,可以看作是学校、课程或教师的教育成就。卢立涛还认为,发展性学校评价主要是在分析学校现状和主要优势、劣势的基础上,发现和发掘学校的发展潜力,选准学校的最佳发展区和生长点,指导和帮助学校发扬优势、弥补不足,逐渐形成学校特色。[①]

英国伦敦大学教育学院的萨蒙斯(Pam Sammons)概括了高效能发展性学校的 11 项指标,[②]包括专业的领导(坚定的信念、参与的方法、专业化的领导)、共享的理念与目标(统一的目的、前后一贯的实践、分权和合作)、学习环境(井然有序的氛围、富有吸引力的学习环境)、专注教与学(学习时间的最大化、强调学术性、关注成绩)、有目的的教学(有效的组织、清晰的目标、结构化的课程、应用型实践)、高期望(高期望、沟通的期望、提供智力挑战)、积极强化(严明的纪律、反馈)、监督过程(监督受教育者绩效、评估学校绩效)、受教育者的权利与义务(受教育者的自尊、义务、工作控制)、家校合作(家长参与子女的教育)、学习型组织(校本员工发展)。与传统的学校评价相较而言,卢立涛认为发展性学校评价在评价方向上,强调面向未来;在评价目的上,旨在促进学校的发展;在评价内容上,注重全面性和整体性;在评价主体上,强调多元性、平等性、参与性和合作性;在评价方法上,主张综合运用多样化的评价方法;在评价指标设计上,强调个性化、弹性化;在评价关系上,追求平等、协商;在评价过程上,强调评价是一种协商、对话过程;在评价标准上,强调评价的确信性和真实性;在评价结果上,重视共同认可。[③]

(三)国内外学校评估经验

在指标构建中,有必要将不同教育指标组合建构教育指标体系,以便揭示教育系统的特征或运作状况。[④] 构建指标体系是开展现代化优质学校测量与评估工作的前提与关键。

1. 我国部分省市的教育现代化评估指标体系

目前,我国有国家层面的教育现代化监测指标体系,同时各地方,如上海、江

① 卢立涛.发展性学校评价的概念辨析[J].继续教育研究,2010(11):73-75.
② 卢立涛.国外发展性学校评价研究综述[J].外国教育研究,2008(10):20-25.
③ 卢立涛.试论发展性学校评价的内涵与特点[J].教育测量与评价(理论版),2010(4):12-17.
④ 邬志辉.学校教育现代化指标研究[M].长春:东北师范大学出版社,2008.

苏和广东也在积极探索适合本地区的指标体系,并推进教育现代化进程。2008年,广东省出台了《广东省县域教育现代化指标体系及评估方案(试行)》。2009年和2013年,上海市和江苏省分别出台了针对本地区的现代化指标体系,通过三级指标体系的建立和观测点的确立,确保了教育现代化评估的科学性和可操作性。

除了教育现代化指标的构建,各地还积极参与教育部课程中心组织的"中小学学业质量分析、反馈与指导系统"项目,从不同维度对学生的学业质量、学校的办学效果进行探索。如上海市的绿色指标评价体系,对学生学业水平、学业负担、学习动力、进步情况、身心健康情况、品德行为、师生关系,教师教学方式,校长课程领导情况、学生社会经济背景等对学业成绩的影响进行专项监测。2013年,山东省青岛市制定了《青岛市普通中小学现代化学校评估方案》,包括2项一级指标,24项二级指标。广东省于2014年制定了《广东省义务教育标准化学校督导评估方案》,并设立一级指标6项,二级指标28项。还有中国香港的《杰出学校评估方案》,包括4项一级指标,17项二级指标;《学校表现评估方案》包括4项一级指标,8项二级指标,23项三级指标。这些省、市就优质学校建设和学校现代化发展出台、制定的指标体系与评估方案,对我们构建优质学校指标体系提供了参考。

2. 国际教育评估指标体系

国际上有影响力的教育指标体系包括联合国教科文组织(UNESCO)的教育系统框架、经合组织的教育指标系统及国际学生评价项目(PISA)。联合国教科文组织的教育系统框架由三部分组成,包括8项教育输入性指标、18项教育过程性指标、5项教育输出性指标。其中教育输入性指标考量教育资源(财政经费投入、人力资源、基础设备等)和教育优先度(涉及政策倾向性问题);教育过程性指标考量教育结构与分配,如各阶段班级数增长情况、各阶段学生入学数增长情况等;教育输出性指标考量资源的产出(学业成绩、结业率等)与教育满意度。经合组织的教育指标系统将指标划分为教育机构的输出与学习效果、教育经费和人力资源投入、获得教育/参与进步、学习环境和学校组织4个类别,[1]其中各类别中的具体指标评估点根据PISA的测试结果进行相应更新与调整。

国外一些国家或地区的教育评估体系如表4-1所示:

---

① OECD. Education at a glance 2002[M]. Paris: OECD, 2002.

表 4-1　国外教育评估指标体系

国家	指标体系
美国	2006 年,美国先锋教育评估(AdvanceED)包括 5 项一级指标、33 项二级指标; 20 世纪末,波多里奇国家质量奖《绩效优异教育标准》包括 7 项一级指标、17 项二级指标和 38 项三级指标; 蓝带学校计划包括 9 项一级指标,35 项二级指标; 美国 K-12 学校评价指标体系包括 6 项指标。
英国	1996 年,《苏格兰我们的学校有多好评估方案》包括 7 项一级指标,33 项二级指标,并不断修订; 2012 年,《学校督导框架》包括 5 项一级指标,29 项二级指标; 2016 年,《英国优秀学校督导评估指标》包括 5 项一级指标,49 项二级指标; 《英国教育标准局学校评估方案》包括 6 项一级指标,35 项二级指标,12 项三级指标。
加拿大	2010 年,加拿大安大略省 K-12 学校有效性评估框架包括 6 个维度,31 个指标。
日本	2006 年,《日本义务教育学校评价指导方针》包括 10 项一级指标,62 项二级指标。
新加坡	1999 年,《新加坡卓越学校模式》包括运作过程和教育成效 2 项一级指标,第 1 项指标包括 5 个评分系统,第 2 项指标包括 4 个评分系统。

美国先锋教育评估指标体系的一级指标包括:宗旨与方向、管理与领导、教学及学习获得、资源和支持系统、为持续改进使用结果。[①] 波多里奇国家质量奖《绩效优异教育标准》的一级指标包括:领导、战略策划、以顾客为中心、测量/分析和知识管理、关注劳动力、关注运行以及结果。指标还包括各个项目的分值,总分 1000 分,以问题或叙述形式呈现要求,通常包含 3 个水平:基本要求,在项目标题中呈现问题;整体要求,在项目标题下以一段叙述文字呈现;多重要求,在各个领域中以单独问题形式呈现。

"蓝带学校计划"是美国政府于 1982 年设立的一个表彰示范性学校的项目。1996 年,美国教育部教育研究与改进司(OERI)在实施了系列研究后,明确了蓝带学校计划的总体标准框架,包括 8 项指标:学生关注与支持、学校组织与文化、挑战性标准与课程、生动的教与学、专业共同体、领导力和教育活力、学校/家庭

与社区协作、成功的指标。① 后来蓝带学校在原来的 8 项指标中又加入了 1 项新的标准：信息技术整合(technology integration)。OERI 表示学生关注与支持、挑战性标准与课程、生动的教与学这 3 项体现了学生—教师—内容的动态交互，是评选的核心部分；学校组织与文化、专业共同体、领导力和教育活力关注的是学校内部环境，大量研究表明其是学校成功的条件；学校/家庭与社区协作表明了学校与重要利益相关者之间的关系；成功的指标关注的是结果，即学校评估系统的统一，能根据评估数据作出决策和改进，是学生和学校持续进步的依据。

自 20 世纪 70 年代，美国 K-12 问责制度经历了不断的变化与调整，2014 年，美国进步中心提出学校问责制度的主要目标是获得学校的持续支持与改进，而不是继续顺从和避免惩罚。美国进步中心指出美国 K-12 学校指标体系主要包括 6 项指标②：成就指标(主要衡量学生英语和数学等学科的学业成绩)、学生成长指标(评估学生在一定阶段的进步程度)、英语语言习得指标(除了负责学生的学习成绩外，还要负责提高英语学习者的语言水平)、早期预警指标(帮助教育者识别出有学业失败和辍学倾向的学生，以及能够高中毕业和进行职业准备的学生)、持久性指标(包括学生 4 年的同期毕业率和延期毕业率)、大学和职业准备指标(K-12 教育系统的最终目标不仅是确保所有的学生从高中毕业，而且还要确保他们已经做好了大学和职业生涯的准备)。

英国于 2012 年修订了《学校督导框架》，修订后的框架指标包括学校整体效能、学生在校的学业成就、教学的质量、学生在校的行为和安全、学校的领导和管理质量。③ 2016 年，英国教育标准局公布了《英国优秀学校督导评估指标》，从 5 个维度来评估各级各类学校的质量和效能，包括学校整体效能，领导和管理的效能，教学、学习、评估的质量，个人发展、行为和福祉，学生成就。④

加拿大安大略省 K-12 学校有效性评估框架(SEF K-12)致力于促进学校教育的公平，提升所有学生的学业成就与幸福感。SEF K-12 框架总共有 6 个维度，⑤分别为：为了学习的评价、作为学习的评价、对学习的评价，学校与课堂领导力，学生参与，课程、教学与学习，生涯发展规划，家庭、学校与社区的合作。

---

① Copeland D. Instructional leadership characteristics of secondary Blue Ribbon school principals [M]. New Jersey：Seton Hall University. 2003.

② 韩芳，杨盼. 美国 K-12 学校评价指标体系：背景、内容与前景[J]. 现代教育管理，2019(6)：111-117.

③ 江红. 英国教育标准局学校督导评价机制研究[D]. 南京：南京师范大学，2017.

④ 孙河川，金蕊，黄明亮. 英国 2016 年优秀学校督导评估指标研究[J]. 湖南师范大学教育科学学报，2017，16(6)：78-86，96.

⑤ 宋怡，马宏佳. 加拿大安大略省 K-12 学校有效性评估框架述评[J]. 教育测量与评价. 2020(10)：26-35.

SEF K-12 框架的每一个维度对应的各项指标,分别提出了学校、课堂和学生 3个层面的要求。

张东娇教授认为,欧美学校评估方案中的指标强调学校自我评估及其评估管理能力,我国优质学校指标体系的构建和优质学校的评估,可以遵循教育评估标准联合委员会(The Joint Committee on Standard for Education Evaluation)的 4 条标准,分别是有效性、可行性、适切性、准确性。

3. 对教育评估指标体系的评述

从上述指标体系可以看出,已有的教育现代化指标主要侧重对教育形态的测量,如教育布局、教育投入、教育管理、办学条件、教育教学、师资队伍、社会对于教育的满意度评价等。且大多采用量化的方法,即对各指标进行权重赋分,区分指标之间的重要程度,最终通过各指标的分数来衡量学校目前所处的教育水平。

其他国家的学校评估在功能上兼具问责和改进,并具有重视学生的发展和成就、强调学校与家庭和校外的联系、加强学校自我评估的特点。[1] 国家主导规则、学术积累丰厚、评估实践完整,从问题(方法)评估模式走向改善(绩效)问责评估模式和社会议题导向(倡议)模式。以 CIPP 评价模式和认可制度为典型的改进(绩效)问责模式是当代教育和学校评估主要模式。[2] 该评估模式由"背景评估、投入评估、过程评估、产出评估"4 个维度构成。例如,上海的"政府对教育的投入水平、义务教育资源均衡配置程度、教育信息化水平",广东省的"教育现代化保障",江苏省的"教育保障度"涉及的都是教育投入方面的评估。联合国教科文组织和经合组织的指标设计框架更是直接沿用"教育输入—过程—产出"这一思路。这些丰富的教育指标体系实践与探索,对构建区域现代化优质学校指标体系都有着重要参考作用。

(四)拱墅区教育发展实际

1. 拱墅区教育基础

合并前的老拱墅区有各类学校 112 所,其中高中 4 所,初中 13 所,小学 30所,特殊教育学校 1 所,幼儿园 64 所,在校学生 64287 人。全区在职在编教师3719 人,其中在职特级教师 13 人。

拱墅区坚持"改革创新、南北均衡、敢于超越、学教和谐"的办学方针,实施

---

① 赵德成,张东娇.当前美、英、日三国学校评估的新特点及启示[J].比较教育研究,2010,32(6):81-85.

② 张东娇.论国家教育评估能力建设——从国际经验和中国学校评估设计欠缺谈起[J].教育研究,2012,33(4):115-121.

"南北教育均衡发展、各类教育优质发展、师生身心和谐发展"战略,不断加大教育投入,大胆推进改革创新,取得了显著成效。2013年,拱墅区通过了全国义务教育发展基本均衡区验收;2014年,拱墅区全国教育信息化试点项目获教育部表扬;2015年拱墅区成为浙江省首批教育基本现代化地区。拱墅区坚持以生为本的育人理念,办学过程遵循教育教学规律和学生成长规律,其实行的一本作业本改革、新课程改革、教育国际化、教师梯度培养、教育优质均衡、学生减负提质等多项特色工作得到了社会各界的广泛认可。2017年,拱墅区以"有温度"的教育理念为引领,成为全国首批试行小学延迟半小时上学新政的区域。该举措有效地保障了学生充分的休息时间和早餐时间,深受学生和家长的欢迎,取得了积极的社会反响。通过多年的努力和持续不断的教育教学改革,拱墅区提升了教育综合实力,获得了良好的社会口碑与声誉。

2. 前期调研结果

2018年1月,浙江省教育现代化研究与评价中心召开了现代化优质学校评估体系项目开题论证会,邀请了来自上海教科院、北京师范大学、浙江大学、杭州师范大学等多位专家教授与拱墅区教育局领导一同研讨、商定了指标构建的原则与研制方法。

2018年3月至6月,中心参与拱墅区"观察·寻找拱墅区好学校的优质基因督导活动",赴拱墅区8所中小学(文晖中学、文澜中学、育才中学、大关中学、拱宸桥小学、卖鱼桥小学、杭州上海世界外国语小学、大关小学)调研。调研期间,中心成员进行原生态课堂观察、师生座谈和校园巡视,听取各学校一线管理者、师生对现代化优质学校评估指标构建与评估方式的建议,为指标的构建与完善提供现实依据。

二、评估指标设计的方法

(一)设计原则

区域现代化优质学校评估指标体系构建遵循以下五项原则。第一,方向性原则。学校评价为社会主义现代化建设服务,贯彻落实国家在教育、科学、文化领域的方针政策。评估体系的设置紧密围绕学校的培养目标和办学目标。第二,科学性原则。以教育学、管理学、心理学、统计学、教育测量学和教育评价学等学科的科学理论为指导构建科学、合理的评估指标体系,反映教育政策要求、教学的基本规律和学生全面发展需求。指标权重反映各项指标的地位和相互关系,以确保评估结果的科学性。第三,准确性原则。评估指标体系设置的构建充分考虑区域教育的发展特点,准确、客观地反映学校教育所取得的成绩、存在的问题和面临的挑战,为学校改进提供实证依据。第四,实用性原则。评估指标体系适应评估工作和评估对象的要求,不脱离实际。评估指标适中,体系简洁可行,妥善处理学校教育中一些不易确定的客观标准和不能量化的评估内容,设计方案时考虑运用现代化评估技术。第五,发展性原则。发展性评价是对以鉴别、奖惩为目的的评价方法的改进,是基于学校过去和现实的表现,面向未来的评价,强调评价的诊断和改进功能。因为,此次评估的目标是促进学校改进,相比于注重评价结果,更注重学校教育的发展和变化过程。20 世纪 90 年代之后,世界范围内的教育评估呈现出在评估功能上兼顾问责和改进的特点。[①] 因此,此次评估指标体系包含了前瞻性评价指标,以激励学校进行持续的能力建设和质量改进。

(二)总体思路

依照以上指导原则,评估指标体系的构建兼顾学校的总体办学能力、教育过程、教育产出等因素,遵循以下总体思路。

第一,以基础设施的配置和利用率为基础。基础设施是学校的硬件环境的基本组成部分,其配有率及利用率是衡量一所学校办学能力和办学水平的显性指标。20 世纪 70 年代,美国的教育评估就十分重视对学校基础设置的评估。此次评估也将学校对相关教学仪器设备、功能教室、图书馆等硬件设备的拥有量和使用率作为教育质量评估的基础性指标。

第二,侧重教学层面的指标,重视教育过程,使指标对教学改革产生引领作用。教学过程是教学活动的展开过程,是教师根据一定的社会要求和学生身心发展的特点,借助教学条件,指导学生主要通过认识教学内容认识客观世界,并在此基础之上发展自身的过程。教学过程是关系教学效果的核心内容。此次指标体系设置将教育过程列为重要的指标体系组成部分,并将德育、课程等内容融合为有机的整体。

第三,关注学生的成长体验和学生发展,赋予指标"理性认识、赞成孩子自然发展"的导向功能。美国在 2001 年出台的《不让一个孩子掉队》法案高度重视在校学生的学业表现,美国"蓝带学校计划"也将学生的表现列为申请优秀学校的基础条件。英国教育标准局在 2005 年出台的《每个孩子都重要》法案规定,督学必须汇报学生的个人发展状况,考查学生在精神道德、社会文化等方面的成长。近年来,"学生体验"视角已经发展成为世界范围内教育评估的主要路径。

---

① 徐昌和.中美学校评价比较研究:组织、标准与实施[M].上海:上海交通大学出版社,2016:157.

第四，关注师资队伍建设问题，师资队伍方面的指标体系的设计力求做到对教师专业成长起到引导作用。师资力量是一所学校的核心竞争力，师资队伍建设被视为此次评估的重要组成部分。国际上的中小学评估也有重视师资队伍建设的传统。例如，20世纪80年代中期，美国的教育政策制定者意识到获取全国中小学工作人员特征数据的必要性。而后，美国国家教育统计中心（NCES）开始实施若干个有关学校和学校工作人员的调查，全面评估教师队伍建设情况。①区域现代化优质学校评估指标体系将教师队伍的基本构成、优秀教师数量、教师专业发展情况作为评估的重要内容，同时也为学校培养优秀教师以及教师自身的职业发展提供方向。

第五，重视学校的办学效益。通过设计"社会认可"等一系列二级指标，了解学校的整体办学效益。不同于早期学校评估侧重办学资质、硬件设施等内容，现代学校评估更加注重学校自身的"产出性效益"。例如，20世纪80年代，英国的学校评估强调教育资源的提供，考察学校是否有足够的教学仪器和图书等。90年代以后，学校评估已经转向对资源利用效率的考察。②

第六，与时俱进，增加教育国际化和教育数字化指标。在国际化时代和信息时代，学校办学同样需要拓宽视野，育人方法和育人目标紧密围绕未来社会对人能力的要求。近年来，在全球化浪潮的裹挟下，美国、英国、联合国教科文组织等国家和国际组织纷纷出台培养学生21世纪核心技能的相关教育文件。为落实核心技能的教育效果，美国出台《21世纪技能评价白皮书》，助力教育与社会需求良性对接。如何与国际社会接轨，为未来社会培养具有胜任力的人才是中小学教育应当关注的核心议题。随着我国中小学教育的国际化进程不断加快，教育国际化程度成为衡量一所学校办学能力和办学水平的指标。在信息化社会，学校利用信息化优势服务办学也是综合实力的表现。

第七，注重学校的办学特色，因势利导，鼓励学校发挥办学优势，开展特色化办学，进而促进"教育品质化"。《国家中长期教育改革和发展规划纲要（2010—2020年）》明确强调要促进学校多样化、特色化发展，我国虽然自20世纪90年代初便提出促进学校特色化发展，但人们并未真正认识到其重要性。③纵观国外中小学评估，学校的全纳性、多样性一直是重要的评估内容。例如，经合组织每年发布的《教育概览》中，恒定不变的指标中就包括学校对特殊学生的教育。

① 李凌艳,张平平,李勉.美国基础教育质量的学校影响因素监测研究[J].比较教育研究,2015,37(11):101-106.
② 李凌艳,李勉,张东娇,褚宏启.基础教育阶段学校评估的国际比较[J].北京师范大学学报(社会科学版),2010(2):11-19.
③ 范涌峰.学校特色发展测评模型研究[D].重庆:西南大学,2017.

基于前期调研结果,在充分尊重并鼓励学校特色化办学的前提下,区域现代化优质学校评估指标体系的设计从学校质量、学校文化和品牌特色等方面入手,设置了"教育品质化"指标。

(三)具体方法

区域现代化优质学校评估指标体系的构建综合运用定性和定量相结合的研究方法。定性评价是对教育过程和结果的性质进行判断,侧重于评价对象的质的描述和评价的价值判断。定量评价是对教育过程和结果的量的描述和判断,侧重评价对象客观存在的"量"的方面,便于定量处理,获得综合性的结论。区域现代化优质学校评估的指标体系设计难度较高,难以准确反映被评客体的特点和社会多样化的需要,因此,设置定性指标可以有效弥补定量研究的不足。具体的研究方法如下。

第一,比较研究法。比较研究法是指根据一定的标准对不同时期、不同地点、不同情况下所发生的教育现象、教育理论进行考查、分析、鉴别和整理,以揭示教育的普遍规律和特殊本质,力求得出符合客观实际的结论,并运用于教育实践的一种研究方法。"他山之石,可以攻玉",通过综合分析其他省份、国际组织和主要发达国家基础教育评价的指标体系,把握优质学校评估指标体系的基本特点和发展趋势,结合区域基础教育的现状和发展目标,构建了区域现代化优质学校评估指标体系。具体而言,比较研究法的应用依托指标频次分析的方法。中心搜集了近年来英国、美国、联合国教科文组织、经合组织等国家和机构出台的具有代表性的教育评估方案,并统计评估方案中一级指标体系出现的频次,以把握中小学评估的国际趋势和动态。

第二,因素分解法。对评估总体目标进行目标分解,提出初拟指标,将评估目标一级一级地分解下去。分解的上限是评估目标,下限是可以观测的要素,上限和下限之间又分若干层次,在此表现为三级评估指标体系。在逐级分析指标时,中心成员尽量保持分解原则的同一性和稳定性;分解时,保持相应和相称,使子要素之和等于母要素,避免分解过窄或分解过宽。严格遵守按一定层次逐级分解,不跳级分解。

第三,德尔菲法。评估指标体系构建完成之后,中心邀请中小学评估领域的专家、学者分别开展两次深度讨论,通过头脑风暴,征求专家学者的意见。经过多次讨论、反馈和修改,最终取得较为集中的意见,保留一致认可的指标,同时舍弃争议较大的指标。

第四,访谈法。定性方法的使用主要体现为访谈法。在前期调研阶段,访谈了区域内小学、中学的学校管理者、教师和学生,并将访谈结果充分运用到评估指标体系的设计中。

三、评估指标设计的内容[①]

按照国内外理论、经验以及论证会、学校调研所收集到的建议和意见,确立了区域现代化优质学校评估指标体系框架。中心在指标设计和研发中,以"人本教育"为导向,以"学校可持续发展能力"建设为主轴,以"学生个体全面发展"为核心,遵循指标设计5A原则,即实用性、经济性、可量化、可获得性与可行性。初步构建了小学、初中两套指标体系,每套指标体系由四个模块构成,即"基础性指标""发展性指标"和"前瞻性指标""规范性指标",其中基础性指标、发展性指标和前瞻性指标采用权重赋分形式进行评估,规范性指标采用一票否决制进行评估。

(一)基础性指标

学校教育现代化离不开教育资源的投入,教育资源包括人力资源和物质资源。其中人力资源即教师,是学校现代化的重要推进者和实施者;物质资源主要是学生学习生活、学习与发展的条件。这些指标一定程度上代表了一所学校能提供给学生的学习环境和活动空间,以及学生能多元、自由、和谐、充分发展的机会。学校教育设备、手段的现代化是教育现代化的物质条件。现代化的设备条件能够促进教师教育观念的逐步转变。教师有了现代化的先进教育理念,就有可能创造出丰富多彩的教育经验,培养出现代化的人才。因此,在设计区域现代化优质学校评估指标体系时,将教育资源作为评估的基础性指标,其中,主要审核评估学校在教师、校舍、功能教室、仪器设备、网络等方面的配置水平。

(二)发展性指标

发展性评估以学校实际发展和自主发展能力形成为目的,以评价学校发展的过程所采取的行动策略,以学生、教师和学校发展为重点。发展性评估关注学校的日常教育、教学、管理和学生的学习生活。在发展性指标的设计过程中,坚持主、客观指标和定性、定量评估方式相结合。除了设计具体评估指标外,我们还开发了学生就读体验量表,测量学生在学校生活的参与感受、实现个人潜能的机会、人际关系融洽程度等方面,并通过中心开发的问卷和访谈提纲充分了解学生、家长、教师对学校教育的满意度水平,保障学校教育品质。

---

① 张墨涵.现代化优质学校评估的指标设计[J].教学月刊中学版(教学管理),2021(3):18-21.

(三)前瞻性指标

前瞻性指标是立足教育的未来发展态势,基于学校的现有办学特色,反映学校的未来发展方向,并对学校现代化建设起到引领作用的指标。其中,基础教育国际化是学校追求国际办学水准的过程,对学校提高国际交流合作意识、拓宽教师和学生的国际视野与思维,培养具有全球化意识、多元文化理解力、善于沟通与合作的创新型国际人才意义深远。此外,智慧校园建设指标关注学校利用云计算、物联网和人工智能等新技术改变教学、管理等的程度。前瞻性指标中对学校还提出了建设"学校文化和品牌特色"的要求,鼓励学校挖掘文化内涵,发展文化课堂,[1]展现自身亮点和特色。在一些区域的学校评估指标体系设计中,我们将前瞻性指标合并到发展性指标中。

(四)规范性指标

规范性指标的设计主要从规范办学的角度考量。评估体系的规范性指标严格按照国家及浙江省的相关教育法律法规的具体要求编制。实行现代化优质学校评选一票否决制,即若有学校在规范性指标方面存在问题,则取消该校现代化优质学校的评选资格。

区域现代化优质学校指标体系的构建和学校评估工作是一个动态发展的过程。我们坚持理论研究与实践探索的双重路径,在行动研究中完善评估指标,保证评估工作的专业性和权威性,推动现代化优质学校的创建和发展。

第二节　评估工具开发

一、问卷工具

(一)问卷编制与设计

按照区域现代化优质学校评估指标体系,中心开发了问卷工具、访谈工具以及听课工具,一方面用于中心收集相应指标数据,另一方面用于专家收集相应指标信息,以客观全面了解学校教育水平和发展状况,为学校评估提供有力的支撑。

---

① 　马健生.有品位的文化课堂:教学新境界[J].中国教育学刊,2011(6).

1. 心理健康诊断测验（MHT）

处于青少年时期的中学生面临的内外压力普遍增多。适度压力可以提高个体的动机，促进学习效率，使个体更好地适应高中生活。但过大的压力常常会引起许多不良后果，其中包括焦虑、紧张不安、抑郁、恐惧等情绪困扰问题，以及种种身体问题，甚至引发精神疾病等，极度影响学生的学习与生活。

心理健康诊断测验是由华东师范大学心理学系教授周步成和其他心理学科研究人员，根据日本铃木清等人编制的"不安倾向诊断测验"进行修订的问卷，已成为适应于我国中小学学生的标准化心理健康诊断测验。

本测验按焦虑情绪所指向的对象和由焦虑情绪而产生的行为这两个方面进行测定。全量表由8个内容量表构成。把这8个内容量表的结果综合起来，就可以知道一个学生的焦虑程度；而各内容量表的结果可诊断出在个人的焦虑情绪中，哪个方面问题较大。这8个内容量表分析是：学习焦虑、对人焦虑、孤独倾向、自责倾向、过敏倾向、身体症状、恐怖倾向、冲动倾向。全量表共100题，除去10道效度测量项目，将余下的全部问卷项目得分累加起来（凡是选"是"得1分；选"否"得0分），即可得到全量表分数。全量表分数从整体上表示焦虑程度。有的可能表现为攻击和暴力行为等，需要制定特别的个人指导计划。测量结果用于"心理健康测试达标率"指标打分，并作为报告撰写依据。

2. 学生就读体验测验

弗拉纳根（John Flangana）认为，学校生活质量应从学生对生活的满意程度、实现个人潜能的机会以及对参与社会活动的感受等3个维度衡量。爱泼斯坦（Joyce Epstein）与麦克帕兰（James McParland）发展了弗拉纳根的理论，认为学校生活质量应包括学生对学校的满意程度、学生对学业活动的参与度和师生关系的融洽度。[①] 根据弗拉纳根等人的理论，中心编制了学生就读体验调查问卷。问卷包括学生生活感受、实现个人潜能的机会、人际关系融洽程度3个维度。每个维度下设6道题，一共18个题项。采用李克特五级量表（5 point Likert scale）计分。总分越高说明学生在该校的就读体验越好。测量结果用于"学校生活质量"指标打分以及作为报告撰写依据。

3. 学生、家长、教师满意度测验

2017年起，我们在理论研究、专家调研和论证的基础上构建了教育满意度理论模型，编制了10套教育工作满意度调查问卷并在全省各区县（市、区）试测。

---

① Lunenburg F C, Schmidt L J. Pupil control ideology, pupil control behavior and the quality of school Life[J]. Journal of Research and Development in Education, 1989(22): 36-44.

后续也进行了多轮的修订和试测,具有良好的信效度。其中(中小学)学生满意度问卷、(中小学)家长满意度问卷、(中小学)教师满意度问卷(2018 年修订版)用于本次评估。通过收集三类群体对本区域政府和学校教育工作的主观态度与评价,了解他们对教育工作的满意度。调查问卷包含教育条件、学校管理、教师素质、教育过程、教育质量与总体评价等维度。每份问卷设计以 4～7 个维度作为逻辑架构,每个维度设置 3～6 个问题。所有题目采用李克特五级量表计分,1 分代表非常不满意,5 分代表非常满意。除反向测谎题之外,题目得分或维度得分越高,表明满意度越高。测量结果用于"学生满意度""家长满意度""教师满意度"指标打分以及作为报告撰写依据。

(二)数据收集与结果呈现

所有的数据通过纸质问卷调查现场收集,用 SPSS 软件进行统计,并撰写满意度、学生心理与就读体验测评报告。报告中呈现了各参评学校中各类群体的总体得分情况,问卷的各个维度以及题项选择"比较不满意和非常不满意""比较满意和非常满意"的百分比情况,供学校参照进行自我诊断和自我改进。

二、访谈工具

访谈是社科研究中被广泛使用的手段,受到研究者的青睐,在学校评估中访谈作为收集不同群体对学校、政府的意见和建议的重要途径,发挥了不可或缺的作用。一般访谈包括结构性访谈、半结构访谈和非结构性访谈。通常访谈被视为定性数据的收集工具,实际上却可以收集到定性、定量两种数据。收集何种数据类型要看研究者或访谈者的目的,即打算如何分析和运用数据。

在拱墅区现代化优质学校评估中,一般采用半结构访谈,即按照粗线条式的访谈提纲进行访谈。访谈问题的设计依赖于专家负责的评价指标以及准备访谈的对象。访谈时可根据实际情况进行灵活的调整。学校评估中,访谈的目的主要在于通过半结构化的、与评估指标密切关联的访谈问题,深入了解各类教育相关利益群体对当前学校、相关政府部门的真实看法和意见,以供专家在客观材料的基础上获取额外的信息,确保评估结果的真实性和可靠性。

按照不同专家所负责的不同指标内容,学校评估涉及的访谈对象有四类群体:学生、教研组长与普通教师、主管各项工作的学校领导与相关教师、校长。访谈工作表格设计见表 4-2 和表 4-3。

表 4-2　各类群体的访谈提纲

群体	问题提纲
学生	1. 你喜欢学校吗？为什么？ 2. 你最喜欢的课程是什么？为什么？ 3. 你对学校有什么希望与建议？ 4. 其他。
教研组长与普通教师	1. 您对学校的教学管理、教研活动有哪些看法和建议？ 2. 学校有哪些课程规划体系和考评机制？ 3. 学校有哪些促进教师专业发展方面的举措？ 4. 其他。
主管领导与相关教师	1. 请介绍一下您主管的工作及其成效与不足。 2. 您认为学校育人工作机制如何？ 3. 贵校对教师的考核主要从哪些方面进行？ 4. 其他。
校长	1. 您认为贵校的办学特色和办学优势是什么？ 2. 您对校园文化是如何思考的？贵校的核心文化是什么？采取了哪些行动？ 3. 贵校在"十四五"期间主要的发展规划是什么？ 4. 其他。

表 4-3　拱墅区现代化优质学校评估访谈用

专家姓名：　　　　访谈时间：　　　年　　月　　日(上午/下午)　　点一点

访谈学校		访谈群体	
访谈内容			
访谈记录			

三、听课工具

听课工具是教学活动中必不可少的衡量教师教学、学校教育水平的重要手段。学校评估中专家通过听课可以了解学生学习、教师教学的基本情况,发现学校教育和教学管理中的问题,此外还可以了解学校实际的办学理念,以及育人目标、师生关系、课程设置等与评价指标相关的信息,这些可以作为判断学校办学水平和教学质量的重要依据。

拱墅区现代化优质学校评估中,专家听课主要从七个方面对教师的课堂教学质量打分,分别是教师素养/教学态度、教学内容、教学方法、资源运用及成效、对学生差异需求的关注、学生学习主动性及效果和总体评价。专家听课记录表见表 4-4。

表 4-4 专家听课记录表

课程名称		授课教师		学校名称			
上课时间	星期( ) 第 节	上课地点		授课班级			
学生人数		教室环境		课堂秩序情况			
本节课讲授内容							
测评内容				优	良	中	差
教师素养 教学态度							
教学内容							
教学方法							
资源运用 及成效							
对学生差异需 求的关注							
学生学习主动 性及效果							
总体评价	对本次授课的总体评价		( )优秀 ( )良好 ( )合格 ( )不合格				
听课记录							

总体评价意见(如突出优点、需改进的地方、教学发展与改进建议等):

　　课堂中师生对话是否有益、高效取决于课堂氛围是否良好,课堂氛围是否良好取决于教师的态度。[①] 可见教师态度是创建良好课堂氛围、激发学生求知欲、保证良好教学质量的关键,是教师素质的体现。教学内容来自师生对课程内容、教材内容与教学实际的综合加工,其的选择和展现体现了一个教师对教材的理解、对学生学习进度和学习规律的精准把握。教学方法是教学过程中最重要的组成部分之一,如果没有运用适当的教学方法,就不能实现教学目的。国内外学者普遍认为只有教师运用了有效的教学方法,才能形成良好的课堂氛围,才能使学生在认识活动中产生愉快感,提高和发展学生智力。资源运用及成效指在课堂教学中,教师是否能熟练运用教材、各种教学资料,以及是否能处理课堂中预期外的情况,从而促进学生的发展。如是否能针对学生的错误,挖掘课堂资源;是否能抓住学生的"灵光一现",派生课堂资源;是否能利用学生的互动学习,创造课堂资源。[②] 在课堂教学中,关注学生的差异需求是一个重要话题。新课标的理念之一就是关注学生的个体差异和不同需求,确保每一位学生都在进步。教师既要发现学生的共同点,也要十分关注学生的特殊性,在选择教学策略和教学方法时应使每个学生都能体验到课堂参与感和学习的快乐。教学的效益取决于师生双方的积极性和主动性,而是否调动学生学习的主动性和积极性则是教学成功的关键。在课堂教学中教师应采用科学的方法、可行的策略来激发学生的学习主动性,提高课堂教学效率和教学效果。听课结果用于专家对相应指标打分以及作为报告撰写依据。

---

　　①　颜玉辉.课堂对话中教师的态度、角色和观念转变[J].福建基础教育研究,2012(1):103-104.
　　②　施群毅,黄莉.在教学中充分挖掘和利用课堂资源[J].生物学教学,2006,31(7):33-34.

第五章　评估流程

【本章概述】

　　构建一套专业、科学、合理的评估流程来指导学校评估活动,不仅可以加强对学校评估全过程的调控,保障评估质量,同时也可以提升评估效率。学校评估流程可以概括为评估前期准备、现场评估工作及评估后续工作三个阶段。从学校评估的横向发展来看,学校评估主体包含教育部门、第三方评估机构及被评估学校,其中第三方评估机构在学校评估活动中起到承上启下的作用,第三方评估机构既要与教育部门做好需求沟通,又要与被评估学校进行良性互动。如图 5-1 所示,从横纵两维视角梳理评估流程,便于明晰评估各方职责,从而提高学校评估的实效。

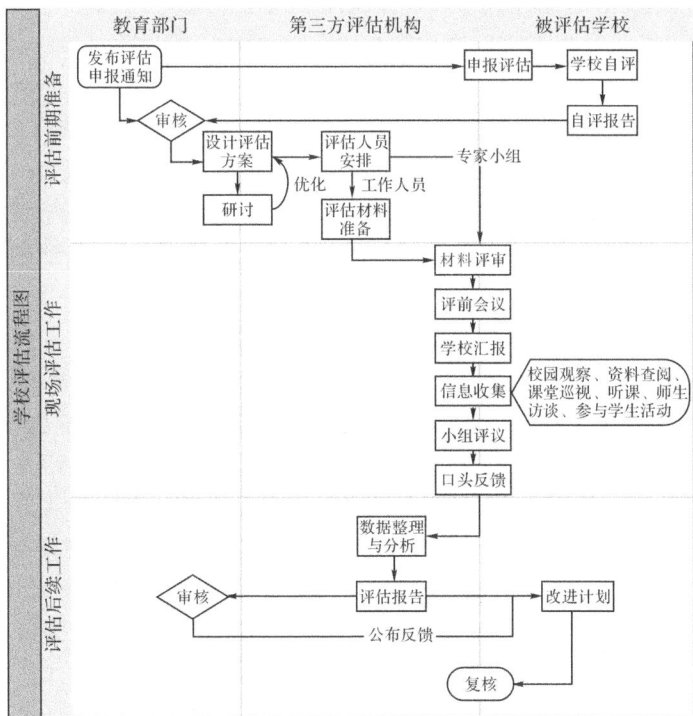

图 5-1　学校评估流程图

第一节 评估前期准备

评估前期准备是指评估人员进入学校开展现场评估工作之前的准备工作。在评估前期准备工作充足的情况下,一般可预设现场评估工作和评估后续工作中可能出现的问题、障碍并及时采取应对措施。因此,评估前期准备很大程度上决定着评估的质量和效率,其主要包括三个环节,即学校申报评估与教育部门审核、评估前的方案设计与材料准备、评估前的人员安排与沟通。

一、学校申报评估与教育部门审核

评估只有在被评者充分重视或迫切需要的情况下,才能发挥最大的效应。学校申报评估的目的,就是激发学校参与评估的内在动力,确保评估工作取得实效。其基本的流程是,首先由教育部门发布学校评估申报工作的相关通知,包含评估学校的对象范围、申报条件、申报程序及有关要求等,然后学校严格对照相关标准进行自评,并根据自评情况和相关文件要求自愿申报。

学校申报评估是被评估学校根据评估相关标准和要求进行的自我评估,是学校评估过程中的一个重要环节,也是学校现场评估和评估后续工作参照的基础材料。学校申报评估的最终表现形式是提交申报材料,一般包含自评报告、分项指标自评表及相关佐证材料等。学校收到通知后,需要成立由学校主要领导、各部门负责人及教师等组成的自评小组,根据评估标准开展自我诊断分析,完成学校自评报告和自评表。关于学校自评工作应做到以下几点:一是要以学校评估标准为准则,结合学校发展实际情况,逐条对标分析。二是要做到实事求是,"既要充分肯定学校的成绩,同时也不回避学校存在的问题,把自评工作与学校的各项工作结合起来,边评边改,以评促改"。三是在自评过程中注重资料的积累和规范化整理,做到资料及时分类、归档并保管。整理好的自评报告、自评表及相关佐证材料应在规定时间内送至教育督导部门审核。

教育部门严格掌握并遵守评审标准,认真审核各学校的评估材料,并重点关注状态数据和自评结果的审核,确保提交的数据及相关的材料真实可信。按规定程序审核、公示相关材料,保证公开、真实、有效。评估材料审查通过后,交由第三方评估机构对学校开展评估工作。

二、评估方案设计与材料准备

《礼记·中庸》有言:"凡事预则立,不预则废。"由第三方组织的学校评估,需要有系统的规划和充分的准备,如此才能确保整个评估工作有条不紊,各项工作能够相互衔接。

(一)评估方案设计的基本内容

"评估方案是评估活动的先行组织者,依据一定的评估目的,并根据学校教育活动和评估活动的一般规律,对学校评估的内容、范围、方法、手段及程序等方面加以规范的基本文件。"[①]从评估整体来看,评估的方案设计对整个评估情况和质量把控起到统筹作用,是确保评估有序开展的前提保证,在评估中具有非常重要的地位。因此,在开展正式评估前,第三方评估机构应与教育部门召开研讨会,结合申报评估学校的实际情况,制定评估方案。具体地说,就是明确评估目的、评估对象、评估指标和权重、评价方法和工具、组织实施及其他事项等。

(1)评估目的。说明评估的意图和任务要求,为实施评估提供明确的方向和产出标准,为整个评估的顺利开展奠定良好基础。

(2)评估对象。是评估的客体,同评估目的一样,是首先需要明确的重要问题,面对不同评估对象,需要制定不同的评价标准和方法。

(3)评估指标和权重。评估指标和标准是方案设计的核心,决定评估结果的价值尺度。评估指标是把目标分解成诸多具体化、可操作化指标。再根据每项指标的重要程度、特征及指标体系整体情况确定权重。评估指标在第四章已做详细阐述,此处不再赘述。

(4)评估方法、工具。主要包括评估信息的搜集和处理方法,需要选取适合的方法和工具,以便收集材料和数据。

(5)组织实施。包括评估活动的组织形式、方法,评估者的基本素质要求,评估过程中评估活动的组织者、评估者及被评估学校等必须共同遵守的纪律规定。

(6)其他事项。主要包括评估实施期限、评估报告完成时间、评估预算等。

评估方案初步设计好后,需要反复研讨完善。第三方评估机构将邀请领域内专家对评估方案的各项内容进行论证,尽可能符合被评学校的特点和实际情况。最终,由评估联络员与学校联系,进一步落实有关评估方案,确保每项评估活动都通知和落实到位,由专人负责,保障现场评估工作高效、有序进行。

---

① 陈玉琨.教育评价学[M].北京:人民教育出版社,1999.

杭州市拱墅区现代化优质学校评估方案

（一）评估目的

通过开展拱墅区现代化优质学校评估，把辖区内的学校打造成"老百姓家门口的好学校"，引导、帮助学校形成现代化优质学校特征——办学思想先进、育人模式专业、课程建设规范、办学成效明显、教育品质优良等，在办学成效上表现为"生生能身心健康、正直善良、学有所长，校校为百姓喜欢"，真正成为现代化优质学校。

（二）评估内容

现代化优质学校评估是对中小学品质教育内涵建设、办学质量和效益等有关情况的评估。拱墅区现代化优质学校评估指标包含基础性指标、规范性指标、发展性指标等三方面内容。

（1）基础性指标。包括校舍、仪器设备、师资等方面的配置水平和保障程度。根据国家和浙江省的相关要求进行衡量，分为"达标"和"基本达标"两个等级，作为认定拱墅区现代化优质学校的参考依据，不计入评估总分。

（2）规范性指标。包括学校党建、校园安全、师德师风、廉政建设、依法治教、办学规范等指标，体现规范性和监管性。学校按照党和国家的要求办学，实行无过错得分制。任何学校不得违规办学，对情节严重的实行一票否决。

（3）发展性指标。包括学生发展、教师发展、学校发展等指标，体现导向性和发展性。学校按照科学发展的要求办学，做好常规工作，聚焦重点工作，努力提高办学品质。

（三）评估任务

（1）评定各监测点得分情况。根据学校提供的佐证材料、现场查看情况、教育局各职能部门的审核结果，评定各学校在每个监测点上的得分，明确优势，指出问题，提供改进建议。

（2）完成满意度问卷调查与心理健康水平测试。根据调查与测试结果，确定等级水平与分数。

（3）综合判断学校办学水平。按校形成拱墅区现代化优质学校评估报告，给出学校评估星级及改进意见建议。

......

（二）评估材料准备

评估材料准备也是评估前期准备工作的重要环节,需根据评估方案设计相应的评价手册、评价表格等,为现场评估工作的实施提供材料保障,避免现场或临时准备的凌乱无序,同时便于评估后的信息整理。评估材料主要由第三方评估机构的项目文档管理人员根据评估方案实施中需要使用到的材料和用表,按需准备。材料和用表一般包含专家操作手册、专家评估用表、听课记录表、访谈用表、满意度问卷、心理健康问卷、搜集佐证信息用表、专家名单等。

三、评估前的人员安排与沟通协调

学校评估本质上一项价值判断活动。但不同的人对学校评估指标的理解可能会有差异,对"什么样的学校是一所好学校"的认识也各不相同。因此,要确保各利益相关群体对学校评估目的和意义达成共识,并确保评估时同一小组中不同专家的评估结果相对一致,需要合理安排评估人员,并做好沟通协调工作。只有在人员安排和沟通协商上做足功夫,学校评估工作才会顺利开展,委托方、被评估方和评估方才能够各司其职地完成好相应的工作任务。

（一）评估人员安排

合理的评估人员安排可以帮助评估相关人员明确各自分工和职责,是学校评估工作有效开展的必要条件,一般包含评估工作人员安排和组建评估专家小组。

1. 评估工作人员安排

学校评估活动的顺利开展,首先需要第三方评估机构组织好评估活动工作人员。人员一般包含项目负责人、项目统筹人、后勤保障人员、文档管理人员、技术支持人员等,由项目负责人和统筹人根据第三方人员的专长和实际情况作出恰当的人员安排。

2. 组建评估专家小组

评估专家小组由第三方评估机构负责组建。评估专家小组一般由3～5名项目领域的有关专家组成,包含教育研究学者、省地督学、教育行政管理者、学校校长等。在选择专家时,第三方评估机构要充分考虑专家的专业背景、知识结构及工作经历等因素,尽量做到每组专家的组成结构都较为均衡。评估专家的选择对评估质量有着重大的影响。选人不当,不仅可能会降低学校评估的质量,还会影响委托方及第三方评估机构的公信力。因此,在组建评估专家小组时应充分结合评估指标和标准要求,按评估内容恰当匹配人选。

拱墅区现代化优质学校评估专家小组就是按照以上标准组建的。评估专家小组由4位专家组成,组长1人,组员3人,另设联络员1人。组长从整体把握,组员按不同指标分工,做到相互配合、相互补充。组员需在组长统一组织下开展评估工作。一要全面了解评估工作的对象、目的、任务和内容,明确指导思想,坚持依法评估。二要熟悉评估方案及有关政策、法规,牢固掌握评估指标体系的结构和标准,帮助学校掌握评估标准和方法,规范操作程序。三要在认真通读自评报告等资料的基础上,对照评估指标体系,明确评估工作的重点和具体操作要求。按分工和操作程序,认真完成有关信息收集、汇总、整理和分析等工作,如实填写评估的各种工具表并遵守各项纪律。组建评估专家小组后,应尽快组织专家学习评估指标、要求及各自职责,以便扎实推动现场评估工作顺利开展。杭州市拱墅区现代化优质学校评估方案对专家小组成员的职责进行了详细描述,参见如下内容。

组长工作职责:主持评估组内部会议,制定评估组工作计划,调整组员分工,落实本组评估报告撰写工作。主持现场评估工作,包括向校长说明来意、介绍本组成员、主持汇报会和反馈会、监督评估纪律等。参与指标评定工作,填写相应的评估记录表。组织小组评议,讨论评估意见和评估结论,代表专家组反馈评估意见。审核本组专家成员评分和评语,提交本组评估报告。

专家组成员工作职责:接受组长领导,参加评估组集体活动。按照工作计划和分工完成评估任务,填写相应的评估记录表。维护评估组形象,对评估工作提出建设性意见。实地评估后完成负责评估部分的评估综述(优势、问题和建议)。

联络员工作职责:告知学校评估流程、评估专家及要做的准备工作,如请学校提前准备纸质盖章自评表、有无线网络的会议室等。落实专家行程安排,做好组长、组员和司机之间的沟通。收集专家身份证和银行卡信息。收发本组评估资料,包括专家签到表、专家手册、评估系统账号、各项纸质评估表格。实地开展心理测评、教育品质问卷调查,向家长发放纸质问卷,并做好记录。做好学校汇报会和反馈会记录,协助专家处理网络评估技术问题。实地评估后及时回收专家评估综述和诊断报告,协助评估报告的整理与撰写工作。

(二)沟通协调

沟通协调是指在开展学校评估中妥善处理好各种关系,最大程度调动评估各方的积极性。作为第三方评估机构,不仅需要明确教育部门的诉求,也需要与评估学校建立良好有效的合作关系。

1. 与教育部门的沟通协调

第三方评估机构与教育部门是一种相对平等的合作关系。对于学校评估现场的具体实施,教育部门不应进行过多干涉,仅以委托方的身份对第三方评估的过程进行监督,阐明评估诉求,提供相关数据及对评估指标和评估方案提出建议。因此,第三方评估机构在开展学校评估活动前期准备工作中遇到问题、困难或障碍时都应积极、主动与教育部门及时沟通协调,保证现场评估顺利进行。

2. 与学校的沟通协调

学校作为评估中的被评估方,与第三方评估机构有一种微妙的关系。两者不是一种对立的关系,而是一种平等、互利、互动的关系。双方都致力于使学校不断完善,更好地发展。因此第三方评估机构在与学校沟通中,首先,需要让学校感受到两者的平等关系并正确理解评估的目的和意义,即帮助学校诊断问题,提出改进策略,形成更合理有效的发展规划,从而减少或消除应付心态,达到学校评估的预期效果。其次,帮助学校做好评估相关准备工作,包括现场评估的时间和流程、佐证材料及基本注意事项等。现场评估的时间和流程一般在开展现场评估工作一周前通知学校。明确告知学校现场评估的具体时间、持续时间及具体流程,具体流程为:材料评审、评前会议、学校汇报、学校参观、信息收集、问卷调查、小组评议、口头反馈。时间和流程的确定既能保证学校提早作出合理安排,减少对正常教学秩序的干扰,又能保障评估专家小组全面、充分地了解、采集学校相关信息。

第二节　现场评估工作

进入现场评估阶段,第三方评估机构和评估专家小组的主要任务是通过多种方式在学校内集中收集评估相关信息,发现学校发展中的优势,诊断存在的问题,并提出改进建议。现场评估活动一般包含材料评审与评前会议、学校汇报与信息收集、小组评议与口头反馈环节。

一、材料评审与评前会议

每一所学校的评估时间是有限的,如何在有限的时间里全面、深入地了解学校的优势与不足,并结合学校的实际提出建设性的建议,是对评估专家最大的挑战。近年来,国际教育评估领域的一大趋势是注重学校自我评估,并将其作为评估者入校评估的依据。因此,评估专家需要在正式评估前审阅学校自评材料,并通过召开评前会议明确每一所学校评估的要点,力求带着问题进入评估现场。

(一)材料评审

材料评审是评估专家小组了解被评估学校基本情况的重要窗口,一般由被评估学校根据实际情况提供自评材料,包括自评表、自评报告及相关佐证材料。在开展现场评估工作前一周由联络员通过电子文档的形式发送给评估专家小组成员。评估专家小组成员按要求审阅待评学校的相关材料,了解待评学校自评的基本情况,确保现场评估工作有所侧重、有的放矢。

(二)评前会议

在进入学校正式评估前,由第三方评估机构的项目负责人或统筹人与教育部门召开评前会议,一起向评估专家解读评估目的和依据、评估方案设计的思路、评估指标的编制、评估专家分工、相应的评估理论与技术及注意事项等。不同评估小组再分别召开小组会议,一般由组长主持会议,组织小组成员学习有关评估指标内容和基本流程,讨论交流各自材料的审核情况。组长可根据组员的具体情况,落实责任,明确分工。评前会议可以帮助评估专家小组进一步了解评估学校基本情况,讨论并落实现场评估的每个细节,及时提出需要被评估学校配合的事项,以便更好地开展现场评估工作。

二、学校汇报与信息收集

现场评估最核心的目的是通过多个渠道、多种方法收集学校相关信息。其中,信息收集的对象包括校长、教师、学生、家长、社区代表等各利益相关群体,信息收集的方法包括听取汇报、查阅资料、观察校园、巡视课堂、访谈师生、问卷调查等。对于所有的评估,对象和方法都比较类似,做好的关键在于细节上的处理。下面分学校汇报和信息收集两个方面,对如何做好信息收集工作进行说明。

(一)学校汇报

学校汇报是由学校负责人简要汇报学校自评情况,是评估小组收集信息的重要渠道,一般为现场评估当天的首要环节。汇报前,学校负责人可带领评估专家粗略查看校园,并将汇报材料和自评材料分发给评估专家,让评估专家对学校形成初步印象和了解。汇报中,学校负责人需对学校基本情况、发展目标、成绩、不足及发展难点等简要介绍。汇报时间一般控制在半小时左右,因为过长的汇报不仅会让专家抓不住重点、感到疲惫,也会影响、压缩下一环节的工作。另外,汇报内容要做到有理有据、深入浅出，对于学校发展难点和不足的分析需全面，而不是简单归因于共性问题、外部因素等。汇报后，直接进入问询环节，评估专家对于汇报过程中实时记录的疑惑之处，或前期材料评审中想重点了解的内容、需要核实的材料等可向学校负责人、领导班子及任课教师提问，相关人员予以回答。"问询"在词典中的解释是有不知道或不明白的事请人解答，因此评估专家在问询环节要做的是直接提出自己的问题，而不是评议或建议。问询和解答既可采取一问一答的方式，也可在评估专家全部提问完毕后对所有问题汇总。

（二）信息收集

"学校评估信息的搜集，就是评估者运用科学的方法，系统地、全面地和准确地搜集评估信息，这些信息和评估标准将一起作为进一步对被评估对象进行分析、判断的主要依据。"[①]学校评估要求采集的信息必须全面、可靠、有效，信息不全或失真会影响评估的最终效果。实施现场评估前，待评学校会按要求为评估专家准备尽可能详尽的信息材料，但为了更真实、更全面地了解学校的相关信息，还需要评估专家自己去收集相关信息，以便对学校作出较为全面、综合、客观的评价。

一般学校评估的领域和指标比较多，需要收集的数据也非常多，所以需要评估专家分工合作。评估专家按各自分工，在恰当的时间通过校园观察、资料查阅、课堂巡视、听课、师生访谈、参与学生活动等方式收集评估信息，评定与审核各指标监测点得分。信息收集的核心任务是收集真实、有效的信息，因此无论是面向哪一群体，或者采用何种方式，信息收集工作都要注意信息的真实性和有效性。必要时评估专家要采用简单实用、科学有效的工具，增加评估的科学性与操作性，比如问卷调查、个案访谈等。评估专家要善于通过追问或补充调研等方式来进一步获取更有深度和细节的信息。各种来源的信息之间形成多维度、多层面互证关系，评估者可以通过综合与比较来深化对学校的认识。

三、小组评议与口头反馈

即时反馈是教育评价的一个基本原则。任何一个被评估者都希望在接受评估之后得到即时的反馈，以便第一时间了解自己的优势和不足。当然，作为评估者，随便给出一个评估结论是不负责任的。这就需要评估小组在反馈之前进行充分讨论，采用"三角互证"的形式，明确哪些内容可以现场反馈，哪些内容需要

---

① 吴钢.现代教育评价基础[M].上海：学林出版社，2004.

再进一步处理后通过书面反馈。

（一）小组评议

在信息收集过程中，不同专家根据评估领域或维度划分，负责不同领域或指标的相关数据收集。因此信息收集完毕后，小组成员之间需要进行必要的沟通、交流及交换信息，根据评价标准、评价指标及其权重逐项进行核实，才能有效整合信息，形成更准确有效的评判。小组评议一般由组长组织召开，小组成员一起整理信息、讨论、评议各项指标得分情况，确定学校总体优势、不足与改进建议。

小组评议的时间一般控制在 30～45 分钟，评议过程中每位组员都应对自己负责的领域或指标做简要汇报，提出存疑问题，以免出现信息不一致的情况。对存疑问题进行沟通后还是无法达成一致看法的，可要求学校继续提供补充材料。确认无疑后，每个评估专家需要针对自己负责的领域或指标做进一步整理，列好反馈提纲。

（二）口头反馈

口头反馈是对现场评估工作及时、快速的反馈，有别于书面的"慢反馈"，是现场评估工作的最后一个环节。学校负责人、领导班子及任课教师等参与反馈会。评估专家小组成员就各自负责的领域或指标进行分项反馈。组长从宏观上整体把握反馈现场评估情况。学校负责人和领导班子对专家口头反馈的内容做文字记录，对存疑处或想补充说明的方面，与评估小组专家及时进行沟通交流。最后评估专家小组对被评估学校给出评估结论和建议，离校后，将反馈相关纸质材料全面带回，便于后续整理，撰写评估报告。

第三节　评估后续工作

评估后续工作主要是对评估结果的分析、处理，是学校评估的最后一个环节。一般可以分为三个阶段：数据整理与分析、形成评估报告、学校改进复核。

一、数据整理与分析

数据整理与分析是评估后续工作的首要任务，是撰写评估报告的前提和基础。在现场的小组评议中，信息整理是初步的，不够全面、深入和详尽。现场评估结束之后，评估小组要尽快对现场收集的各种资料进行整理与分析，把信息转化为有价值的判断依据。

由于信息收集方式多样,因此评估专家应"针对不同方式收集的信息做差别处理,并严格遵从教育学视角,避免表面化、简单化分析与整理数据"①。例如,通过资料查阅、课堂巡视、听课、师生访谈等渠道收集的信息,需要进行编码整理分析,将相关重要信息量化为频次,从而显现出问题的程度。同时,需要从多角度分析,采用信息互证及补充调研等方式,保证数据分析结果的有效性。此外,问卷数据分析整理,需要将量化信息转化为描述性信息,并与同一地区评估学校的数据做对比分析,找出同一地区评估学校的共性与个性问题。在此基础上对学校进一步改进和发展提出建议指导。

二、形成评估报告

评估报告是对现场评估工作收集的信息的归纳和总结,通过对学校发展现状进行客观性评价,为学校后续改进提供导向依据,同时也为上级部门的办学提供完整、真实、准确的信息。评估报告不仅是对学校现状的诊断,也是对学校发展的指导,应予以高度重视。依照拱墅区现代化优质学校评估经验,评估报告包含三个分报告,即现代化优质学校评估反馈报告,满意度、学生心理与体验测评报告,现代化优质学校评估诊断报告。现代化优质学校评估反馈报告的内容包括:评估概述、学校评估结论。满意度、学生心理与体验测评报告的内容包括:测评概述、测评结果。现代化优质学校评估诊断报告的内容包括:办学成效、存在问题、建议意见及附件。

撰写评估报告要做到结构严谨,逻辑清晰。以评估诊断报告为例,字数控制在 3000～5000 字为宜,具体视学校现场评估情况而定。在"办学成效"方面,主要是总结学校取得的成绩和经验,应避免长篇大论,要以事实为依据,发现和归纳出学校的可行做法,并予以充分肯定。这不仅有利于在评估方和学校之间建立互信和合作关系,而且从客观上可以激励学校发展,帮助学校总结和推广优秀经验,使学校办得更好。在"存在问题"方面,要重点阐述学校存在的关键性问题和亟待解决的问题。这部分通常是体现评估方专业性和权威性的重要内容,因此阐述时要一针见血找准问题,必要时列举学校问题具体表现。让学校认识到问题的重要性,激发改进的动力,明确努力的基本方向。在"建议意见及附件"方面,要针对评估发现的问题提出改进和发展建议,指出学校需要关注哪些问题,可以采取哪些措施,以及可以借助哪些资源。同时,措施要有针对性,能解决某

---

① 赵德成.学校评估理论、政策与实践[M].上海:华东师范大学出版社,2015.

些具体问题。为使报告论述充分和有力,在评估报告后面一般附上附件,包含学校在各领域、各指标上的等级评定结果。因为学校需要查看评定结果才能细致分析本校的优势与不足,才能从纵向上看到本校的发展和增值。另外,还需要在比较中分析各个学校的优势与不足。改进与发展是学校评估的根本目的,但发展性评估也离不开比较,只有将学校发展数据与过去情况做纵向比较,与同一区域其他学校,或同类型学校做横向比较,才能客观分析学校的进步、优势和不足。

报告撰写完成后,需要交由其他专家和第三方评估机构反复审校和修改,避免不同评估专家所负责的部分出现内容不全面、观点矛盾等问题。评估报告确认无误后,第三方评估机构将全部评估报告送至教育部门审核,由教育部门进行公布和反馈。

三、学校改进复核

评估后的学校改进是学校评估的最终目的。教育部门在收到第三方机构组织撰写的评估报告后,应认真查看、总结评估学校的共性与个性问题,并及时反馈给每所评估学校,要求学校尽快组织有关人员对评估报告中反映出来的问题逐一认真讨论与分析。对于一些不太确定的问题应组织有关人员做进一步的确认。对于已确认的问题,要参考报告中提出的相关建议,做相应的改进。如果学校对部分评估结果不认同,可以提出申诉并提供相关证据,双方在彼此尊重、充分沟通的前提下达成共识。若学校的申诉意见不合理,第三方评估机构可以有理有据地说服学校接受评估意见。

学校对需要改进的方面作出翔实计划,并把改进计划交给教育部门和第三方评估机构,以便予以指导和支持。学校改进过程中,第三方评估机构可与学校商定恰当时间开展复核工作,并将学校改进结果编写成案例进行分析或在新一轮评估时根据学校改进成效进行对比复核,具体视情况而定。

第六章 评估实效案例

【本章概述】

在过去的三年里,浙江省教育现代化研究与评价中心组织专家对拱墅区中小学现代化优质学校建设情况进行了评估。评估对各学校的建设和发展产生了深远的影响,也对学校教师的个人成长起到了一定作用。在本章中,我们将从学校和教师两个层面,通过具体案例的形式展示评估的影响和效果。

考虑到评估对学校的正面促进作用趋同,而每位教师的情况却各有不同,选择了3位学校管理者和7位教师的真实经历,整合成1个学校案例和3个教师案例。案例中既有根据真实情景虚构的故事,也有教师亲身的经历。在每一个案例之后,利用评估相关理论,进行了简要分析,以案例分析来印证理论,用理论来反思当前的评估实践。

第一节 现代化学校的养成

一、案例展示

【案例一】

现代化学校的养成
——发展性评估的助推

拂晓的光刺破黑暗,沉睡的大地逐渐苏醒过来。屋子里,陈校长正在安睡,种种美妙的场景在他的梦中浮现。睡梦中的陈校长嘴角微微翘起,那是实现了教育理想后的微笑。在梦里,学校里的每个孩子都在上适合自己的课,课堂上老师的每一个问题和每一个教学策略都恰好切中同学的困惑点。在让学生有极强参与感的同时充分调动他们的积极性,学校教师队伍活力满满,不断挑战着一个又一个新的任务。每一个教师也得到了恰当的指导和稳步的发展。学校宽敞明亮，设施先进。同学们在学校快乐地学习着，整个学校萦绕着师生们的欢声笑语。

"叮叮叮"，一阵响铃声将陈校长从梦中唤醒，陈校长从梦境跌落到现实，睁开眼睛望着天花板，梦中的一切那么近，却又那么远。"啊，原来是梦啊，真想一直睡下去。"陈校长是某小学的校长，最近接到任务要求学校准备迎接现代化优质学校评估，他正为此焦头烂额。"唉，又是评估，每次为了准备评估都忙得团团转，有什么用呢，就是为了伺候那些专家罢了，学校能不能评上现代化优质学校才是最关键的事情，能不能让我们认真准备那个验收啊？唉……"陈校长望着天花板喃喃自语道。当了十几年校长的他知道，每次迎接评估时全校上下的压力都很大，很多老师都要放下自己正常的教学工作来迎接评估，而作为校长的自己更是责任重大，承受着内外两方面的压力：一方面要指挥校内老师承担很多额外的工作，另一方面还要应付众多专家的唇枪舌剑。陈校长翻身起床，用冷水洗了把脸，将自己彻底从梦境中拉出，看着镜子里的自己，眼中多了些许血丝，黑眼圈更重了几分，在灯光的照耀下似乎多了几根银发。

踏着清晨的第一缕阳光，陈校长迈着矫健的步伐向会议室走去，然而原本应该自信灿烂的脸上却眉头紧锁，他一路上都在想，到底应该怎么来开这个会。今天是学校关于迎接评估的第一次会议，陈校长召集了所有中层和部分教师代表来参加会议，共同商讨如何迎接评估。"唉，既然是上级布置的任务，无论怎么样也得完成，那就利用好这个机会，在开会的时候跟大家一起好好分析一下学校现在的亮点和不足吧，也对以后学校的发展有帮助，更清晰了解自己也就更能有底气面对现代化学校的评估了。"陈校长暗暗下定决心。

打开会议室的门，众人皆已就位。但是老师们的兴致似乎并不高，一个个面无表情，似乎对迎接评估这件事情毫无热情，只是觉得又有新的任务了。陈校长一眼扫过端坐的众人，对大家的心态也了然于胸。他坐下后便开始发言："今天咱们开个会共同讨论如何迎接评估。迎接评估并不需要大家做很多额外的工作，还请大家放心，我们就是要用学校平常的状态来迎接评估，让专家把把脉，看看我们还需要改进什么。但是专家来评估的时间毕竟有限，因此目前最重要的就是了解自己，再把学校最好的一面总结展示给专家，让专家对我们学校有更准确的定位。同时在这个过程中，自己也要知道学校在哪些方面存在不足，因此，请大家谈谈咱们学校的亮点和不足，畅所欲言！"话音刚落，与会的各位都长吁了一口气，他们原本以为的大量任务布置并没有如期而至，会场的气氛似乎轻松了一些。"那么，就轮流发言吧，从张副校长开始吧。"张副校长坐在右边第一个，自然成了第一个发言的人。他是语文老师，主要负责学校文化建设。"我觉得我们学校的文化特色很鲜明,学校的运河文化和中国传统文化建设在省内外有一定的知名度,形成了非常实用的一套文化特色实践样式!"说完,张副校长得意地翘起了嘴角。陈校长点点头:"很好,下一个!"下一个发言的是学校的教务处主任李老师,她凛冽的眼神里看不到一丝感情:"依我看,我们学校的课程发展还处于初级阶段。因为课程的开发大致会经过三个阶段:一是教师会什么,学校有什么的初级阶段;二是学生缺什么,课程补什么的中级阶段;三是围绕育人目标,精选、定制课程的高级阶段。从点上看,我们学校已经有了一定数量的市区精品课程;从面上看,学校也有60多门依托社团的拓展性课程。但是我觉得,我们依然处于课程开发的初级阶段,因为学校的拓展性课程基本是由教师自主开发,对于课程的论证、评估等不够深入,离围绕育人目标,精选、定制课程的目标尚有一定的距离。从教师的角度来看,能够独立开发课程的教师数量不多,开发的局限性较大。虽然经过了多种形式的培训,但是开发能力欠缺是一个不争的事实,这在很大程度上限制了课程的升级换代。"此言一出,大家纷纷屏住了呼吸,都知道陈校长最引以为傲的就是学校优质课程的建设,并将此作为学校的最大特色,但是李老师竟然如此大胆地批评学校的课程,真不知道陈校长会怎么回应。"很好!课程建设的确应该进一步升级换代!这确实是我们下一步应该考虑的问题,如何将课程设计放在更高的层面上进行。"陈校长说完还向李老师重重地点了一下头表示认可。如此尖锐的意见却得到了校长的大力赞赏,这让在场的各位老师十分吃惊,并开始慢慢卸下心防,心里对学校的建议愈发丰满起来。

随着发言的不断推进,陈校长包容鼓励的态度让越来越多的老师打开了话匣子,畅所欲言地讲述自己对于学校的看法,学校的亮点总结得越来越到位,包括学校文化特色鲜明、德育扎实有效、教学质量常年高位、教师培养卓有成效、教育技术发展和应用走在前列、教育国际化成为常态等。与此同时,学校的不足也渐渐浮出水面。

会后,陈校长坐在办公室,对这次会议的成果进行总结。老师们的话语十分分散,陈校长总结之后发现,学校的不足主要表现为:

首先,经过一段时间的办学,学校进入一个办学的高原期,学校外在标杆过高,原有文化品牌优势明显,特点突出,新的发展点难以深入;学校的办学理念、育人目标等不够明晰;管理团队和教师团队执行力强,自我运转惯性大,但是却显现出管理流程僵化的倾向,存在创新动力不足等问题;而且,因为区域教育的需要,高端教师流出频繁,自身造血速度跟不上流出速度,导致高端教师较为缺乏。

其次,是教务处主任李老师所说的课程发展依然处于初级阶段。

再次，诗意德育落地体系尚不清晰，诗意德育作为学校对外宣传的一个品牌，长期以来形成了自己独特的语言系统，也被外界普遍认可，但是德育的有效性、系统性依然存在一些问题。主要表现在：一是体系不够清晰，呈现出零散、点状的特点，缺乏系列性和螺旋上升性；二是落地不够稳，飘在半空、注重形式等问题或多或少存在；三是我们已经看到了问题，并且投入了大量的精力进行了改革，但缺少高位的顶层设计，大家改得很辛苦，但依然有"改了这里，漏了那里"的问题；四是对诗意德育的内涵与外延缺乏进一步的探讨。

最后，顶层设计不够清晰。随着学校集团化规模的日益壮大，现有三个校区，同时还有两个校区正在建造中。未来，学校将成为航母式集团化学校，集团整体发展规划与各校间的定位目标不够清晰。且集团运作有待优化，多校区、多结构集团化办学架构组建及运作还有待优化提升与实践。

"哇，这样一看，咱们学校的问题还真不少！"陈校长感叹道，在为找到了这么多学校的问题兴奋的同时，也感到忧心。"这么多问题，该怎么办才好呢？"陈校长皱起了眉头，"唉，不管了，先把亮点都放上去，把这次评估给应付了再说吧！"

时间过得很快，转眼就到了评估的日子，专家听取了校长的汇报之后在学校里分头行动，有的听课，有的查阅资料，有的进行访谈，忙得不亦乐乎。陈校长在早上做完汇报之后一直在办公室惴惴不安地等待着专家的反馈，心里对这次评估的结果十分没底，因为他听说这次是专门从上海请来的专家，各种理念和思想都比较先进。"唉，这次评估的结果关系到年底的绩效考核，也不知道今年能拿多少年终奖，全校老师能不能过个好年就看今天了啊。"他起身向会议室的方向走去，里面的几个专家正在交头接耳地商量着什么……

最终的反馈终于开始了，几位专家高度评价了学校的办学质量和校园文化建设，指出学校的运河文化课程和国学经典课程办得有声有色，结合所在地的"运河文化"构建的课程体系，教学成效明显，同时也提到校园场馆和景观建设有特色、有品位。专家们还指出，学校育人理念较为先进，行为养成教育开展得较好，学校管理较为科学，学生形象阳光自信，乐于和人沟通，家长满意度较高。陈校长心里窃喜，心想："这帮专家还算有水平，能够准确找到我们学校的亮点，看来的确不是我们自我感觉良好呀"！紧接着，专家也提出了学校的不足之处，包括学校发展进入高原期，新五年发展规划中的办学目标的设计不够完善；诗意德育体系不够清晰，运河文化与育人资源的结合还不充分；课程建设不够深入，拓展性课程的开发受限于教师素质；学校课程偏向历史人文方面，科技方面有待拓展，新成功课堂教学模式研究略显不足等。陈校长瞪大了眼睛："哇，这些专家看得还真准！不仅发现了自己发现的问题，还在此基础上发现了学校课程中更深层次的问题！真厉害！"陈校长对专家团队刮目相看，开始期待他们能够提出什么样的改进建议,毕竟这几个问题一直在困扰着陈校长。如何才能实现学校的进一步发展,这是横在陈校长面前的一道坎。紧接着,专家组根据自己的判断,对学校的发展提出了一些建议。专家的话说得很客气,说他们的建议可能不够成熟,仅供参考。但是全场的老师们都竖起了耳朵,翘首以盼。专家对学校发展提出如下几个方面的建议:

第一,办学理念方面。专家们觉得新五年发展规划文本还需要进一步修改与完善,并指出了相应修改的和完善的着力点。并且,根据新五年发展规划中提出的"把学校建成具有实验性、独创性、示范性、超前性的省级知名小学"的目标,在"四个性"的内涵界定上需要进一步思考和梳理,要把未来发展新的增长点充分体现出来。

第二,育人模式方面。专家认为,作为一所有独特教育思想的优质名校,需要进一步强化顶层设计,突破发展瓶颈,整理多年来的发展脉络,明晰未来发展的新思路,勾画发展新蓝图。学校需要重新阐释新时期新成功教育的内涵,尤其面对新一轮教育竞争,为每一个孩子寻找适切的教育,实现个性化发展。这既是构建教育生态的需要,也是调整教育心态的必然要求。还需要进一步明确学校发展定位、育人目标、"新成功教育理念"下学子的素质要求与发展规格,并且与课程建设与文化育人相贯通。深化基于运河文化的课程育人效应,尤其是通过开发基于运河文化的跨界融合项目课程,强化对学生人文素养、科学素质与艺术素养的综合作用,突现育人价值。专家认为,学校的校园育人场馆与景观很有特色,但育人载体与方式并没有体现出深度体验式学习的亮点,研学践行的新特点没能充分体现。诗意德育理念转化为管理育人的新方式,需要开发研究更多新路径、新载体,尤其从学生的学情出发,感染、熏陶、体悟,让规则成为自觉追求,这是新成功教育的真谛。

第三,课程建设方面。专家认为学校需要进一步对课程建设进行顶层设计,全面完善,整体优化。在课程群之间,设计好领域或者模块,统整丰富的课程门类,使课程整体架构更全面完整,覆盖三大核心素养或德智体美劳。要考虑课程结构的合理性,推动资源教室建设,增加科学课程设置;对传统文化进行现代的内涵解释;重视课程实践过程中资料的积累。另外,学校需要深化国家课程的校本化实施,进一步研究学生、学生的学法,梳理各类课程之间的关系,进一步明晰拓展性课程的价值、目标、内容、实施、评价,对课程实施进行系列化设计,形成体现学校理念的课堂教学模式。

第四,育人方面。专家指出,需要珍惜已有的浓郁的传统文化育人氛围和成功实践,深入研究如何更好地处理小学教育中传统文化与现代文化的关系,中国人的精神世界与世界视野的关系,在儒家文化的现代转化、创造性继承方面,可以率先探索,取其精华、去其糟粕,着力培养具有中国心、世界眼的现代公民,提升办学品质,创办真正意义上的现代化学校。

第五,教学改革方面。专家认为学校需要加强新成功课堂教学模式研究,提升课堂品质,促进学生更好地成功。可以借鉴上海市闸北八中的成功教育课堂教学的模式,其分为三个阶段:一是"帮助成功"。这是针对学习困难学生反复失败的课堂教学实际提出的一种带有矫治性策略的模式。教师以"低起点、小步子、多活动、快反馈"的方式向学生传授知识。学生积极模仿、反复操练,在教师的帮助下获得成功。通过反复成功,学习困难学生的心理得到恢复,基本学习习惯得以形成,基础知识和能力得到提高。上海市成功教育研究所的同志介绍说,"低、小、多、快"的教学策略在薄弱学校和多困难学生的课堂教学中广泛推广和运用,取得了明显的效果。但是,在这种传授、模仿的教学背景下,学生长期依赖教师,缺乏学习自主性,其自主意识和创新能力就难以形成。针对这样的现实,必须进一步改进。二是"尝试成功"。它针对"帮助成功"的局限性,提出进一步的改革策略。具体内容是,变单纯的教师传授为以学生学习为中心的"五个一"方式,即"猜一猜、试一试、想一想、做一做、议一议"。学生通过积极探索与尝试,增强在课堂教学中的主体地位,以获得较高层次的成功,即使学生争取成功的能力和成功心理得到较高层次的发展,逐步产生自我期望、自我激励。在第二阶段,作为试点的闸北八中配合教学模式的改革,针对学生实际,对原有课程和现有教材进行调整,包括调整教学要求、知识序列、教学时间,从而形成了教育思想、课程、教材、教学模式四位一体的整体改革。三是"自主成功"。这一阶段的目标是学生自我学习、自我教育。自主成功仍需教师的帮助指导,但是与第二阶段相比,教师帮助的作用隐性化,学生主体的作用显性化,这一阶段教师引导学生产生自我期望和学会主动争取成功的机会。经过自主成功阶段的循环,学生逐步做到无论成功还是失败都能自我激励,形成积极、稳定的自我学习、自我教育的内部动力机制。[①] 在日常教学中,可以采取以下措施培养学生学习的成就感:①要先肯定孩子现在的成绩,继而引导学生树立学习目标;②对学生学习提出恰当的要求;③引导和帮助学生在学习上获得成功;④给予以鼓励、表扬为主的评价,并进一步引导学生学会自我评价;⑤激发学生学习的主观能动性和创造性;⑥创设多种条件,开辟多种途径,让受教育者获得更多"成就"的机会,实现成就感的迁移。

除此之外,专家还补充到,在教会学生如何获得成功的同时,也要加强挫折

---

① 稽秀梅.坚信每一个学生都能成功——全国第二届成功教育研讨会综述[J].中国教育学刊,2000(2):25-26.

教育,教会学生如何体面并且有尊严地输。人生不如意事十之八九,在教会学生在不同方面取得成功的同时,还要教会学生面对挫折和失败,这样可以激发学生潜能,克服骄傲情绪,只有掌握了应付挫折的方法,在一定程度上讲才能够更好地适应社会。

专家话音刚落,全场就爆发了热烈的掌声。学校的领导班子成员和教师代表在听到专家的建议之后十分兴奋,仿佛是在泥潭中找到了救星。陈校长激动地说:"专家组对学校发展、育人模式、课程建设和教学改革等不同层面都提出了细致入微的建议,十分具有操作性!我们十分感谢专家们的建议,很多是我们从未想到的。专家在极高的站位上对我们学校进行了审视和评估,这样宝贵的建议我们一定会好好思考,将其应用到学校今后的发展中去。再次感谢各位专家!"

评估的一天匆匆结束,但是学校脱胎换骨似的发展才刚刚开始。领导班子结合自身在评估中的感受和专家撰写的评估报告,对专家的建议逐条讨论后迅速开始对学校的发展进行安排。

学校及时调整了办学理念,在现有的基础上把办学目标调整为"把学校建成杭州市大城北的高品质标志性学校,在全省率先真正实现教育现代化"。

学校还在育人模式方面进行调整,一方面,积极探索新时期五育融合育人的新模式,紧紧围绕"五育融合",做强做优新劳动教育、新体育改革、新时代美育等方面的育人实践。另一方面,学校依托现有的学校场馆、社区场所、社会资源,进行全方位的整合式育人。

在学校课程发展方面,学校逐步摆脱评估前"教师有什么,学校开什么""学生要什么,学校开什么"的局面,梳理、调整了课程与育人的关系,使已有优势课程、新兴优质课程真正服务于为党育人、为国育才的初心使命。学校逐渐改变"一元育人"的格局,高度重视家庭、社区、社会的育人功能,无论是在课程开设还是社会实践方面都主张"多元整合育人",这样的转变使得学生发展更加多元,受到学生和家长的喜爱。

此外,继续发展以"童蒙养正"为核心的课程群落,落实育人目标。学校保持常态化、长期化的思想,在同一课程主题下继续深耕,在保持传统的同时也对课程不断进行创新。以"运河文化课程"为例,从1.0版的六年成长课程《我与运河》,到2.0版的一月活力课程《遇见大运河》,再到3.0版的一周主题课程《你好,运河!》,最后到4.0版《运河AI创新实验室》,时代气息浓厚。

学校基于2018年新成功教育的基础,深度推进以"学历案"研究为引擎的"让·学"课堂的研究,努力将学习的时间、空间让给学生,改变传统的教学关系与模式。

在教师发展方面,学校正式推出具有校本特色的"稻香仁师"教师终生成长计划,推出"小禾、初芒、殷实、沉香"四个发展系列,让不同的教师找到不同阶段的发展方向,探讨教师发展的理论建构和实践路径。

之后的日子里,学校在改进措施不断深入的过程中,也在不同层面不断收获新的成就。作为杭州市唯一的小学代表,学校新开发的博物馆课程被作为博物馆课程典型经验递交给教育部;学校获评区非物质文化遗产传承保护基地、区优质课程建设基地、区课堂教学改革实验基地,成为市医教结合试点学校。

学校的发展得到社会的高度认可,在学校的年度自我评估中,家长、学生、社区满意度达到98%。同时,学校招生拉响"红色预警",一表生[①]人数超过学校招生数,学校口碑节节攀升。随着学校面貌的日新月异,陈校长心中满是欣喜,整个领导班子和教师群体也充满了活力和干劲,大家都对接下来的现代化学校验收充满了信心。

不久后,现代化学校验收结果正式公布,学校不出意外地获评全省首批现代化学校。陈校长看着这块学校新添上的牌子,赞叹道:"多亏了现代化优质学校评估时专家对我们的指点,我们才能顺利获评现代化学校呀!"

在接受现代化优质学校评估回访时,陈校长回忆道,学校对现代化优质学校的评估经历了一个"认识模糊—逐渐明朗—非常清晰"的过程。

他又说道:"首先,在刚收到评估通知的时候,我们仅仅将它作为一次常规的评估验收,认为是'一阵式'的工作,评估结束,影响也可能随之而结束。此时对评估的认识是模糊的。其次,收到评估报告时,我们非常认真地研读了报告,对专家的意见和建议反复揣摩,对评估的认识逐渐明朗,我们逐渐发现:这次评估是对学校非常有益的一次体检!抱着不讳疾忌医的态度,我们根据专家的建议对学校的下一步发展制定了方案。事实证明,这样的改进针对性强,效果十分明显。最后,在省现代化学校评估前,我们将两份指标进行比照,过往的经历让我们更有信心。当然这是基于改进的效果。现在,学校在制定年度工作计划、'十四五'规划时,都会回头看看现代化优质学校的评估报告,从中受到启迪,促进学校更健康、全面、优质地发展。"

(故事情节与人物纯属虚构)

---

① 学龄儿童户口与父母户口、家庭住房(父母有房产的,以父母房产证为依据认定)三者一致,都在小学教育服务区。

二、案例分析

学校养成案例以学校管理者为对象,选择了 3 位学校管理者的真实经历,整合成 1 个学校案例。案例是根据真实情景虚构的故事,其中对学校所进行的评估为发展性评估,并不是传统意义上的终结性评估。终结性评估是对已有结果的评估,以学校问责为目的,把评估结果作为对学校水平进行判断的依据,最终对学校下一个结论。在此过程中校长、教师被动接受评估,并且工资待遇等受评估影响较大。而案例中对学校所进行的发展性评估是以学校实际发展和自主发展能力形成为目的,行动策略以学生、教师和校长的发展为重点,是为了发展而进行的评估。案例中的校长、学校管理人员对发展性评估的目的和重点理解存在偏差,以为评估的目的只是拿出一个结论,而对学校的发展并无指导和支持作用。加之发展性评估所需要准备的材料更加丰富多元,流程更加多样化,包括听课、访谈、问卷、答辩等,因此他们充满抵触情绪,这在发展性评估的初期是常见现象。

案例中,校长让各中层干部对学校进行自主评估,这是发展性评估的重要环节,也是发展性评估发挥作用的主要途径之一。在会议上,各位中层干部的发言都是经过了缜密的前期准备才作出的,这是自我评估促进学校参与的例证。自我评估是充分尊重学校自主权的评估方式,其目的在于审视学校发展现状并制定学校未来发展计划,并有助于积极回应利益相关者的期待和要求。学校自我评估不仅能够提升外部评估的质量,更能激发学校的主动性,成为学校进行科学管理、有效决策的重要手段。

最后,学校通过评估的促进,成功转型为省现代化学校,同时也实现了全面发展。这是发展性评估的实效,也是校长和教师们共同努力的结果。

因此学校迎接发展性评估时,应该放平心态,意识到发展性评估的目的是帮助学校和教师成长,以积极的心态迎接评估,对评估的结果有正面的期待。更要注重评估中的自我评估,认真全面审视学校中与自己相关的工作,大胆地暴露出问题,以便下一步更全面、细致、有针对性地整改提升。

第二节 现代化学校教师的成长

一、案例展示

【案例二】

以现代化优质学校评估为支点 撬动教师二次成长
——一位科学教师的评估感悟

2019年初,学校发出了参与"现代化优质学校评估"的集结号,教师们纷纷响应号召。作为一名青年科学教师,我意识到这是一次宝贵的学习机会,去审视自身专业上的不足,希望借此次评估有所成长。

在准备阶段,学校号召所有教师要一如既往地坚守课堂这个主阵地,以"学"为中心,变革学生学习方式。我在聚焦自身课堂的过程中,充分认识到课改的核心是把学生的主体地位还给学生,让学生学会如何学,从关注教的维度转移到学生的学习如何发生。我认为先转变自身观念是实现课改工作发展的基础所在。但站在儿童和科学的两大立场上,该如何把握学科特点和学生特点,怎样设计课堂才能切实地满足以"学"为中心?这一年多里,我不断学习新理念并进行实践与反思,开启了一场渐进式的变革探索之路。

在2019年上半年,在科学教研组长的引领下,我们开始进行基于项目化的教学,借助一个深刻的项目主题引导学生快速聚焦学习内容,利用学习单辅助学生自主阅读和小组学习,学生开始摆脱接收式学习方式,组内迸发出自主探究的火花。实践过程中,也暴露出一些问题:项目式教学依赖于教师课程开发的专业能力,依据课标与教材内容深度形成一个学习项目,但显然我的能力还不够;依赖项目化教学,师生容易产生疲倦感,体现在教师又重新带领学生走上探究之路;项目中的驱动性问题若脱离学生认知起点,无法引发思维的碰撞;学生组内交流氛围活跃,却缺乏目标深度;研讨时缺乏批判精神,导致观点表达和论证能力低。针对这些问题,我们教研组开展了一系列课例研究,对项目化教学进行了诸多角度的研究,发现了很多问题和困难,并积极寻找解决的方法。我通过查阅中外文献,发现批判性自查表可以在课堂研讨环节之中使用,发现这一现象的我十分兴奋,随即开始了课例研究。随着课程和研究的同步深入,我也发现了批判性自查表的确对课堂起到了一定作用。因此,在 5 月,我撰写了名为《批判性自查表在小学高段科学课堂研讨环节中的作用探查》的结题报告。

随后,在 2019 年下半年,学校又将一种新的教育理念引入我们的日常教学中来。学校以"大单元教学"为主题开展了一系列的校本培训,我听了之后深受启发。随后,从校级层面到教研组,我们开始尝试以大单元备课模式撰写教案,多次组内研修活动后,我们意识到,教师需要充分认识到学科不是孤立的事实性知识,而是围绕核心概念相互联系和作用的连贯体系,故教师必须提升站位,从关注概念的碎片化转变为重视大单元下的核心素养。随后,我们开始进行了大单元教学设计与实施。在研究之初,我反复咀嚼课标和教材,沿用了教材中以概念为核心的大单元框架。在实践过程中,我发现大单元教学的一些益处:网状的知识结构,可以带领学生认识每一课时中单一知识间的联系,意识到科学课前后概念的连贯性和系统性;帮助教师灵活处理教材,不用拘泥在浅层学习的泥潭,学生能深入理解概念;提升教师的创新能力,打破原有的教材情境,让学生学会迁移、真实解决生活问题。但同时,首次应用大单元教学的我也暴露了一些问题:在目标上容易忽视学科育人的价值,容易忽视学科要基于核心素养这个问题,没有发挥课程的力量让德育落地,在实施中运用的信息化手段较为单一,大单元教学发挥的作用具有局限性等。正在我面对这样的困难焦头烂额的时候,学校正式迎来了现代化优质学校评估。校长鼓励我们抓住迎接评估的机会,总结自己的经验和面临的困难,借助专家的智慧和经验,让课程的实践水平更上一个台阶。一方面想得到专家更多的指点,但另一方面又担心自己的课程影响专家对学校的整体评价,我怀揣着兴奋和紧张的情绪,期待着评估的到来。

2019 年 12 月份,专家组终于来到了学校进行评估。一位专家走进我的课堂,听了六上《轮轴的秘密》一课的内容。在备课过程中,我发现学生对轮带动轴的探究实验中,如何将采集到的数据转为证据去证实"轮带动轴能省力"的问题存在困惑。我没有忽视学生的状态,而是站在了他们的立场,深刻了解学情,捕捉是什么停滞和阻碍了学生的发展。为此,我基于大单元教学设计该课,该单元的主题是简单机械,但多种新机械的呈现使学生辨别、分析时都遇到了阻碍。我打破教材,以杠杆原理作为原型重构该课的核心活动,以"用对比实验数据证明大小不同轮带动轴的省力程度"的项目进行教学,始终围绕工具是否省力,帮助学生理解轮轴的意义。课后有幸得到专家的点评。专家认为我的课堂关注了学生,在明确的项目任务驱动下,让学生有机会进行尝试探究,促进他们正式、深度地学习;在小组合作中,提供学生正向的对话通道,课堂氛围开放、活跃。遗憾是教师的站位还不够高,应该带着大单元背后的核心概念,让学生有更广泛的体验,带着思考和疑问离开教室。

短短一天的评估和专家组的诊断工作,学校层面和所有教师深刻认识到我们正在摸索的道路是正确的。专家的肯定更加鼓舞了我们的斗志,坚定了我们的信心,更激发我们要努力改变的勇气,消除对课堂变革的恐惧感,继续牢牢抓住课堂这个主阵地,坚定以生为中心的学习方式。

评估过后,为了坚决打赢课堂转型提升质量的"攻坚战",学习根据专家给出的建议进行了多场针对性强的专项培训、讲坛活动。通过培训,每位教师意识到自身在专业能力与素养上的不足,并鼓足勇气,乘风破浪,突破自我。

首先,是信息技术下的学习方式革新。经过学校"信息技术融入学科教学"的校本培训,我意识到自身迫切需要提高信息技术去满足学生丰富学习体验的需求。在评价时,我需要利用信息手段更好地发挥评价的反思和调控功能,给出"发展性"的正面评价。同时,利用信息技术可以将学习场所从课堂延伸到课外,支持学生的个性化需求。2020年初的一场疫情,让我们必须使用信息技术和媒介手段直面线上学习的战场。正是学校前期的大力培养,我们才能勇敢地运用信息技术去支持教学工作,努力克服困难。在疫情期间,我最大的感受是线上线下缺乏预设和及时的课堂反馈,让师生的互动变得薄弱。但知识需要在交流、交互中建构,通过一根网线,学生都是在接受式学习,再把老师提供的材料内化。没有办法让学生有机会去体验和学习,他们获取的主要都是记忆性知识,不能满足差异化的学习目标。为此,在开学后,我开始真正将信息技术融入课堂,变革学习方式。我将希沃、平板电脑中的多项功能引入课堂,将它们作为情境工具、评价工具和研讨工具。作为情境工具,直播真实问题情境,让每位学生充分地在情景中体验和学习。作为评价工具,记录学生在课堂上的点滴发现,既能将其纳入总体情况,又能及时记录日常,充分关注学生成长的个体性和阶段性。作为研讨工具,保留学生在探究过程中搜集到的现象、证据,在研讨环节可以方便地展示,某些情形下也可以拍摄学生的状态,以此调动学生的情绪。

其次,我们还尝试了单元视角下的教学模式转换。2020年上半年,学校进行了"新时期大单元备课下的学科推进策略""大单元下的教学比武""青年教师谈大单元备课"等多项校本培训,学习在目前科学教材的大单元设计基础上,如何用核心概念统领单元,形成一个连贯、相关、综合的单元体系。经过长时间的研究后,我提出了要以"要素·重构·互通"教学模式统整大单元,"要素"指教师要分别找到课标中的核心概念和教材中每一课时的具体概念,解析出单元的主要概念作为结构要素。"重构"指以结构要素为准绳,评估每课的多个教学活动,重新构建少而深的核心活动,这样以核心活动中的具体概念为点,以线带点贯穿联结整个单元。"互通"指教师基于单元主题背景,开展每课间的对话,打造互通情境作为单元的终极性评价。经过梳理,我撰写了论文《例说小学科学"要素·重构·互通"大单元教学模式》。评估组专家的点评让我敏锐地意识到核心概念的价值,并有勇气去撰写成文,着实尝到了教学研究的甜头和深刻意义。

最后,在评估过后,学校的学科德育也实现了真正落地。2020年下半年,学校德育处进行了"秀美讲坛:谈学科德育""秀美课程下的德育故事"等多项研修活动。令我印象最深的是7月份那次,我进行了《一间辽阔的教室》的学科德育分享。这次分享的缘起是一次和学生的趣味聊天,那次沟通让我意识到,学生在课上获取的最有价值的并非那些细碎的科学知识,而是很多贴近生活的科学方法和智慧。这次分享引起了很多老师的共鸣,让我意识到这是一次宝贵的机会去重新认识"学科育人"的价值。在暑假,我开始梳理工作这几年来对德育认识的一些误区,依靠平时记录的点滴案例,整理了如下的策略和心得:一是需要挖掘教材中隐含的德育元素。科学课程分为四个领域、三个学段,需要抓住每个领域的固有特质,再根据跨学段学习进阶的体系循序推进。二是从教学中渗透德育,走向教学与德育的融合。以内在逻辑为暗线,以学习情境为明线;以内在情感为暗线,学生需求为明线,从这两方面进行充分联结。三是学生是走向生活的人,要让德育也走进生活。借学习习惯的养成,革新生活习惯;借学习活动的唤醒,领略生活价值。梳理过后,我撰写了论文《从要素挖掘、目标融合到走向生活的科学德育路径探索》。

从准备评估到评估过后,这一年多时间里,我自身收获巨大,也惊喜于学生的变化。在科研方面,1篇论文获得了市级一等奖,1篇论文区级一等奖,1篇小课题论文获区级一等奖等;在专业素养方面,我进行了区级公开课2次,区级讲座1次,荣获了区青年教师比武大赛一等奖等。学生在课上变得更加开放和积极,不再纠缠于单个知识的微观数据,有了更大的学习视角与体验。他们与我一同成长,体验着科学这个学科本身带来的趣味和成就感。

我所在的这所学校虽年轻,但因为它一直秉承着师生发展带动学校发展的理念,让我这样一名年轻教师能快速向前发展。这次评估工作像一个看不见的支点,撬动了我们的二次成长,让我们择高处立,寻平处坐,向宽处行。既要务实求稳,也要勇于创新,激励我们内心要始终怀惴着教育的理想、儿童的未来。我们相信经历这次评估,这所年轻的学校将焕发更大的活力,成为家门口的现代化优质学校,并不断向新的高峰攀登。

【案例三】

厚积师生力量，打造自信乐园
——一位中层科研管理教师的评估感悟

现代化优质学校评估如一阵春风吹入校园，不仅催生了学校建设的新花朵，也唤醒了教师发展的新绿芽。作为一名已经在学校工作近十年的青年教师，经历了此次现代化优质学校评估的全过程，如同参与了一场别开生面的长跑比赛，促使我重审学校工作，回望成长之路。现代化优质学校的评估也让我有机会完善自我，调整发展方向，为学校深入建设自信教育品牌添砖加瓦。

接到评估任务之初，我们进行了自我剖析与分析。学校要求我们思考学校和自己的优势与不足，以此对自身形成清晰的认识，帮助学校在迎接评估的过程中不断彰显自身优势，同时补足自身短板。为此，我回望过去近十年在学校的教学经验，找到了自己的优势和缺点。

学校自2014年起，在原有的"习惯教育"品牌基础上，逐步推进"自信教育"。通过不懈的努力，学校形成了"人人自信，个个成才"的自信文化。作为学校的一员，"自信"办学理念已经深深扎根在教书育人之中。同时，作为2010年便加入这个大家庭的"老成员"，习惯教育已然渗透到了我的一言一行之中。无论是在管理工作中，还是在教学研究中，我都重视培养学生的自信心，落实学生各方面的习惯养成，让每一个孩子都收获属于自己的精彩。紧跟自信理念，重视习惯养成，这是我的第一大优点。

为了响应浙江省课程改革行动，学校以自信教育为抓手，着力打造了自信课程。作为课程改革小组的核心成员，我有幸参与了各个课程的设计与实施。习惯教育课程、信心培育课程、书法课程、各类拓展性课程，每一个课程的背后都凝聚着团队的智慧和汗水。参与、审核、修改这些课程，既是一种学习提升，也是一份整合创造，让课程变得可亲可近。有了课程的指导，我在教学中又多了一份用心，每一堂的教学都扎扎实实地落地，认真备课、精心解读、查漏补缺，让课程真正成为每一个学子的成长沃土。对课程建设的探索和学习，让我对课程有了更深的理解，掌控更加得心应手，日常教学更加扎实有效，这是我的第二大优点。

虽然不担任班主任，但是作为搭班教师，我也坚持参与班级的管理工作。学校德育处围绕"自信"发展路线，组织了丰富多彩的德育活动。"自信大舞台"为学生搭建起展示风采的新天地，"自信节"的举办让学生成为最闪耀的新星。看着自己班级的孩子们站上舞台，我的内心无比骄傲。同时，我也通过微信信息化平台中的"电子集优袋"和"班级圈"记录学生的点滴收获,通过"信心阅读"和"数学游戏"栏目引导学生勤思考、多动脑,养成良好的学习习惯。信息化平台的使用为学生的德育提供了全新有效的途径,同时也为我的教学开拓了全新的视野。能够紧跟时代潮流利用信息化手段进行德育,使得更多的学生获得自信,这是我的第三大优点。

学校十分重视教师队伍的建设,分层培养和团队合作是两条重要途径。在学校的支持下,在教研团队的帮助下,我不断钻研道德与法治教学,成为区运河名师,获得了浙江省优质课评比一等奖。同时,学校也给予我机会带扶新教师,主持青年教师"青和俱乐部",与年轻老师们共同成长。在专业成长的路途中,老教师们言传身教,我从他们身上感受到爱岗敬业的肯干精神,学习到爱生护生的崇高职业情操,这于我而言是宝贵的财富。注重自身的专业发展和内涵提升,愿意通过不同的方式不断进取并提升自己,这是我的第四大优点。

有优点就有缺点,我回溯在学校中一路走来的经历,对自身的问题也进行了诊断。

在教学中,我总是容易被十年的经验"绊住脚",经常陷入模式化中。虽然课堂教学比较扎实,但是教学方式却略显死板。我对学生在课堂中主动思考、清晰表达、综合运用等能力的关注度还不够,容易忽略学生是学习的主体。正处于职业第一个瓶颈期的我,也出现了"高原反应",职业热情正在慢慢减退,似乎找不到刚走上讲台时的激情与憧憬。

此外,作为课程的管理者与参与者,在实施的过程中,我也发现自信课程存在两方面的缺陷。一是课程的架构不够清晰,课程要素分解还可以更详细一些,课程目标制定还可以更细化一些。二是课程内容略显单薄,需要结合当地文化资源进一步充实。自己在课程实践中也容易将其变得程式化和简单化,尤其是课程设计的创新方面亟待加强。

另外,从2014年踏上科研管理岗位至今,做教科研与教师培训工作已经近6个年头。回顾中层管理的历程,我发现自身存在诸多的不足之处。一是管理模式粗放,细节做得还不够完善。二是管理形式单一,有时候效率不高,方法不够精细。三是管理创新较少,容易故步自封,陷入死循环之中。

对自己优缺点的总结和思考让我对自身的状况有了更加清晰明了的了解,能够更加明确日后需要着重注意的方面,也给自身的进一步提高指出了一条明路。此外,对优缺点的思考总结过程也是对自己的一次洗礼,这要求面对真实的自己,明确地看到自己的优点,同时也大方地接受自己的缺点。毕竟改变自己的前提就是正确认识并接纳自己,所以对自我总结的过程让我十分受益。

评估的日子很快到来,学校要求我们以日常的姿态迎接专家的评估,让专家能够看到学校真正的问题所在,让这次评估真正能够对学校的发展和建设起到有效的助推作用。因此时间匆匆过去,评估的一天与学校日常的一天并无太多区别。

很快,我们收到了现代化优质学校评估的报告。学校组织各个层次的老师详细认真地解读了报告,结合实际情况就学校存在的问题追根溯源,直指问题的根本,探寻有效的改变策略。现代化优质学校评估就像警钟一般,促使学校沉下心来思考,力争上游奋发改变。为了改进评估报告中的问题,走好发展之路,学校邀请了上海市原督学、上海市教育督导专业委员会副秘书长、上海市虹口区人民政府教育督导室常务副主任郑万瑜教授来校考察,指导规划的制定。在郑教授的带领下,学校的中层干部与老师们再次梳理工作,发现问题,探讨策略。同时,学校也在上海市新世纪外国语学校李海林教授的帮助下重新定位了课程体系,做了相应的改进。身为其中一员,我深切感受到学校的变化。

首先,我们的办学理念逐步明晰。自信是学校的文化核心,但是它又存在落地不实、指向单一等问题。经过评估后,我慢慢认识到自信应首先渗透在课堂教学的主阵地,大胆表达、积极思考、主动合作等这些要素很大程度上正是学生自信的表现之一。因此,学校将自信的外延缩小,聚焦于教学和课程,着力培养学生在学习方面的自信,辅之以德育活动,让自信分解为更小层次的关键要素,让它不再如空中楼阁,而让老师们能够踏踏实实落于每一日的教学之中。

其次,学校课程体系也逐渐明确。根据评估报告中专家们认为"自信"概念过于高位的问题,学校将自信分解为一个个核心要素,融入自信课程中。为了完善课程体系,搭建合理的课程框架,制定合理的课程目标,我也有幸一起参与了课程诊断会。区教育研究院何丽红指点迷津,高屋建瓴地指出了诸多问题。我也对浙江省新课程改革有了新认识,了解了不少前沿的课程专业知识,对自信课程的思考更深了一分。为此,学校也在新劳动教育理念的号召下,结合学生实际需求、社区条件等情况下,引入新劳动教育的要求和理念,开发了创意劳动课程。通过创意劳动月、创意劳动周、创意劳动迎新年三个阶段的实施,劳动教育已经成为学校的新品牌,得到了区内的一致认可,多次在拱墅教育公众号、拱墅教育网站、《每日商报》等媒体亮相。学生在劳动中收获快乐与自信,养成能劳动、会劳动和爱劳动的良好品质。在创意劳动课程实施中,原本来自外来务工家庭的学生格外活跃,他们的优势得到发挥,变得自信起来。

最后,学校的育人模式也逐渐明朗。从"人人自信,个个成才"到"让每一个孩子都成就最好的自己",德育模式的转变让我感受到学校坚定走好自信教育道路的决心。为了使"自信"生根发芽,学校正在尝试将劳动作为促进改变的新手段,借助创意劳动活动,整合诸多德育资源,让孩子们能劳动、会劳动、爱劳动。

在劳动中,我们既关注了习惯的培养,也注重信心的培育,让学生展各自所长。同时,学校着力打造"课堂教学"的主阵地,开展了自主课堂构建工作。老师们探索自主课堂的新模式,制定小组合作学习的范式,以年级组为单位开展小项目研究。在此过程中,学校不仅进行了监控,也邀请了区教研员们走进教研活动指点迷津,帮助老师们把握方向。经过一个学期的努力,自主学习的理念已然根植在老师们的教学中,学生们在课堂中的表现也越来越精彩。

回望整个评估,与其说现代化优质学校的评估是一项任务,不如说它既是挑战也是机遇。有则改之,无则加勉,只有不断发现问题,方能正确看待自我,才能让学校的发展之路走得更长更远。

感谢现代化优质学校评估,它既是对以往工作的"点亮灯",也是发现自我不足的"明心镜"。准备的过程忐忑、期待难以名状,专家的到来却以一道曙光破开云雾照见群山。

记得专家们随机抽取课堂听课,原汁原味原生态体现了学校的教学常态和教师的执教能力。道德与法治课老师温柔可亲,教态大方,教学有条有理;数学老师思维缜密,步骤清晰,教学深入浅出;音乐老师更是让远道而来的专家频频点头,赞叹不已,课罢,专家说:"我们都陶醉在音乐里了。"更是表示,常态课且如此,学校未来可期。

经历紧张、欣喜,更进一步地激发了我的思考。我想:平凡的日常教学,其实就是老师们教育理念的体现。我们只有不懈学习,才能提高自身的业务能力,更新教学思想,不仅限于此,还应时常"照明镜","吾日三省吾身",始终怀着谦卑的心在教育之路上前行。

【案例四】

站在迎着光的地方
——一位校办教师的评估感悟

为了能让学校从传统走向现代,从现代走向未来,2019 年,学校积极申报拱墅区现代化优质学校评估,并于 2020 年被评为现代化优质学校。作为参与筹备评估过程中的一员,我更愿意将现代化优质学校评估比作一道亮光。是它,让我们寻见发展中隐蔽的短板;也是它,为我们照亮行进中涌现的新机。

现代化优质学校评估,一直以一种概念停留在我的脑海中,直到翻开现代化优质学校评估指标体系,才开始对"庐山真面目"有了最初的了解。在学校统筹安排下,每个部门和教研组根据具体指标体系,结合工作实情认真开展自评。

　　在校办工作的我，在优质学校评估中该如何散发自己的光与热？在各种不确定中开始细细梳理近三年的工作。梳理的过程仿若照镜子，劣势不足展露无遗：一是缺乏统整意识。看似简单的一项指标，却需要翔实的佐证材料，这才发现，每年的工作都散落在电脑硬盘中，从未形成一个完整的体系；二是缺乏创新能力。整理近三年工作时发现，每天都在重复昨天的故事，工作方法较单一，亮点不突出。

　　发现问题是一种方向，纠正问题是一种成长。以现代化优质学校评估为契机，我决定即刻行动克服自己的短板。于是，找来《高效能工作整理术》，"学而时习之"。无论是事务的整理，还是情绪的整理，实现从量变到质变。按年度设立分级目标，同类资料装订成册，在整理的过程中，静心反思，总结方法，寻求突破。

　　当材料盒从最初仅仅十几个到最后满满的几十个，让我深切地体会到工作中章法的力量。学做事情很重要，做完之后的梳理也很重要；及时梳理很重要，梳理之后的总结也很重要；全面总结很重要，总结之后的行动也很重要。立即行动很重要，行动中的方向也很重要。很多时候我们埋头猛砍，却并没有意识到我们要砍的并非这片丛林。如何在琐碎的工作中做到化繁为简、思路清楚、动作有效，是自己需要认真思考并努力达成的目标。

　　在准备及评估中，我不断提升自己，也发现学校、学生和其他老师都发生着潜移默化的改变，在评估的洗礼中，学校越发熠熠生辉。

　　环境更加灵动。环境虽然不是学校教育的主体，但它在学校教育过程中的作用亦无可替代。在校办的推动下，学校以评估为契机，利用课程元素，完善个性平台，使牧风书院、季风农场、晓风画廊、旋风舞台充分发挥育人功能。为了让校园里的每一堵墙、每一块草地甚至每一朵花都会"说话"，学校利用假期时间，美化墙面，翻新绿植，制作标语。漫步校园，你会看到绿草茵茵中的警示牌，它用人性化的语言让孩子明白什么是规矩；漫步校园，你会看到洁净墙面上的宣传画，它用"无声胜有声"的力量传递爱的教育。守则也好，规范也罢，室内板报也好，室外橱窗也罢，无不营造着"墙为人说话，物为人传情"的美好氛围。

　　活动更加系统。活动作为教育教学的重要组成部分，对促进学生全面发展、提升学生综合素质发挥着举足轻重的作用。学校一直以来都坚持"自律、自由、善行、博学"的育人目标，构建了以"行为规范教育"为基础，以"行走发现体验式德育"为核心内容，有机融入社会主义核心价值观的德育实践课程体系。在现代化优质学校评估中，学校通过进一步梳理、提炼、归纳、整合，构建了全方位多层次育人体系，聚焦活动主题，丰富育人载体。在原有系列活动的基础上，学校依托省教科院力量，构建基于积极心理学视角下的学生活动新体系，全面提升学生综合素养。

课堂更加开放。教师聚焦课堂，积极探索，在"四磨一理"中优化教师教学研讨模式；在"四适课堂"中培养学生自主学习能力。为了让每一位教师都能获得最大限度的成长，在校办的倡导下，学校积极推行课堂开放，推门听课成了彼此互动交流的常规渠道。本学期，在校办的牵头下，学校中层、教研组长走进课堂，对全校教师进行了全学期的视导听课，共计120余节。课前的精心准备，课中的循循善诱，课后的交流讨论，使教育教学的内驱力就这样悄无声息地在课堂这块沃土中生根发芽。在现代化优质学校评估中的课堂观摩环节，专家们对我校啧啧称赞，这无疑是一种助推剂，让老师们更加坚定地磨炼教学能力，夯实基本素养，提升教学水平，打造课堂"新名片"。

站在巨人的肩膀上，不仅可以看得更远，还能跑得更快。现代化优质学校评估无论从理论还是实践上，都为我们打开了新思路。评估过后，学校针对专家提出的问题积极进行改进，收获了丰硕的成果。

除了校办工作以外，在我个人的教学方面，针对现代化优质学校评估发现的问题，我做了细致、全面的反思，我明白了教育教学要有连续性，教师不能边教边丢，教后一定要清醒地回顾一下走过的路，可使下一步走得更稳、更扎实。所以我开始坚持把平时在教书育人过程中的所见、所感、所思储存下来，思考像滚雪球一样越积越多，现已形成教学反思40余篇，达5万多字。这些成果都是日常积累的宝贵经验，在以后写文章或进行科研活动时可以使自己有更多的素材和参考，获得更多的灵感，让自己更加得心应手。

我也学会了要推自己一把，向赛场学、向名师学，变成一个更好的自己。让自己的课堂从对内容的思考转换为对思维的思考，即听名师课堂，并且"逆向复盘"——听课结束后，解构名师设计，逆向自己解读，进而对比发现差距，有了思考、解读、结构、对比，达到深度学习。在评估后，我积极参加各级各类赛课、教研课。功夫不负有心人，我的一门课程成功获省红领巾学院赛课二等奖。

从学校的角度来看，科研成绩迈向新高。科研意识较弱是此次评估中暴露出的问题，通过此次评估中的专家意见反馈，全校教师认识到了自身存在的不足，尤其是40岁以下的青年教师开始转变观念，积极参与课题研究和论文撰写。在2020年12月的区论文评比中，我校有两篇论文获一等奖，四篇论文获三等奖，无论是获奖数量还是获奖名次，都创近年新高。

学校也更加关注学生的特殊需求以及家长的关切重点。我校自从2004年转制成专门招收外来人口子女的学校以后，我们的教育服务群体发生了变化。纵向来说，现在的学生与十几年前的学生相比，又有了一个动态的变化，包括家长关切的问题也处在不断变化中。之前我们对这一问题仅停留在经验层面，未能通过相关数据进行支持。为了加强教师与家长的联系，本学期末，我们结合党员的春训冬训活动,组织全校教师对学生进行家访,通过面对面的交流,了解家长最真实的需求,掌握学生在家最真实的学习状态。下一步,我们计划根据学校的工作实际,设计问卷调查,以大数据作为支撑,了解家长最关注的方面,从而制定措施,为今后更好地开展家校工作提供依据。

参与了本次评估的全过程,让我感受到作为一名一线的语文老师,无论从教育教学理论的学习,教学专业知识的提升,还是新课程教学改革等方面,我都不能因为年龄的增长而懈怠,相反,应该更加不断学习,充实自己。今天的我对每一节语文课的教学预设都会反复推敲,对开展的每一次学习活动都会周密思考后再做布置,对每一次作业的练习题都会精心选择,因为只有老师认真了,用好每一分每一秒时间,我们的学生才能够学得轻松,学得踏实。作为学校骨干教师的我,还将坚持撰写案例、论文,把自己对课堂的思考汇成文字,同时带动其他老师,一起思考和研究,让科研带动教学,借用科研的力量,推动课堂教学走向新的高度。

总之,现代化优质学校评估不仅促进学校发展,更带给我们每位教师成长的动力,因为我们的目标是成为老百姓家门口的现代化优质学校。站在迎着光的地方,也不要忘记努力奔跑。现代化优质学校评估,是学校发展里程碑上浓墨重彩的一笔。学校将以此次评估为契机,深凿办学理念,深挖队伍潜能,深耕课堂教学,以更高的站位、更强的决心、更优的服务,做有温度的教育,办有温度的学校。

二、案例分析

教师成长案例以教师为对象,选择了7位教师的真实经历,整合成3个教师案例。案例中,教师们都从自己的角度对评估前、中、后的经历进行了叙述。可以发现,教师们的评估感受有以下几个特点。

首先,在评估的前期,教师都在学校的引领下进行了充分的自我剖析。有的是通过参加学校组织教研,有的是通过自身的阅读,而有的是通过对日常工作的考察。无论通过何种方式,教师均经历了自我诊断、自我反思、自我调控、自我完善和自我发展的过程,这对教师而言是一种可喜的成长。

其次,教师们都淡化了现场评估的过程。现场评估是整个发展性评估中的一环而不是全部,这样的发展性评估实践说明以自我评估为主的内部评估方式上取得了长足进步。现场评估更多的是对学校发展方向的诊断和修正,是对学校信心的稳固和提振,也是对教师努力的指引和肯定。

最后,在现场评估过后,教师并没有停止因评估而起的自我发展,而是基于评估报告进行深入探究,对自身状况和发展计划有了更加确切的理解,进而更准确、有效、深层次地促进自身在评估的基础上不断进步。

因此,教师在迎接发展性评估时,应该放平心态,意识到发展性评估的目的是帮助教师成长,拓宽眼界,指引发展方向,提高专业素养,以积极的心态迎接评估,把评估当成自身发展的重要契机。在评估中需注重前期对自身的剖析以及改进,只有前期认真对待,专家的现场评估指导以及后续的报告才是有效的。在评估后要根据专家意见积极对此前的发展方向和方法等进行调整,在实现更加充分的自我进步的同时也带动学校发展。

第七章　学校评估的元评估

【本章概述】

　　学校评估的元评估是对学校评估的方案设计、指标体系、组织实施、结论报告等进行科学的评价。之所以开展元评估，是因为教育评估过程中不可避免会产生偏差，以及教育评估中存在委托代理问题。国际经验也证明，元评估有利于改进和完善学校评估，提升学校评估的质量。元评估应遵从科学的程序和评估标准。本章以拱墅区现代化优质学校评估的元评估工作为实例，对元评估的十个步骤进行了说明，并介绍了以评估计划和操作检查表和项目评估标准为代表的元评估标准。基于项目评估标准，本章开发了适用于拱墅区现代化优质学校评估的元评估检查表，在评估项目的有效性、评估方案的可行性、评估过程的适切性、评估结果的准确性四个方面形成元评估结论。

第一节　教育元评估的定义与应然性

一、元评估的定义

(一)元评估的起源

　　教育元评估属于元意识(meta-awareness)研究范畴。"元"的本意是指"在……之后"(post-)。当它与某一具体的认知活动或研究内容联系在一起时，"元某某"即是关于"某某"的"某某"①。因此，元评估就是指评估的评估。随着社会团体越来越多地委托评估者对不同的项目、产品和服务进行检查和评判，评估已经成为一个重要的工作。要获得和保持专业地位，就需要对其工作进行评估，并利用评估结果来加强服务。所有类型的评估都需要元评估，包括对工程、

---

　　① 田腾飞,刘任露.元评估——教育评估专业化发展之必需[J].外国教育研究,2014,41(6):111-119.

产品、机构、理论、学生的评估。

教育界的元评估概念及实践最早出现在美国。20 世纪 60 年代，美国教育界采用的评估方法因循守旧，导致评估质量难以保障，评估结果令人生疑。为了证明或检验教育评估的科学性，元评估理论及方法就应运而生了。[①]

(二)元评估的概念界定

元评估这个术语起源于斯克里文(Michael Scriven)在 1969 年发表的《教育产品报告》，最初指的是对教育产品评估计划的评估，即对评估、评估系统或评估设备的评估。斯克里文指出，教育产品评估若不准确或存在偏差，可能会误导消费者购买损害儿童和青少年利益的劣质产品。因此，他强调必须对教育产品的评估本身进行评估，这种元评估对消费者的福祉至关重要。[②]

斯塔弗尔比姆(Daniel Stufflebeam)在 1974 年发表的《元评估》研究报告中，对元评估进行了概念界定。[③] 他将元评估定义为描述、获取和应用关于评估的描述性信息和判断性信息的过程，这些信息涉及评估的有效性、可行性、适切性和准确性，以及评估的系统性、功能性、真实性、认可度和社会责任，以指导评估和(或)报告其优缺点。

元评估传入我国后，学者们对这个概念的翻译和理解不同。史耀芳称之为元评价，认为"元评价就是刻画、获得和运用描述性及鉴定性材料，来评估一个评价的有效性、实践性、道德性以及技巧方法和工具上的完善性，并根据评价信息的反馈，及时指出评价的价值和长处，矫正评价的短处，以便正确有效地引导评价"[④]。袁振国则用再评估指代元评估，提出"再评估是指按照一定的标准或原则对教育评价工作本身进行评价的活动，其目的是对评价工作的质量进行判断，以完善教育评估，充分发挥评估的积极功能"[⑤]。王汉澜指出"元评估是按照一定的标准，运用可行的科学方法，对教育评价方案、教育评价结果和获得结果的过程进行分析，从而对教育评价作出价值判断，也就是对教育评价的科学性、有效性和现实性等进行评价"[⑥]。虽然学者们对元评估的理解不尽相同，但都强调

① 王云峰,张庆文,曲霏,等.高等教育元评估理论模式探析[J].高教发展与评估,2008(2):30-36,121.

② Stufflebeam D L, Coryn C L. 评估理论、模型和应用[M].2 版.杨保平,杨昱,姬祥,等,译.北京:国防工业出版社,2019.

③ Stufflebeam D L. A meta-evaluation[R]. Michigan: Kalamazoo Western Michigan University,1974.

④ 史耀芳.略论教育评价中的元评价[J].教育理论与实践,1991(5):42-44,56.

⑤ 袁振国.教育评价与测量[M].北京:教育科学出版社,2001.

⑥ 王汉澜.教育评价学[M].开封:河南大学出版社,1995.

元评估是对原评价的全过程进行分析,并且突出了元评估的引导功能。

结合学者们对元评估的定义和学校评估,可将学校评估的元评估理解为对学校评估的方案设计、指标体系、组织实施、结论报告等进行科学的评价,以改进和完善学校评估,提升评估的质量。

(三)元评估的分类

元评估可以分为形成性元评估和总结性元评估。形成性元评估用于开展和实施评估,帮助评估者计划、实施、改进、解释和报告他们的评估研究。总结性元评估在评估后进行,用于帮助公众看到评估的优点和缺点,并判断评估的价值。元评估符合公众、委托方和被委托方的利益,开展元评估不仅有利于确保评估提供的结果和结论合理,还有助于被委托方不断改进评估过程,在管理评估系统时更专业、高效。

二、开展元评估的应然性

(一)评估的偏差问题

评估是主体对客体的主观判断,无论评估过程的科学性有多高,都不可避免地带有不同程度的"偏差"[①]。

1. 评估指标的操作性

以拱墅区现代化优质学校评估为例,该评估的指标体系以教育部《县域义务教育优质均衡发展督导评估办法》《浙江省县(市、区)教育现代化发展水平监测指标体系》为依据,在充分借鉴国内外学校评价指标的基础上,结合拱墅区基础教育实际编制而成。但部分评估标准较为模糊,缺乏操作性。拱墅区现代化优质学校评估指标体系包括基础性、发展性、规范性 3 项一级指标,另有 11 项二级指标和 42 项三级指标。其中,生均教学及辅助用房面积、每百名学生拥有功能教室数量、生师比、研究生及以上学历(学位)教师比例等指标有很强的操作性。而办学思想、育人模式等指标虽有一定说明,但操作性不强,不同专家对指标会有不同的理解,可能导致评分主观性较强。

2. 评估专家构成的复杂性

第一轮拱墅区现代化优质学校评估分为四批进行,每一批中有固定的专家,

---

① 张荣娟,徐魁鸿.美国高等教育元评估制度探析——以高等教育认证委员会为例[J].高教探索,2018(2):65-69.

但也会进行调整和变化。专家们来自省内外,由教育研究学者、省地督学、教育行政管理者、学校校长组成。不同的专业背景、工作经历、评估经验,必然会导致不同的教育观和评估观,进而影响专家们对于评估的认识和把握。因此,为保障评估的一致性,需要开展元评估,对评估工作进行总结回顾。

3. 被评估学校的多样性

共有三十余所学校参加了第一轮拱墅区现代化优质学校评估。从办学类型来看,参评学校以小学和初中为主,但也有九年一贯制学校、普通高中和中职。从办学历史来看,有的学校历史悠久,而有的学校仅有十几年的办学历史。各参评学校的办学定位和办学思路也不尽相同,但在评估时基本采用统一标准。这可能会导致评估结果的客观性不足,进而影响评估的公平性。

(二)评估的委托代理问题

高文杰在探讨将元评估引入高职评估的应然性时,提出从新制度经济学的视角看,教育评估涉及一个代理问题,需要监管的介入,[①]这一点同样适用于拱墅区现代化优质学校评估。从本质上说,本评估的主体是拱墅区教育的利益相关者,包括拱墅区教育局、学校师生、学生家长等。拱墅区教育局作为利益相关者中的委托方来主导评估。中心接受委托后负责设计评估方案,并组织专家开展具体评估,产生评估结果并向拱墅区教育局和参评学校进行反馈。信息不对称是产生委托代理问题的主要原因。按照新制度经济学的理论,可以设计激励约束机制来减少代理问题的发生与影响。[②] 元评估即是一种约束机制,能帮助委托方全面检验评估质量,避免委托代理问题。

(三)国际经验的启示

世界上许多国家已建立了教育元评估机制或制度,包括美国、荷兰、英国、加拿大、法国、瑞士、德国、澳大利亚等国家。[③] 其中,美国作为教育元评估的起源地,更是将元评估放在举足轻重的地位。在高等教育领域,认证机构负责认证高等教育院校或专业,美国教育部设立的官方评估小组和美国高等教育认证委员

---

①　高文杰.元评估:我国高职教育评估亟待引入的制度架构——基于新制度经济学的视角[J].职教论坛,2016(7):52-57.

②　高文杰.元评估:我国高职教育评估亟待引入的制度架构——基于新制度经济学的视角[J].职教论坛,2016(7):52-57.

③　曹一红,曹雨坤.委托代理制视角下高等教育元评估实然现状与应然探讨[J].教育评论,2020(1):56-62.

会负责认可这些认证机构。[①] 对认证机构的认可工作就是对专业认证进行元评估。科学、公正、公开的元评估有效地监管了认证机构,也提升了专业认证的权威性。美国的教育评估专家也经常组建专家组,对基础教育、高等教育,乃至成人教育阶段的评估作元评估。[②] 各国经验证明,元评估有利于促进或改善教育评估,使教育评估更好地发挥作用,进而提升教育质量。因此,我国在开展学校评估时,也应引入元评估。

第二节　教育元评估的程序与标准

一、元评估的程序

元评估虽是一项特殊的评估,也应遵守一定的程序。斯塔弗尔比姆教授提出,一项元评估由 10 个步骤组成,[③]详见表 7-1。

表 7-1　元评估程序

序号	步骤
1	确定并安排与元评估的利益相关者互动
2	为元评估团队配备一名或多名合格的评估人员
3	定义元评估问题
4	就元评估的标准、原则和(或)准则达成一致
5	制定元评估协议或合同
6	收集和审查相关的可用信息
7	根据需要收集新信息,开展现场访谈、观察和调查
8	分析定性和定量信息,判断评估是否符合适当的标准、原则或准则
9	通过报告、信函、口头陈述等方式传达元评估结果
10	在需要和可行的情况下,帮助委托方和其他利益相关者解释和应用调查结果

① 张荣娟,徐魁鸿.美国高等教育元评估制度探析——以高等教育认证委员会为例[J].高教探索,2018(2):65-69.

② Grasso P G. Meta-evaluation of an evaluation of reader focused writing for the veterans benefits administration[J]. American Journal of Evaluation,1999,20(2):355-370.

③ Stufflebeam D L. The methodology of metaevaluation as reflected in metaevaluations by the western michigan university evaluation center[J]. Journal of Personnel Evaluation in Education,2000,14(1):95-125.

下文将以拱墅区现代化优质学校评估的元评估工作为实例,对10个步骤进行说明。

(一)确定并安排与元评估的利益相关者互动

2020年12月,浙江省教育现代化研究与评价中心结束了第四批拱墅区现代化优质学校评估工作。拱墅区教育局与浙江省教育现代化研究与评价中心达成共识,决定对评估进行元评估。根据元评估程序,元评估者应该在元评估报告中明确委托方和利益相关者。在这种情况下,委托方包括拱墅区教育局的领导和工作人员。元评估还有许多其他利益相关者,包括参评学校的师生和学生家长。浙江省教育现代化研究与评价中心多次组织线上线下会议,与拱墅区教育局协商元评估相关事宜。浙江省教育现代化研究与评价中心还与参评学校的校长、教师、学生取得联系。

(二)为元评估团队配备一名或多名合格的评估人员

国外元评估实践表明,委托方可委托合格的元评估团队开展元评估工作。不过并不是所有元评估都能够或需要聘请独立的元评估者,尤其是在形成性评估中,评估者可能会适当地进行大部分或全部的形成性元评估,这样的自我元评估实践比根本不进行元评估要好。本次元评估依然由浙江省教育现代化研究与评价中心负责,中心的工作人员有扎实的教育评估理论知识和丰富的评估经验,能够胜任元评估工作。

(三)定义元评估问题

在选择元评估问题时,应重点考虑以下两点。一是元评估在多大程度上能满足科学评估的要求,二是它在多大程度上满足利益相关者对评估信息的需求。因此应侧重元评估的科学性,并解决委托方的特定问题。在了解拱墅区教育局对元评估的需求后,浙江省教育现代化研究与评价中心将元评估问题界定为:拱墅区现代化优质学校评估流程是否合理,评估工具是否科学,评估结论是否可信,评估是否有助于参评学校提升教育质量等。

(四)就元评估的标准、原则和准则达成一致

评估是一项专业活动,因此,采用评估领域的专业标准和原则来进行元评估是有益的。元评估者和委托方应就元评估的标准、原则和准则达成一致,这样才能和谐地开展元评估工作。在本次元评估中,浙江省教育现代化研究与评价中

心在借鉴国外成熟的元评估标准的基础上,结合拱墅区现代化优质学校评估实际进行了一定修改,形成了一套判断评估效果的模式方法。

(五)制定元评估协议或合同

元评估中的另一项步骤是双方多次商议后拟定正式的元评估协议或合同。但在小型的、形成性的、内部进行的元评估中,也可以省略这一步骤。不过,尽可能地厘清并记录指导和管理元评估的基本协议是明智的,并且可以证明元评估是谨慎和有效的。虽然本次元评估侧重内部评估,没有外聘专家团队,也没有签订元评估协议,但评估过程中始终关注元评估问题。

(七)收集和审查相关的可用信息

双方开展评估活动中或评估后,元评估者需要对照元评估问题和标准开展评估。首先要收集和评估现有信息,在某些元评估中,这是得出元评估结论的唯一信息。在现有信息技术上不充分或不可信,不足以回答元评估问题时,可以收集额外信息。当现有信息完全可以生成合理的元评估报告时,进一步的数据收集可能会造成资源浪费。在拱墅区现代化优质学校评估的元评估中,中心工作人员先收集和审查了评估合同、合作方案、指标构建依据、指标论证会记录、专家操作手册、评估报告等现有材料。

(七)根据需要收集新信息,开展现场访谈、观察或调查

下一个元评估任务是分析可用的相关信息。最初的信息收集通常以对相关文件的审查为主,再根据需要通过电话和现场访谈、观察等收集新信息。为了得出有效的结论,元评估者需获得所有相关的可用信息,并且要进一步收集任何需要的信息。本次元评估对照标准,全面审查了现有材料。鉴于拱墅区教育局希望了解评估对参评学校教育质量的促进作用,因此还通过访谈教育局管理者和参评学校师生等方式收集了新的信息。

(八)分析定性和定量信息,判断评估是否符合适当的标准、原则或准则

接下来,元评估者应该分析获得的定性和定量信息,分析的方法要与所采用的标准相一致。本次元评估的具体标准和分析详见后文。

(九)通过报告、信函、口头陈述等方式传达元评估结果

如果元评估是大规模的和总结性的,将需要正式的书面调查结果报告以及支持性的附录;然而,在更注重内容的元评估中,可以通过口头交流、电子邮件、

信件、讨论会等方式适当地传达调查结果。本次元评估采取的传达结果方式为正式的书面调查报告。

（十）在需要和可行的情况下，帮助委托方和其他利益相关者解释和应用调查结果

元评估团队应随时准备帮助委托方和其他利益相关方解释调查结果。这项任务对于改进评估系统至关重要，有助于利益相关方适当和有效地使用元评估结果，也有助于确保结果不会被误解和误用。在元评估之后，浙江省教育现代化研究与评价中心提出了改善现代化优质学校评估的建议，并与拱墅区教育局保持沟通，以便随时向拱墅区教育局解释元评估结果。

二、元评估的标准

（一）元评估标准

评估的关键是制定一套较为科学的，并能为人们所普遍接受的评估标准。[①] 元评估也应遵从科学的标准，这样才能得到令人信服的结果。国外学者编制了针对不同领域的评估检查标准，即元评估标准。其中，教育领域常用的有斯克里文编制的教师职责检查表，斯塔弗尔比姆主持开发的评估计划和操作检查表、项目评估标准、人员评估标准等。[②] 美国评估协会（American Evaluation Association）也开发了评估指导原则，可作为元评估标准（见表7.2）。

（二）评估计划和操作检查表

若要进行形成性元评估，可借鉴斯塔弗尔比姆开发的评估计划和操作检查表（meta-evaluation checklist keyed to evaluation plans and operations）[③]。该检查表涉及评估的概念化、社会信任因素、合同安排、技术设计、管理计划、道德伦理和效用条款7个方面，共有90项检查点。斯塔弗尔比姆提出，通过对照每个

---

① 王云峰，张庆文，曲霏，马苓.高等教育元评估理论模式探析[J].高教发展与评价，2008（2）：30-36，121.

② Stufflebeam D L. The ten commandments, constitutional amendments, and other evaluation checklists［R］. Honolulu, Hawaii：Evaluation 2000 Annual meeting of the American evaluation association，2000.

③ Stufflebeam D L. The methodology of metaevaluation as reflected in metaevaluations by the western michigan university evaluation center[J]. Journal of Personnel Evaluation in Education，2000，14（1）：95-125.

检查点核查评估的计划、流程与操作,以获得加强评估计划或操作的方向。考虑到部分表述和检查点不符合我国评估实际,在咨询专家后进行了修订,具体内容见表 7-3。

表 7-2　元评估标准汇总

标准名称	来源	应用领域	目的	评估要求
教师职责检查表	斯克里文	教师能力和表现	促进基于教学责任的教师评价	评估教师职责
评估计划和操作检查表	斯塔弗尔比姆	评估流程（通用）	为规划和评估（原）评估提供指导和标准	判断评估流程的合理性
项目评估标准	斯塔弗尔比姆、美国教育评价标准联合委员会	项目评估	判断促进专业的、可靠的项目评估	判断项目评估的有效性、可行性、适切性和准确性
人员评估标准		人员评估	促进健全的、专业的人员评估	判断人员评估的适切性、有效性、可行性和准确性
指导原则	美国评估师协会	人员评估	旨在作为评估人员职业道德行为的指南	评估者基于数据开展系统的调查,向利益相关者提供专业服务,以诚实和透明的方式确保评估的完整性,尊重被评估者,为共同利益和维护社会公平做出贡献

表 7-3　评估计划和操作检查情况

一级指标	二级指标
评估的概念化（需要对评估的指导概念有一个共同的、合理的理解）	定义:评估是如何定义的?
	目的:将达到哪些目的?
	问题:将解决哪些问题?
	信息:需要什么信息?
	受众:将为哪些人和团体提供服务?
	代理人:谁来进行评估?
	过程:如何进行评估?
	标准:评估的标准是什么,如实用性、恰当性、可行性和准确性?

一级指标	二级指标
社会信任因素（需要向确定的利益相关者展现专业性）	参与：需要谁的批准和支持，如何确保？
	受众沟通风格：考虑到委托方和利益相关者的沟通风格，评估者如何才能最好地传达评估结果？
	内部沟通：如何在评估者、委托方和评估对象之间保持沟通？
	内部公信力：内部是否民主公开地征求了各方意见？
	现实的期望：评估者将如何向委托方表明，实际操作中只能满足他们一部分的信息需求？
	安全性：有哪些规定可以保证数据的安全性？
	协议：将采用什么渠道进行沟通？
	公共关系：如何告知委托方和利益相关者评估的意图和结果？
	评价者资格：评估团队的成员是否具备评估内容的背景知识和评估能力？
	利益相关者信心：如何让委托方对评估者有信心？
合同安排（需要明确的工作协议，以确保有效的合作和保护利益相关者的权利）	委托方、评估者和其他角色：谁是发起人，谁是评估者？谁是其他利益相关者，以及他们与评估者的关系如何？
	评估结果呈现形式：将以什么形式，呈现什么样的评估结果？
	协商过程：评估是否平衡了各方利益和观点？
	时间安排表：评估服务和交付评估结果的时间表是什么？
	编辑报告：谁有权编辑评估报告？
	数据访问：评估人员可能使用哪些现有数据，以及他们可能获得哪些新数据？
	接触利益相关者：是否有足够的措施确保评估人员可以联系利益相关者？
	发布前审查：在报告定稿和发布之前，是否会为委托方和预期受众的代表提供机会，来审查评估报告的清晰性和公平性？
	发布报告：谁将发布报告，以及哪些受众可能会收到报告？
	职责和权限：委托方和被委托方是否就哪些个人和团体有责任和权力执行各种评估任务达成一致？
	经费：评估的付款时间表是什么？谁来提供经费？
	合同审查和修订：是否有适当的条款来审查和修改合同以应对评估中的紧急情况？

续表

一级指标	二级指标
技术设计(需要将总体评估计划转换为详细但灵活的技术计划)	目标:评估打算制定什么评估方案,应该从哪些角度进行评估?
	变量:将收集哪些类别的信息,例如背景、投入资源、过程、结果?
	项目描述:评估项目是如何设计的?
	调查框架:将使用哪些调查方法收集、获得数据?
	工具:将使用哪些数据收集工具和技术,评估人员如何确保它们解决关键的评估问题?
	取样:将抽取哪些样本,它们将被如何描绘,是否满足实用和技术要求?
	数据采集:数据采集计划将如何实施,谁来收集数据?
	数据存储和检索:将使用何种格式、程序和设施存储和检索数据?
	数据分析:如何分析数据?
	解释来源:评估人员、各利益相关者中谁负责解释调查结果?
	解释依据:将使用什么依据(例如目标、评估需求、合同规范、技术标准等)来解释调查结果?
	报告:将使用哪些报告来传播评价结果?
	报告媒体:考虑到受众的偏好,报告结果的最适当手段(例如详细的技术报告、摘要、新闻发布会、研究会、备忘录和信函、视频介绍等)是什么?
	报告语言:是否需要以不同语言(例如学术或通俗的)提交报告,以满足不同受众的需要?
	报告格式:是否会规定评估报告的格式以增强可读性?
	技术充分性:用什么保证调查结果是可靠、有效和客观的?
管理计划(需要有效地控制和指导评估,提高主办机构的评估能力)	组织机制:将采用哪种组织单位(例如内部评估系统、外部组织)开展评估?
	评估工作者选拔:谁来进行评估?
	评估工作者构成:工作者的构成能否回应关键利益相关者的关注?
	评估工作者的可信性:是否能表明工作者在相关内容、环境和方法领域具有能力、经验和可信性?
	评估工作者承诺:是否能保证工作者在评估中投入了所需的时间和精力,而不仅仅是挂名?
	工作管理:将实施何种监督和控制,以确保评估人员将时间和精力以及他们的名誉投入到评估中?
	设施:将提供哪些空间、设备和材料来支持评估?
	数据收集时间表:根据什么时间表,哪些小组将使用什么工具?
	培训:谁将为哪些小组提供哪些评估培训?
	评估系统的安装:此评估是否将用于帮助主办机构改进和扩展其内部评估能力?
	预算:预算的结构是什么? 是否充分而合理,如何监督?
	资源分配:是否合理地分配了经费、时间和人力等评估资源?

续表

一级指标	二级指标
道德/伦理要求(需要澄清和确认评估在道德上为某些社会价值目的服务的作用)	评估者的价值观:评估者的技术标准和价值观是否与委托方系统和(或)赞助人的价值观相冲突;评估者是否面临任何利益冲突问题? 如何处理可能的冲突?
	客观性:评价者将如何避免被拉拢并保持其客观性?
	成本/效益:与潜在收益相比,是否会以合理的成本进行评估?
实用性规定(需要规划和执行促进建设性使用评估结果的步骤)	实用性的综合前景:评估是否符合及时性、清晰性和普遍性的实用性标准?
	相互理解:评估人员是否完全理解委托方的要求,并基本完成委托要求?
	方法的可接受性:是否确认评估者的方法为委托方和关键利益相关者所接受?
	协同设计:评估者是否会直接让委托方和其他利益相关者参与设计和进行评估?
	使用范围:是否有明确规定,涉及哪些利益相关者的需求将得到满足,哪些需求将超出评估范围?
	现实的期望:是否会采取适当的措施帮助利益相关者制定现实的期望?
	为所有利益相关者提供服务:是否有足够的规定来确保评估人员确定各个利益相关者的评估需求,并在可行范围内为所有级别的利益相关者提供服务?
	删减:是否根据不同受众的需要来删减报告?
	权衡:评估计划是否充分考虑了如何在规划、预算、获取和报告信息等每一个评估步骤上权衡全面性和选择性?
	验收计划:是否有向委托方明确描述评估计划的规定,并证明该计划在实际中和方法上是合理的?

斯塔弗尔比姆指出,在计划元评估的过程中,解决和回答检查表中的所有问题是很重要的。但如果仅把检查表当作一个严格的、结构化的访谈表,就不能发挥其作用,因此,他建议元评估者将检查表内化,作为一个精神指南。[①]

（三）项目评估标准

在教育元评估标准中,斯塔弗尔比姆主持修订的、美国教育评价标准联合委员会(Joint Committee on Standards for educational evaluation)发布的项目评估标准[②]最为全面,被全世界广泛使用。该标准于 1981 年颁布,曾于 1994 年、

---

① Stufflebeam D L. The ten commandments, constitutional amendments, and other evaluation checklists[R]. Honolulu, Hawaii: Evaluation 2000 Annual meeting of the American evaluation association,2000.

② Stufflebeam D L, Coryn C L. 评估理论、模型和应用[M]. 2 版. 杨保平,杨昱,姬祥,等,译.北京:国防工业出版社,2019.

2011年和2018年进行修订,但均保留了有效性、可行性、适切性、准确性四个维度。有效性标准旨在提高评估流程和结果在满足项目利益相关方需求方面的程度。可行性标准旨在提高评估的有效性和效率。适切性标准旨在提高评估中的适当性、合法性、正确性和公平公正性。准确性标准旨在提高评估陈述、主张和发现的可靠性和真实性,尤其是那些对解释和判断质量的评估陈述、主张和发现。本次元评估就借鉴了1994年修订的项目评估标准,因其每一指标均有10个详细的观测点,最为详细。

第三节　教育元评估的实施与分析

按照上述的元评估程序,采用以项目评估标准为基础,经专家修改后的检查表,参照有效性、可行性、适切性、准确性对拱墅区现代化优质学校评估进行了分析与总结。

一、评估项目的有效性

(一)确认利益相关者

良好的评估应确认所有参与评估或受评估影响的利益相关者,以明确他们的需求。在本评估中,利益相关者包括拱墅区教育局管理者,以及中小学校校长、校内师生、学生家长等。为确定利益相关者的评估需求,中心不仅积极与拱墅区教育局沟通,还前往拱墅区中小学进行调研,听取各学校基层管理者、师生对评估的建议。因此可以判定,本评估较好地处理了评估者与利益相关者的关系。

(二)评估者的可靠性

在良好的评估中,组织和实施评估的人员必须是可信任的,并且有能力胜任评估工作,以便评估达到最大的可信度和可接受度。负责组织评估的浙江省教育现代化研究与评价中心是经浙江省教育厅批准设立的杭州师范大学校级研究机构、浙江省首批高校新型人文社科智库、教育现代化监测合作单位和长三角区域现代化监测中心浙江分中心。中心的工作人员有扎实的教育评估理论知识和丰富的评估经验,能够胜任组织现代化优质学校评估的工作。中心组建的评估团队包括教育研究学者、省地督学、教育行政管理者、学校校长,成员均有丰富的教育评估专业知识和评估经验。

在设计评估计划时,双方多次召开交流会,确保评估计划回应了拱墅区教育局关切的问题。在评估过程中,中心与拱墅区教育局保持通畅的联系,让拱墅区教育局了解评估进展,同时充分听取了教育局对评估的有益建议。可以说,本评估的组织者和评估者是可靠、可信的。

(三)信息的范围与选择

良好的评估应根据实际情况确定收集信息的范围和方式,并要反映特定利益相关者的需求。中心了解到,拱墅区教育局最重要的评估要求是要对拱墅区中小学教育现代化水平,包括品质内涵建设、办学质量和效益等有关情况进行评估,帮助学校诊断问题,促进学校高质量发展。收集信息的范围包括学校资源配置、师资配置等办学基础信息;校园安全、党建工作等办学规范信息;学生发展、教师发展、学校发展相关信息。鉴于拱墅区教育局较为关注学生、教师和学校发展问题,由中心负责收集相关信息。而办学基础信息和办学规范信息则由学校自评后上报,并由拱墅区教育局各科室审核。中心收集信息的方式包括现场评估、师生访谈、发放调查问卷等。可以判定,本评估收集信息的范围和方式是合适的。

(四)报告的清晰性

良好的评估应在评估报告中清楚描述评估目标、评估程序及评估的结果,让委托方能更清楚地了解评估结果。评估报告应在开篇介绍评估情况、评估背景、评估指标、评估过程、评估专家等。中心提供了评估报告的大纲,明确评估报告应包含办学成效、存在问题、建议意见三部分内容,具体内容则由评估专家负责撰写。考虑到报告的受众,评估报告中没有过多的学术用语,以便拱墅区教育局和参评学校理解报告内容。因此,本评估的评估报告具有较高的清晰性。

(五)报告的及时性与公布

良好的评估应及时告知委托方评估的结果,以便他们尽快运用评估结果。就本评估而言,每一批评估结束后,中心工作人员都能够尽快整理专家提交的评估报告,并交由拱墅区教育局审核。中心还召开了座谈会,以便与拱墅区教育局和参评学校代表沟通报告内容。中心会基于教育局和参评学校提出的意见,进一步完善评估报告,并及时提交最终报告。基于本评估的性质,中心没有直接向参评学校师生和家长传达评估结果,而是在公共媒体上发布评估报告,由教育部门公众号(如"拱墅教育"公众号发布的系列推文"拱墅4A级现代化优质学校巡礼")和学校网站等公开评估结果。可以说,在本评估中,评估者及时向教育局和参评学校公布了报告。

（六）评估的影响

良好评估的各个环节要为利益相关者充分利用评估结果服务。拱墅区现代化优质学校评估是发展性评估，力求通过评估来引导、帮助学校形成现代化优质学校特征。因此中心在设计评估流程时安排了"口头反馈"环节，让评估专家现场反馈评估情况，指出参评学校的问题并提出改进建议。通过现场交流，参评学校更加明晰如何让专家的建议落地见效。未来，中心与评估专家、拱墅区教育局还可以进一步建立完整的合作机制，借助评估专家团队力量为参评学校应用评估结果提供后续协助。相信若能每2～3年进行一轮常态性评估，就能更好地检验评估结果的运用情况和影响力。

二、评估方案的可行性

（一）切实可行的程序

良好的评估应设置合理的评估程序，将评估中断的可能性降到最小。中心确定了科学的评估方法和工具（关于评估工具的介绍详见第四章），也选择了称职的工作人员，并在评估前对人员进行了培训。在签订合作协议时，中心和拱墅区教育局共同制定了符合实际的时间表。得益于前期的周密计划，为期三年的拱墅区现代化优质学校评估进展顺利，不曾有过中断的情况。

（二）行政力量的支持

良好的评估应考虑各个利益相关者团体的关系，使它们能够合作，并消除对评估的抗拒情绪，避免误用评估结果。在策划现代化优质学校评估时，拱墅区教育局希望利用好本次评估考核学校工作，中心则提出评估应该更关注教育的前瞻性，侧重发展性评估。双方达成共识后，签订了协议书。通过沟通协商厘清评估的目的，能在一定程度上避免误用评估结果。另外，减轻评估的行政色彩，也减少了参评学校对评估的抵触情绪，让学校更真实地向评估专家展现办学情况。中心还邀请拱墅区教育局领导一同参加专家反馈会。在了解学校的问题和改进方向之后，教育局能够更有针对性地提供支持。在评估中，拱墅区教育局与参评学校携手向前，实现了合作共赢。

（三）成本效益

良好的评估应重视成本效益，获取有价值的信息。就本评估而言，评估工作的效率较高。特别是现场评估环节,虽然专家到现场的时间只有一天,但他们有丰富的评估经验,善于抓重点,能高效地通过多种渠道收集信息。对于每一所参评学校,评估专家都提出了有针对性的建议,得到广泛认可。中心严格控制评估成本,避免铺张浪费。

基于以上可行性分析,本评估基本达到了拱墅区教育局的预期效益。

三、评估过程的适切性

(一)评估的服务导向

良好的评估应服务于委托方的需求。拱墅区教育局有两项具体需求,一是希望构建拱墅区现代化优质学校评估体系,二是希望开展拱墅区现代化优质学校星级评估。从结果来看,中心构建的现代化优质学校评估体系不仅通过了专家论证,还通过了实践检验。数十所学校的评估实践证明,该指标体系适合拱墅区情,能够引领拱墅教育现代化发展。星级评估也得到参评学校和教育局的肯定。可见,中心较好地完成了拱墅区教育局提出的要求。

(二)正式的协议

良好的评估在实施评估前,由委托方与评估者应达成正式的书面协议,明确各方需要履行的义务。拱墅区教育局与中心签订了正式的合作协议书,协议书中明确了合作宗旨、合作内容、经费使用、保障机制等。双方按照项目的具体情况,在充分协商的基础上签订了子项目合作协议书,明确了双方的权利和义务。得益于充分的沟通和正式协议,拱墅区教育局侧重审核学校自评数据、报送规范性指标数据等工作,将发展性指标的评估工作放权给评价中心。中心与拱墅区教育局各司其职,评估才得以顺利开展。

(三)评估对象的权利

良好的评估应尊重和保护评估对象的权利。本评估严格保密。一是中心负责人在评前会议中向专家强调了评估的保密性,禁止专家泄露评估对象信息。二是现场评估时联络员回收了专家使用的纸质访谈表、听课记录表等材料,并带回中心存档,避免资料外泄。三是学生、家长、教师填写问卷时均为匿名,问卷中没有涉及隐私的题项。中心也对问卷做保密处理。四是本评估有专门的填报系统,用户权限设定保证了专家评分和评估结果的安全性。

(四)人际互动

良好的评估应尊重利益相关者,评估者应避免在互动中让对方感到反感。在沟通过程中,中心工作人员始终保持专业的态度,尽量减少打扰校方,进行有效沟通。对照标准,中心也做到了尊重参与者的隐私权,留意并缓解参与者对评估的担忧情绪,在处理不同利益相关者的问题时做到公平。例如在现场评估前,中心联络员会与参评学校领导通电话,告知评估流程和注意事项,并耐心解答对方的问题。另外,若发现评估专家不遵守协议,工作态度不端正,中心会与其解除合作关系。

(五)完整和公平的评估

良好的评估应符合完整性和公平性的要求。本评估的评估体系较为科学,能够全面反映学校发展情况,帮助参评学校发现问题,找到改进策略。但正如前文所述,部分评估指标的操作性不强、专家构成较为复杂等问题会导致评估结果存在偏差。为保证评估的公平性,评估组组长会在一批学校评估结束后与组员一同讨论分析现场评估结果,核对评分标准,统一评分尺度,尽可能地保证评估结果客观公正。

(六)公布评估发现

良好的评估应公布评估发现。国外评估强调利益相关者的知情权,部分评估会在结束后向所有参评对象寄送评估报告。[①] 本评估主要向拱墅区教育局和参评学校领导递交了评估报告,并召开汇报会向参评学校代表传达评估结果。未来的评估中,中心还会与相关群体进一步研讨评估的局限性。

(七)利益冲突

良好的评估应避免利益冲突,以免影响评估程序和结果。为避免参评学校在申报过程中报喜不报忧,或在现场评估中"严防死守、粉饰太平"的情况发生,拱墅区教育局始终强调"以评促建,以评促优",调动学校主动参评的积极性。参评学校在系统中填报数据后,教育局督导科会对其进行核定,各科室也会对学校自评分数进行考评。为避免利益冲突,中心要求工作人员和专家不得接受学校的宴请或礼品馈赠,同时保留了所有评估材料,以便日后审查。

---

① Grasso P G. Meta-evaluation of an evaluation of reader focused writing for the veterans benefits administration[J]. American Journal of Evaluation,1999,20(2):355-370.

（八）财政的责任

良好的评估应合理地分配和使用评估资源。就本评估而言,在双方签订的合作协议中,就对经费使用作出了规定。中心合理地使用了评估经费,经费主要用于指标研制、实地评估和专家劳务。

四、评估结果的准确性

（一）评估的说明

良好的评估应在评估方案和文件中详细描述评估对象、评估目标等。就本评估而言,在拱墅区教育局与中心签订的合作协议书、专家操作手册等材料中,对评估有详细且统一的描述。本评估的对象是拱墅区的中小学校;评估内容是学校的品质教育内涵建设、办学质量和效益有关情况;评估目标是把拱墅区内的学校打造成"老百姓家门口的好学校",引导、帮助学校形成现代化优质学校特征。文本中写明的评估预期与实际评估方向一致,因此可以判定,评估者明确界定了本次评估。

（二）评估的程序

在良好的评估中,应随时监控评估程序,并在评估报告中写明评估程序。中心严格按照既定程序实施评估,特别在现场评估环节,工作人员提前与参评学校和评估专家沟通了流程安排,现场评估均有条不紊地顺利进行。当因特殊情况调整评估程序时,中心会与专家协商,并向拱墅区教育局报备。例如受疫情影响,于2020年开展的第四批拱墅区现代化优质学校评估中,中心将随堂听课改为巡课,在评估报告中也写明了评估程序。

（三）可靠的信息来源

良好的评估应明确评估信息的来源,以保证信息的准确性。拱墅区现代化优质学校评估从多种渠道获取信息,主要的信息来源有四类:第一类是学校自主申报时上传的信息,这类信息由教育局督导科室审核,在一定程度上保证了准确性;二是教育局各科室报送的信息;三是专家现场采集的信息,专家运用观察、访谈等方法,从多个角度采集信息;四是中心通过调查得到的信息,在评估报告中对数据收集工具有详细说明。可见,本评估的信息来源较为可靠。

（四）有效的信息

良好的评估应注重信息收集工具的选择或开发,以确保得到的信息能准确反映问题。关于评估工具的开发详见本书第四章,总体而言,中心开发的调查问卷有较高的效度。

（五）可靠的信息

良好的评估应使用有较高信度的信息收集工具,来确保得到的信息可靠、可信。通过数据分析,中心开发的问卷、访谈和听课等多种评估工具收集的信息有较高的信度。

（六）数据的系统控制

良好的评估应对收集、处理和报告评估数据的过程进行系统控制,若发现误差应立即修正。本次评估有专门的数据填报系统,学校负责在系统中填报数据,拱墅区教育局负责填报和审核数据,专家负责审阅和填报评估结果,中心有最高管理权限。中心认真核查了纸质材料(如专家评分表)和系统中的数据,一旦发现有误立即核实确认。中心还负责分析调查问卷并撰写评估报告中的数据分析部分,工作人员对数据进行多次校对,没有发生错填、漏填结果的情况。

（七）信息的分析

良好的评估应系统、适切地分析评估中收集的量化信息和质性信息,以确保有效解决评估问题。本次评估采用的数据分析方法较为科学。总体而言,评估采用的分析方法有助于参评学校了解学生的心理健康情况、学生的就读体验,以及学生、教师、家长的满意度。特别是在分析满意度时计算了比较不满意和非常不满意的占比,帮助学校快速锁定各类群体眼中学校应改进与加强之处。同时,还对学生心理健康情况做了相关分析,指出了可能存在的相关影响因素。可见,本评估根据评估需求,对信息进行了恰当的分析。

（八）设置元评估环节

良好的评估应对评估过程和效果进行形成性元评估和总结性元评估。就拱墅区现代化优质学校评估而言,在评估过程中,中心已开始关注元评估问题,并认识到元评估的重要性,但当时还没有具备开展形成性元评估的条件。在四批评估结束后,中心及时总结评估经验,开始自我元评估。未来,中心计划在评估的设计阶段就进行形成性元评估,进一步提升评估的科学性。

第八章　评估利益相关者访谈分析

【本章概述】

通过前文对教育元评估理论的研究和系统梳理,已形成对教育元评估的认识和定位。针对拱墅区现代化优质学校评估的实践,如何使用元评估理论和方法来监控和改进评估质量,为下一轮评估提供良好的实践范式是一个值得研究的问题。为总结评估经验,优化现代化优质学校评估过程,提升评估质量,本章对评估相关利益者进行了访谈。通过访谈方案的设计、访谈过程的控制和访谈文本的分析,从利益相关者的视角对评估进行评估,以描述评估的效用性、可行性、适当性、准确性、系统性,以期进一步指导和完善评估。本次开展的是总结性元评估,主要目的是明确评估的优缺点,判断评估是否符合利益相关者的需求和期许,确保评估提供的结果合理有效,并继续完善和改进评估。

第一节　访谈设计与分析过程

一、访谈设计

为明确现代化优质学校评估的优缺点,判断评估是否符合利益相关者的需求和期许,确保评估提供的结果合理有效,继续完善和改进评估,浙江省教育现代化研究与评价中心开展了自我总结性元评估。

(一)访谈对象

选取适合的访谈对象是开展总结元评估的重要环节。访谈利益相关者能了解各方在评估中的感受和诉求,学校评估利益相关者主要由评估实施者、教育行政部门管理者、学校管理者、教师、学生等构成。鉴于学生大部分处于义务教育阶段,对评估的感知度不够,本次研究以学校管理者、教师和教育行政部门人员为主。教育行政部门即拱墅区教育局,是本次评估的委托方,与浙江省教育现代化研究与评价中心达成协议共同确定评估内容、评估方案和评估标准等。学校管理者和教师参与了评估的具体过程,以亲身经历形成了评估的理性和感性经验。他们了解评估程序、指标体系,对评估具有一定的感知力和判断力,在访谈中能从不同侧面反映出对评估的感受和评价,并为评估的后续改进提供有益的思路。

(二)访谈提纲

中心与拱墅区教育局联系后,共同制定了现代化优质学校元评估访谈方案。中心工作人员提前说明了访谈缘由,确定了访谈对象、访谈时间,并通过电话访谈了学校管理者、教师和教育行政部门管理者等相关人员。具体访谈提纲见表8-1。

表 8-1　现代化优质学校评估元评估访谈提纲(部分)

群体	访谈提纲
学校管理者	(目标)通过评估,学校预期想要得到什么效果,是否还有未达到的期望?
	(方案)您认为现代化优质学校评估指标体系是否适切?
	(过程)学校在配合中心评估时遇到什么难题,如何解决的?
	(方案)您认为评估流程是否具有合理性和有序性?
	(结果)您觉得现代化优质学校评估对学校的影响大吗,主要体现在哪里?
	(结果)评估后学校采取了哪些举措来改进学校发展?
	(结果)评估结果反馈是否具有效用性,或者您希望以什么形式来呈现?
学校教师	(目标)专家进校评估那一天您有什么感受?
	(过程)在配合中心评估时您或者学校遇到了什么难题,如何解决的?
	(结果)您觉得现代化优质学校评估对学校的影响大吗,主要体现在哪里?
	(结果)教师群体是否收到学校评估反馈报告,或者校领导如何对待反馈报告的?
	(过程)您参与了教师满意度问卷调查,您认为该量表是否能反映您想反映的问题,您认为还有哪些需要学校关注并解决的问题?
	(结果)通过评估,您有什么收获?

群体	访谈提纲
教育行政部门管理者	（目标）贵教育局是出于什么目的邀请中心开展现代化优质学校评估？
	（诉求）当时是出于哪一种考虑，提出"现代化优质学校"这一概念，以及您对于"现代化优质学校"是如何界定的，能否描述您对学校的期待？
	（诉求）通过第三方评估，贵教育局预期想要得到什么效果，是否还有未达到的期望？
	（方案/过程）您认为评估流程是否具有合理性和有序性。您参与评估时是否发现有什么问题，或者可以进一步提升的地方？
	（过程）作为评估利益相关者，贵教育局在其中起到了什么作用，对评估过程的监控和修正方面有什么期望？
	（结果）各校评估结果是否符合您的预期，或者您是否有构想其他的结果呈现形式？
	（结果）通过评估是否能鼓励贵教育局和学校重新发现、重新解释或调整认知，促进学校改进？
	（结果）评估结果是否与贵教育局或学校政策相衔接，具有效用性？

二、分析过程

（一）转录文本

做好访谈准备工作后，中心工作人员分别访谈了 6 位校长、6 位教师和 2 位局机关代表，形成访谈音频。访谈结束后，中心工作人员将访谈音频转录为文本资料，并防止音频编码的失误和错漏，以减少研究的误差。

（二）确定框架

运用 NVivo12 定性研究软件对文本资料进行编码分析。在借鉴学校元评估理论的基础上，确立目标、方案、过程和结果四大维度的分析框架。

（三）建立分析节点

根据建立的分析框架，在 NVivo12 中建立节点和子节点。按三级节点进行编码：一是对文本资料进行系统阅读和分析以提取句子、段落摘要，用短语或词语逐句进行编码,提取出构成三级节点的所有原始节点信息。二是将含义相近、重复出现的三级节点进行分类、整合和组织,归纳至二级节点(主轴式编码)。三是围绕评估目的、方案、过程和结果等维度进行归类,形成一级节点。

编码结束后,中心工作人员运用 NVivo12 的统计和分析功能对编码进行定性分析,绘制流程图、思维导图等,为后续分析提供框架和依据。

第二节 学校管理者访谈分析

校长是教育行政部门或其他办学机构管理部门任命的学校行政负责人,是学校管理的主要政策制定者和决策者,也是学校发展的引领者。在现代化优质学校评估中,校长参与评估的各项流程,是学校评估的最核心参与者。本节以拱墅区六所中小学的校长为研究对象,按照提纲对其进行深入访谈,以获取校长对评估的直接感受与评价。在访谈文本分析中,以评估目的、评估过程、评估方案、评估结果等维度为框架,并增加评估实效维度。通过全面整理拱墅区六所学校校长的访谈内容,得到访谈编码表(见表 8-2)。

表 8-2 拱墅区校长访谈编码表

一级节点	二级节点	参考点
评估目的	改进学校的催化剂	2
	了解自身的优劣势	1
	厘清自身定位	3
	在专家的指导下进行完善	1
	找到学校发展的增长点	4
	学校发展的困境	15
	学校发展实况	4
评估过程	评估时遇到的问题	4
	评估中校长的心情	4
	教育行政部门评估和第三方评估的区别	1
	对学校发展的认知	2
	对学校评估的理解	3
	对评估专家的评价	5

续表

一级节点	二级节点	参考点
评估方案	对评估流程的评价	3
	对指标体系的评价	5
	对指标体系的建议	2
	评估常态数据的使用	1
	评估量表比例	1
	对科室打分的建议	2
评估结果	评估结果的有效性	4
	评估结果与学校考核相关联	3
	评估报告的指导性	3
	评估后研讨报告	3
	评估结果的使用	3
	学校根据报告进行讨论	1
	向教师反馈报告	1
评估实效	评估后学校发现自身的问题	5
	评估后学校采取的措施	26
	评估对学校提升的具体表现	10
	促进学校健康全面优质发展	1
	发现学校的不足之处和增长空间	3
	厘清学校文化建设	1
	为学校发展提供方向	5
	通过量表从另一维度为学校提供认识	1
	推进学校课堂改革	2

一、学校参与现代化优质学校评估的目的

(一)厘清自身的定位,明确发展问题

访谈者问及校长参加现代化优质学校评估的出发点和期许时,他们都谈到了希望借助评估,以"旁观者"的视角,厘清学校发展状况,明确学校发展的优势

与不足。正所谓"当局者迷",校长日常作为当局者,对学校管理会存在惯性思维与惰性思维,表现为校长难以从客观的角度来衡量学校发展,抑或明了了解学校发展的不足之处,但因为种种原因,选择主动忽视,不去或无法采取措施去改变困境。这些思维不利于学校的改进与提升。

L校长对学校参与现代化优质学校评估有深刻的思考,他谈道:"学校容易身在其中,不识庐山真面目,需要用评估的方式,尤其是第三方评估(帮助学校查找问题)。多一只审视的眼睛,能够使我们更清楚地看见自己在整个区域乃至杭州市、浙江省的地位与优势。学校一直是以追求卓越为目标,但是有时候我们在学科思维上扎得比较深,还需要加强更上位的教育思维甚至是以人为本的思维。这需要我们时不时地从事务性(工作)中脱离出来,去进行更为学术的理性思考。但这种思考的引擎,或思考的诱发,需要第三方评估机构,它们能给予我们比较清醒的认识。"

Y校长也分享了所在学校的发展情况与困境,提出了对评估的期许:"2019年申报的时候,学校已有109年的历史,在长期办学过程中它形成了很多优势。但往往学校光环比较大时,有一些东西是我们自己所看不到的。我们选择第一时间申报,希望通过第三只眼,特别是通过具有现代化气息的指标来看一看这所百年老校哪里还有可以改进的地方。我们当时是出于一种希望能够得到诊断,也希望基于诊断为我们开出更好的药方、帮助学校更好地前行这一目的,积极申报现代化优质学校评估和验收的。"

W校长指出,往常他们参与的评估大都是内部评价,评估的实施者为教育行政部门或学校自身。作为一所学校的校长,他很想了解第三方评估机构站在更客观的角度,是如何评价学校的课程设计、特色打造的,能否对学校的未来发展有更好的指引。他认为,学校管理者在一个教育体系中的时间长了,自身会不清楚学校到底是一个怎样的定位。他希望通过评估请校外的专家给学校一个客观的评价,找到学校当下存在的一些问题,帮助他们获得更为清晰的认知。

(二)寻找学校发展的新增长点

校长希望通过评估发现问题,寻找学校下一步的增长点,为学校的发展与成长提供有益的思路。L校长对学校的发展有理性的认识。他指出,学校的发展一定是螺旋上升的,是平稳—打破平稳状态—再上升的过程,这个过程尊重一般规律。"这个规律我们都是认识的,但是要我们自己或者我们的教育局不留情面地去打破,还是不太可能的,尤其我们学校已经有非常好的口碑基础。因为毕竟在一个区域,有感情,加上具有剧场效应,大家都觉得我们学校不错。其实一个学校的发展既然遵循了规律,它一定有继续发展的地方。如果基于第三方开展现代化优质学校评估,我们认为是比较合适的,因为评估能够从学科思维中脱离出来给我们诊断和开刀。"

(三)评估作为催化剂,激发学校改革

校长希望通过评估得到专家的指导和帮助。专家的意见和建议作为一种外生力量,将会推动学校在发展规划、育人目标、青年教师发展以及课程建设等方面的变革。L校长对现代化优质学校评估指标体系具有强烈的兴趣,因为常规的评估指标只强调依法治校、关注学校综合实力。依照这类指标,该校在以往的区级评比中占有较大优势。L校长认为,只要重复原来的思路、主张,他们就可以较好地应对评估,但是可能会缺少一些挑战,但是,现代化优质学校评估构建了一个经过高校和专业人士打磨确定的新体系。"我们认为用这个新的标准来衡量我们自己,应该能促进我们在新的一百年(学校已经建立 95 年)进一步发展。评估是一个非常重要的催化剂。"

W校长希望通过现代化优质学校评估借智、借力。"特别想借助专家和督导的力量,给我们的中学课程和特色打造做一些指导,使其在现有基础上有所提高。后续学校在课程或者特色打造上若有问题,希望专家提供一些优秀的案例和模式,或者帮助学校与一些优秀学校对接,比如介绍一下上海做得比较好的学校,让我们建立一下联系,去考察学习。"Y 校长指出,学校一直在探索课堂教学改革,但整个脉络不是特别清晰,需要专家来指导。T 校长表示同样希望评估专家为学校问诊把脉,特别是进一步指导学校后期的发展方向。

二、评估过程中的感受

(一)初次评估的紧张与不易

Z 校长谈及初次参与评估的不容易,提到学校参与评估的同事们对评估不是很熟悉,需要花费大量的时间与精力对指标逐条梳理。另外,在评估的过程中有时也会急躁。做好充分的准备也需要耐力。"开始迎评时忐忑,深怕有些地方准备不足;听反馈时特别认真,深怕漏了问题;整改时从长计议,慢慢做起来,系统改起来。"L 校长也表示评估过程中"确实也是红了脸,出了汗",现场提问会有些紧张。但在具体交流中,F 校长觉得没有碰到太大的困难。他认为,评估过程中大家都非常融洽,评估的专家都非常诚恳,水平也很高,看问题很精准,也很到位。

(二)对评估的认识与态度转变

访谈中,Y校长分享了他参与整个评估的心路历程。他将现代化优质学校的评估经历概况为"认识模糊—逐渐明朗—非常清晰"。"模糊"是指在接受评估的初期,仅仅将其作为一次常规的评估验收,认为是"一阵式"的工作,评估结束后,影响也可能随之而结束。"明朗"体现在收到评估报告时,非常认真地研读了报告,对专家的意见和建议反复揣摩,逐渐发现这次评估是对学校非常有益的一次体检。大家抱着不讳疾忌医的态度,根据专家的建议对学校的下一步发展制定了方案。事实证明,这样的改进针对性强,效果十分明显。"清晰"发生在申报浙江省拱墅区现代化学校评估过程中。学校同事们普遍认为,得益于现代化优质学校评估的经历,让他们对省现代化学校的验收准备工作更有信心,当然这是基于评估后改进的效果。W校长表示,对待现代化优质学校评估工作,学校成员的态度是全开放的。比如,在问卷调查环节,他们不会干预学生或家长。他们希望把它作为一个很好的切入口,找到学校发展中存在的问题。

(三)评估流程总体合理

Z校长和Y校长认为,此次现代化优质学校评估流程合理。先是学校申报和自评,再由区教育局审核,最后由第三方评估机构组织专家现场评估。T校长回忆了当天的流程,认为整个现场评估过程较为顺畅,并且没有影响学校的正常教学工作。他指出,首先是校长汇报,涉及人员不多,有中层干部和相关校级领导;其次是听课,也没有改变原有课表,由专家现场随机抽取课堂,对教学秩序没有产生影响;最后是下午分别开展的学生、教师座谈会,基本上对他们没有造成困扰。

W校长参与了预评估,谈到个人感受时他指出:"作为第一个参加评估的学校,教育局给了我评估相关的流程,但是评估过程中有一个环节有所调整,就是由专家现场向校长提问。这一突然的变动让我们感觉有点被动了。其实,我也理解,作为预评估的第一所学校,流程会有所调整,之后我马上联系了第二所学校,交流现场流程的细节,为后面参加评估的学校提个醒。后来正式评估时,加入了这一条,整体上问题也不大。"对于整个评估流程,W校长认为是合理的。他特别关注专家进课堂获取信息这个环节。"我比较看重的是专家来了之后的听课。我们已经迎接了无数个检查了,我觉得真正到课堂里听老师的课、看他们备课的教案以及观察学生课堂反应,是最真实的,能够了解学校的本质内涵到底是什么。"

(四)指标适切,比例合理

Z校长指出,指标体系总体是比较合理的,就是对于有些指标,大家的理解有一些不一样,有些指标较难体现,但评分比例基本合适。L校长认为,目前指标体系和结构比例是适合的。从评估的反馈报告和教育局的相应措施来看,还是比较适切的。他认为,科室打分占比较大的原因在于一所学校的改变和发展如果完全不尊重其原有历史和基础是不合适的,需要科室的比较和权衡;之后有了专家打分和量表测评,评估才更加完整。T校长也有相同的看法,他认为专家只有一天时间认识学校,会存在认识不全面的情况;科室本身就是教育局领导下的机构,每年会对学校进行专项评议,对学校的整体发展和具体情况有更为全面的认识。因此,目前的科室打分和现场评估打分、测评占比较为科学。

三、评估结果

(一)评估结果的反馈效用

评估结束后,中心会将评估报告反馈给教育局。评估报告包括涵盖整体评估概述、学校得分情况、优势与不足、满意度、学生心理与体验测评报告以及学校办学成效、存在问题和建议等内容的评估诊断报告。Z校长认为,专家现场反馈的意见很重要,书面形式的报告也同样重要。学校可以按正式的书面报告向领导班子集体反馈,这样为顺利开展下一步工作提供了契机。L校长也表达了同样的观点,认为若没有这份评估报告,可能有些老师会觉得学校已经很优质了,会存在惰性思维,校长推动改革工作就比较难,因为,有些老师会认为改革是校长"太想做事情"。有了正式报告,"对上也好、对学校班子和老师也好,我都可以以此为引擎,理直气壮地推行改革"。

T校长认为,将评估结果作为教育局年终考核的一项指标,是比较科学的。虽然评估只针对一年的工作,但还设置了其他专项补充指标,如青年学校党建考核、平安校园和教育均衡等。评估也不是固定不变的,教育局会不断加入新的内容,例如优胜学校、先进学校和合格学校评选等。他回忆起评估结束后的一天刚好是教师大会。"我们将专家的现场反馈、给我们提出的建议和意见包括评估过程中出现的问题等在教师大会上进行了通报。收到完整的评估报告后,我召集了领导班子和年级组长等,逐条与他们反馈评估诊断情况和专家的建议,对如何改进提出自己的看法和想法。我们每一年都是如此,学校有什么事项每个老师都是很清晰的。专家对我们优点的肯定、整体打分与问题,我们自己都在反思,考虑怎样更好地改进。对此,我认为每个老师都应该出谋划策。就像那天专家所说的,要把家长、学生和老师共同调动起来,学校是大家的而不是个人的。"

W校长在拿到评估报告后也抓紧时间和中层干部开会研究,他们对专家的评估意见进行了批判性的思考与吸收。因为看问题的维度不一样,有些建议他们不一定接受,或者说基层的现实状态决定了学校无法去改变。有时候专家给学校提出的问题校长也了然于心,但是往往突破还是比较难。在反馈之后学校也会制定一个再提升的方案。总体来说,校长们普遍认为,评估结果对学校发展具有推动作用。

(二)评估后学校采取的措施

1.学校环境改造升级

L校长指出为了破解学校硬件上的问题,他们启用了新校区。这个校区是大家公认的目前杭州市区公办小学中最气派、具有国际化和工业风的。Z校长分享了学校的改造历程,他们用两年的时间,投入150万元对其中一个校区进行了改造,包括教室、办公室、楼道、绿化和报告厅。2021年,他们继续对风雨操场、地下车库和小花园进行改造,目前学校正在请专业机构进行档案室重建。

2.重构学校顶层设计

W校长重新梳理了学校中长期规划。通过分类讨论,他进一步明确3~5年学校定位及发展目标;重订、修改各类管理制度、教学管理制度等,通过教代会建立新的教师评价分配制度。T校长根据专家建议重新梳理了学校的规划,重点对五年规划进行再梳理,包括课程建设、教师发展、德育框架等方面。同时也邀请了学生和家长代表参加座谈,了解他们对学校发展的意见和建议。学校自下而上地不断完善教育教学体系和育人方案。在学校建设方面,L校长带领团队夯筑了学校的"四梁八柱":承袭优质基因,彰显精神文化,践行党组织领导下的校长负责制,探索集团高效治理的标准化、智能化与自主化,升级光谱课程,迭代任务型学习,首开全纳教育中心,实现了家校高位协同。

3.构建教师发展成长体系

学校提出并实施精准培养策略。一是对全体教师的个人发展提出、具体要求,分类找到教师的弱项与不足,通过精准设计,对应培养,给予培训、实践机会,建立学期反馈制度,加大名师优师培养力度。二是学校强化团队力量,在各级各类业务比试中,通过学科团队力量,提要求、给机会、强指导;同时,学校大力引进各类高端培训或承办省市业务比赛,帮助广大教师不出校门就可以参与高端教研活动,了解新的教学发展趋势。

T校长着重关注教师培养。他强调新办学校中新教师比例较高,在关注他们成长的过程中不仅要注重共性的培养,更应注重个性的培养,做到关注教师共性和个性双管齐下。"个性体现在这学期我们就推出了导师制,有专门的导师回应教师需求,可以问诊把脉、进行专项指导;共性体现在对入职1~3年教师的'人格'培养,包括对班主任的管理情况等采取多项考核方式,比如粉笔字,考核通过后可以免选修等。此外,有些家长矛盾、家长对学校的不认可等问题,是教师和家长之间的沟通问题。我们将沟通技巧也纳入了培养的指标里,成效明显。"

4．探索课程建设,推进教学创新

评估后,X学校持续推进基础性艺术学科的分类走班教学。从初一新生开始,通过调查摸底,了解学生的特长爱好等,设置多样化课程,促进学生的多元发展;通过校内挖潜、校外合作的方式,设立专项资金解决师资问题。Y校长指出,学校全面推进学历案教学,通过核心小组引领、高校专家指导、全员参加课改实践,将学校打造成拱墅区中学中唯一的课程建设及课堂改革双基地学校。学校重新梳理了相关的拓展性课程,根据专家意见,加大学科拓展课程的开发实施力度,并着重在科学实验、数学兴趣、地域文史等方面培养师资,合理减少部分综合兴趣类的拓展课程,使课程架构更加合理。

(三)评估的作用

1．引起重视,助推学校变革

L校长认为,向上,报告可以引起教育局的高度重视,转化为产能;横向,和领导班子、行政人员一起研究评估中看到的问题,打造现代化、个性化卓越新校园;向下,将评估结果反馈给每一位老师。针对新教师计划分别与年轻教师代表、名优教师代表、资深教师代表进行沟通,一层一层分解还原打磨。针对评估做五年规划,让教师们也感受到改革迫在眉睫。

2．定位问题,促进学校发展

T校长认为,通过评估,学校管理者整体上更加清晰地了解了学校的发展定位、方向及存在的重要问题,对下一阶段的努力方向有了比较明确的思路。两年来,学校以评估专家的一些诊断为依据,统一师生的思想,设立中长期计划。现代化优质学校评估成为学校持续发展的助推剂,使学校工作有据有条理,成效明显。T校长还指出,依据评估报告全方位评议学校发展,设计整体育人框架、课程、德育活动等,对学校的促进作用比较大。

3．高屋建瓴,启迪现代化学校创建

现代化优质学校评估为学校申报省教育现代化学校夯实了基础。W校长谈起,得益于参加现代化优质学校评估的经历,和改进后的学校新变化,他们对省现代化学校的验收更有信心。现在,学校在制定年度工作计划和"十四五"规划时,都会回头再研究现代化优质学校的评估报告。他们从中得到不少启迪,也找到了促进学校更为健康、全面、优质的发展的新路径。

四、对评估的评价与建议

(一)学校管理者对评估的评价

(1)客观直接。评估专家多为区域外的高校教授及外省市教育督导领域的专家、名校校长。他们对基础教育有深刻了解,又有高校资源,能高瞻远瞩地看待学校发展,又接地气。专家看问题的视角和提问问题的方式直接且尖锐,能引发学校班子深刻思考,直面问题。

(2)深入课堂。评估专家重视了解一线教师的教学情况,根据课表现场随机选择听课班级,直接进入课堂听课。这样的安排,一方面不会打扰学校的正常教学,另一方面能了解到真实的教学情况。

(3)综合评估。从优质和现代两个维度考虑学校的评估,既考虑了新校区的建设情况,也考虑了老旧学校的基础设施更新情况。除了硬件条件,还考虑了学校的理念、管理及整体的教学质量是否现代化等。

(4)建议精准。经验丰富的专家团队在深入地了解每所学校情况之后,精准分析,提出针对性的建议。现代化优质学校评估重视以评促进,找到问题、开出"药方"。

(5)合理运用。现代化优质学校评估已经最大化地照顾到学校实际,减轻学校准备材料台账的工作压力。校长们希望坚持这样的评估模式。

L 校长这样评价评估工作:"评估非常专业,相比科室考核和年度考核,更具有前瞻性和区域的对比性,给予学校一定的刺激。整个评估方案、过程科学合理,因为这次评估以详细的、全方位的各项指标明确了我们的发展水平。当然,它也能让我们看到自身还有发展空间。评估能够掌握学校的整体水平,它能让优秀的学校凸显出来,让不足的学校显示出来,能够拉开差距。"

(二)学校管理者对评估的建议

(1)形成长效沟通和回访机制。校长们希望建立一个和专家团保持联系的沟通渠道,并形成专家回访机制,便于长期追踪学校发展。希望教育局坚持这样的评估模式,继续深化与中心的合作,坚持将评估结果作为重要参考运用在年度考核中。

（2）关注课堂，从最基础的视角解读学校。W 校长谈道："专家来的时间是比较短的，到学校随机听课真是非常好。这个环节能够帮助我们找到老师在课堂上到底有什么问题，所以，我的建议是这一块要保留或者加强，在可能的情况下专家多多进入课堂，从最基础角度解构学校生态。"

（3）增加量表分值，完善专家组成结构。多位校长提出，在新一轮发展评估中，可以适度加大量表分值，建议增加 5 分左右。虽然评估的整体人员组成较为合理，但是为了让评估组专家进一步掌握区域学校特点，建议增加一名本区内或旁边区了解杭州教育情况的校长。

第三节　学校教师访谈分析

教师是教学活动的主要参与者，是教育管理的执行者，也是学校发展现状的直接体验者。在教育评估中，教师作为评估的重要组成部分，通过切身的教学实践与经验，为评估活动提供了全面系统的信息。教师对评估的看法和评价影响着评估的实效性，因此本节以拱墅区六所中小学教师为研究对象，以评估目的、评估过程、评估结果和评估建议四个维度为框架，对其进行深入访谈，得到了有效信息，为推进学校评估提供了依据。

通过全面整理归类拱墅区所选的六所学校教师的访谈内容，并进行编码，形成了拱墅区教师访谈编码表（见表 8-3），以便为后续的分析提供科学的依据。

学校评估是根据一定的评价目标，运用可行的科学手段，对学校办学过程及其效果进行价值判断的过程。[①] 科学合理的教育评估是促进学校教育教学改革，促进学校进步发展的强大动力。通过对六所具有代表性的学校的教师进行深入访谈，能更加真实地了解学校评估中教师的感受和评价。

---

① 刘永和.地区性学校评估的现状及其对策[J].南京社会科学,2007(8):117-122.

表 8-3　拱墅区教师访谈编码表

一级节点	二级节点	参考点
评估目的	学校发展实况	15
	教师对评估的期待	9
	评估前教师状态	7
	学校发展困境	7
	学校课程建设问题	4
	评估原因	3
	关注家庭教育的困境	2
评估过程	评估过程教师心态	12
	评估专家	8
	评估专家对学校发展的建议	8
	教师满意度问卷调查	7
	专家评估的流程	3
	评估机构	2
	教师参与的环节	2
	和评估专家的沟通	2
	评估中遇到的问题	1
	评估中教师的角色	1
	评估中的教师访谈	1
	对教师进行评估	1
评估结果	评估对学校发展的影响	21
	评估对教师的作用	21
	学校评估反馈报告	14
	评估对学校硬件方面的作用	6
	评估后教师发展状态	5
	评估对课程的作用	4
	评估对学校软件方面的作用	3
	评估反馈	2
	评估对学校部门的作用	2
	评估对学生的作用	2
	评估对教学的作用	2
评估建议	学校应该提前知道评估细则	1
	评估更新、重点告知	1
	对评估的重视程度加大	1

一、评估目的

(一)发展实际需要

现代化优质学校评估是对学校工作的考核与验收,是对现行工作的一次总结。不少老师表示,期待其他学校积极踊跃地参与现代化学校评估的过程。Z老师认为:"这次的评估既是对我们工作的考核,也是对我们工作成果的验收。因为有了这样的经验以后,我们校长也希望老校区能够积极参与这样一个省现代化学校评估项目。"G老师针对学校教学发展做了一个总结:"区里也比较重视教学课堂的改革,我们学校做了很多事情去促进教学改革。本次评估强化以学生发展为核心,进一步推进了学校教学改革。"老师们对现代化优质学校评估的评价较高,认为第三方评价机构的驱动作用促进了学校在课程建设、教学发展、教师培训、奖励机制、教师氛围等方面更好地改进。

(二)课程建设需要

评估为课程建设导航。Z老师提道:"原来普通老师觉得课程建设离我们非常遥远,应该是学校教务部门或者相关部门的工作。通过评估,我们发现,学校拓展课程的建设离不开老师们的共同参与。"L老师从理论指导课程建设的角度指出,学校新成功理念落实到课堂上,或许课程建设就是关键。他说,"课程建设是教学建设的基础,是保障教学质量的关键环节"。通过评估,老师们了解了上海等地的课程建设经验,学习了课程建设理论和理念。

(三)解决困境需要

在学校的建设过程中,会有一些问题和困境阻碍学校的发展。Z老师认为,"可能学校部门之间的沟通存在一些小问题,其实很多工作是需要多部门的联动,每一个部门都不可能是独立存在的。同时,在教师发展方面也存在一些问题,教师个人发展空间也不足。我觉得一所学校首先应该把教师培养好了,因为只有把教师培养好了才能培养好学生"。W老师认为,待遇问题是老师们期待解决的首要问题,同时也是单独依靠学校无法解决的问题。G老师指出,"我们离最优秀的、先进的教育方法还是有那么一点距离"。W老师认为,教师专业发展支持不足。这些是学校迫切要解决的问题,也是通过评估能有效反映出来、受到关注的问题。

我们访谈了六所学校的教师,从教师视角找出评估的目的。访谈结果显示,现代化优质学校评估是对学校现有工作的验收,是对学校发展现状的评估,是学校课程建设、专业发展、教学改革等困境的解决途径,也是教师的殷切期待。

二、评估过程

(一)专家评估

专家评估是了解区域学校现代化发展水平和教育质量的重要手段。评估专家的工作包括听取学校汇报、随堂听课、实地调查、访谈交流、查阅资料等。受访教师认为,专家在现场评估中既全面具体又有温度。G 老师回忆道:"我觉得评估专家对我们学校的考评真的是方方面面,非常全面的。评估专家给了我们一些建议,也提出了一定的要求。"W 老师仔细地回忆了当天专家评估的情形,在与专家的接触以及评估过程中,看到专家进课堂、访谈调研等,认为现代化优质学校的现场评估比较全面、角度多样。C 老师回忆说:"专家在实地考察、听取汇报、查看我们准备的资料等方面的工作都是非常认真的。"

(二)教师参与

评估当天,教师们的心情是既忐忑紧张又充满期待。教师参与评估座谈,沟通顺畅,在交流中体会到了专家的专业性与自身存在的问题与不足。有关教师参与了评估环节,W 老师说道:"我有幸参与了评估的部分环节。评估过程中,我作为一位普通教师和学校中层,负责科研室评估的准备任务,感受到了专家的专业性。专家对所有教师的能力点、兴趣点、潜力点进行评估,在评估基础上明确每一位老师的个人发展规划。在与专家的访谈交流中,我逐步认识到作为一名中小学老师,我们还是有很多不足的地方。"C 老师对这次评估很满意,他觉得这是一个很正规、全面的评估。因为现场评估有区督导部门工作人员参与,应该说接洽还是比较顺畅的,没有特别感到困难的地方。L 老师也亲身参与了评估相关环节,他说:"当天专家听课抽到了我的课堂,我也参加了座谈会和教师问卷调查。调查涉及对工作环境的满意度、对学校管理、职业发展、人际关系以及对学校和职业的认同感等方面,问卷设计得十分全面。"W 老师也提到教师问卷,他补充道:"除了座谈会之外,教师们也填写了教师满意度问卷,对工作环境的满意度、对学校管理、职业发展、人际关系以及对学校和职业的认同感等方面进行了反馈。教师满意度量表细致全面,基本上囊括了我们想反映的问题。"教师们普遍认为,现代化优质学校评估是一次正规、全面的评估。

（三）专家建议

评估专家针对学校具体发展现状，在学校发展、课程建设、学科建设、育人模式、教师专业发展和学校办学特色等方面给出了有针对性的建议。G 老师提道："比如专家指出我们的课程建设跟实践类结合的比较多，好像跟学科相结合的比较少。"W 老师说道："我们也想看看，在专家更为专业的视角下，还有哪些地方是可以改进的。专家给的建议范围既广，内容还细致。比如，提出了教师梯队培养要明确。"C 老师比较详细地给我们描述了专家的话语，他说道："评估之后，专家给学校反馈和改进的意见非常精准。专家在反馈中提到对我校教师的整体状态挺满意的，同时对学校育人目标、德育发展总规划提出了建议。"L 老师简要地回答道："专家评估之后向校领导和所有教师反馈了评估结果，为我们学校的发展提出了建议。"教师们认为，专家在评估过程中指出的问题非常具体，评估后给出的建议精准到位。如果能认真消化吸收，对促进学校更好地发展是非常有益的。

三、评估结果

（一）评估结果的反馈

现代化优质学校评估的结果以书面评估报告的形式反馈给教育局，教育局再将各学校的报告转给学校负责人。Z 老师指出，报告到学校之后，直接参与评估的一些工作人员（教师、行政老师）首先看到了评估报告。"校长通过不同层级的会议进行了反馈，向我们反馈了在现代化优质学校评估以后，我们需要发扬的一些优点，以及后面要改进的方面。"W 老师提道："教师大会上，校长根据反馈报告肯定了我们做得好的地方，激励我们后续要做得更好。同时也指出不足的地方，需要改进。比如，针对具体课程建设问题，采取小会、交流座谈等方式召集重点课程群负责人进行交流讨论。"G 老师说道："校长及时通过教工大会把专家对我们学校的评估意见反馈给老师，跟我们讲解，一条条地分析，让每个老师都清楚报告反馈的内容。"L 老师也提道："学校领导在大会上反馈了评估报告，把专家对学校已有成绩的肯定、发现的问题都和教师进行了反馈。"

从教师的访谈内容看，学校在拿到反馈报告后，校领导都高度重视，专门组织全校教师学习，并认真研究书面报告反馈的结果。还有的学校组织教师通过小组会议、交流座谈等方式深入研讨，让学校全体教职员工进一步发扬自身优点，改进不足，促进学校健康发展。

（二）评估产生的影响

1. 对教师个人的影响

受访教师普遍认为，通过现代化优质学校评估，教师也得到了锻炼，提高了多方面的能力。Z老师认为，评估提高了教师的眼界、扩大了格局。在参与评估过程中，他认识到，除了要做好立足于自身教学和本职工作外，思想和格局应该放得更深一点、更宽一点。另外，他觉得这次在准备评估过程中，最大的收获就是大家更关注细节了，比如整理资料时，部门与部门之间、老师与老师之间形成了高效联动。他说："通过这样的一次评估，老师个人也会去累积自己的案例。不仅实际工作中的东西需要积累，理论上的东西也要不断地去积累。通过评估，也更清晰地知道每个部门的职责。"

W老师认为，"作为老师来说，评估能够给我们专业的指导，我们也能更好地成长起来。现在每个教师状态都很好，活跃度高，评估推动了学校欣欣向荣地发展。后续随着学校的改进行动，教师的发展内驱力也会增强，也会更有方向感"。

G老师说道："专家给我们提出来的一些意见和建议，能够让我们得到第三方非常客观真实的评价，让我们及时地知道自己存在的一些问题，比如在课程建设、课堂改革等方面存在的不足。可能平时在学校里面工作，不知道自己跟外校老师具体在哪些方面还有差距。通过评估，知道了自己做得好的地方，并要继续坚持下去。"

L老师从自身出发说道："个人通过评估，收获还是很大的。我是语文学科的，专家现场评估时听了我的课。虽然听课专家并不是从语文学角度来听我的课，但站位比较高，课后的反馈让我很受启发，能进一步反思自己的教学工作。"

访谈结果显示，现代化优质学校评估进一步提升了教师的眼界、思想，扩大了格局，坚定了教师的信心，同时对其教育理念产生了潜移默化的影响。参与评估后，老师们的参与性更好，活跃度更高，幸福感更强。

2. 对课程建设的影响

受访教师认为评估不仅促进了教师的专业成长，也提出了进一步完善课程建设的要求。L老师认为，"之前学校在课程方面已经付出了比较多的努力，评估后我们进一步关注如何把课程落在课堂上，特别是对科技方面、信息技术方面我们做了新的探索，比如创客空间的建设。另外，通过评估，我们认识到，学校的理念如何落实到每一个学科的课堂上，这是我们老师应该去认真思考的"。Z老师也有同感，他认为，"通过评估，受到专家建议启发，我觉得参与学校的课程建设，也可以从小案例开始积累"。C老师进一步指出，"评估对教学方式的改革、创新等方面会有一些新的要求,所以我们结合学校的教学工作,也会探索新的任务。评估对老师们的教学方法、教学质量有促进"。

通过访谈,我们了解到,教师们通过评估不仅思考个人的专业发展问题,也积极参与探索学校课程建设和教学改革等方面的新方法和新思路。

3. 对学校发展的影响

受访教师认为,现代化优质学校评估不仅是对学校的一次评价,更是一次指导。Z 老师从硬件设施和软件设施方面出发,认为此次评估对学校产生比较大的影响,使学校各方面的工作形成了一定体系,让零散化的工作变得更系统化。同时,评估也对学校未来的规划和发展提供了方向和思路。W 老师对这个问题有着较深的感受,他认为,"评估不仅是对学校进行评价,更是一种指导。因为有第三方的介入,对我们在整体规划学校发展方面有更大的促进作用。通过评估对学校发展能够起到很好的引领作用。我们作为学校中的教师,也会与学校共同成长"。G 老师认为,"此次评估的反馈报告非常具体地告诉我们还有哪些地方做得不够好,接下来应该要怎么改进,并且提出了希望我们朝着现代化学校的方向继续努力的新要求"。C 老师也认为,"这次评估让我们知道了在教学、工作上面还可以有提升的空间。因为这个评估涵盖的内容包括各个方面,所以对于各个部门的具体工作也是有促进作用的,我们要以评估设定的目标为基准开展一些工作,甚至超过这些基准。我们可以根据这些反馈意见继续提升"。L 老师思考之后提出了自己的看法,他认为,"评估之后,学校有很多变化。主要是进一步明确了学校理念与课堂教学如何结合等问题。之前我们对此还是比较模糊,评估之后学校进行了课堂建设再思考,让孩子每天成功一点点"。

评估给学校带来了巨大的变化,指出了学校发展中存在的不足和未来努力的方向。评估专家对学校未来作出了较为细致的规划指导,指明了学校的发展方向,也为各学校开展相关工作提供了新思路。

四、评估建议

教育现代化优质学校评估得到教师群体的普遍好评,认为此次评估全面、科学、具体。受访教师也提出了有益的建议。W 老师关注到学校整体环境评估的重要性,他认为,"学校的整体环境与教师个人进步、工作幸福指数的提升相关度很大,今后可以进一步增加该项指标的权重"。C 老师思考了后续第二轮评估工作,提出了自己的建议:"因为我们目前好像是三年评一次,评估的细则在第一年评完之后就要忘记了。我们也不知道有没有更新之类的,希望中心可以提前把这些细则告诉学校,学校也可以早做准备。另外,下一轮评估跟本轮比是不是有一些更新的东西,在第一轮评估过的一些指标是不是需要再重复评估,是不是会有不同的评估重点?我觉得这些问题可以供中心参考,在本轮评估的基础上同样做好下一轮评估工作。"

受访教师非常热心地为现代化优质学校评估工作提供了宝贵建议,参与了学校评估的元评估工作,为第三方评估机构的工作提供了有益参考。

第四节 教育行政部门管理者访谈分析

地方教育行政部门是指一个国家的各级地方政府对教育事业进行组织领导和管理的机构或部门。该部门贯彻执行中央的教育方针、政策和法令以及上级教育行政部门的教育工作指示,负责本地区教育事业发展计划、基本建设、教育经费、干部和教师的管理工作,领导本地区各级各类学校的教育和教学工作。本节中,教育行政部门是指现代化优质学校评估的委托方——拱墅区教育局。

在理论指导下,利用 NVivo12 对教育局领导访谈文本进行编码。从具有从属关系的两个层级节点分析,即二级节点和一级节点,采用边阅读边编码的方式进行分析,最终得到 12 个二级节点(见表 8-4)。之后,我们将二级编码归纳整合为 4 个一级节点,包括目标适切性、方案可行性、过程精确性及结果有效性。从编码节点来看,教育行政部门更关注目标的适切性和方案的可行性,在内容上以评估利益相关者及其诉求分析为主,突出实践导向和问题导向。

表 8-4 教育行政部门管理者访谈编码表

一级节点	二级节点	参考点
目标适切性	评估目标的界定	6
	评估的总体策划	4
	评估利益相关者和诉求分析	13
方案可行性	评估流程的设计	4
	评估指标的设计	5
	评估专家的构成	3
	评估专家的职责	7
	评估信息的采集	5
	评估模式的选择	7

续表

一级节点	二级节点	参考点
过程精确性	评估利益相关者的沟通	6
	评估过程监控和修正	1
结果有效性	评估结果的反馈与公布	15

一、评估目的

(一)以评估的专业性推进教育的现代化优质发展

基于基础教育高质量发展需求的思考,拱墅区提出要推进区域内高水平教育现代化发展。学校发展是教育发展的基石,如何将高水平教育现代化发展思路落实到学校现代化建设中,以及如何衡量学校教育是否达到现代化优质水平成了促进区域教育现代化发展的关键环节。因此,开展现代化优质学校评估工作是一条必经之路。

以往的教育督导评估工作基本上由教育行政部门自己负责。在"管、办、评"分离政策的指引下,教育行政部门纷纷响应政策号召,转变思路,积极与第三方评估机构合作。第三方评估机构既可以从专业角度出发为学校教育的发展把脉诊断,同时为力争实现教育现代化发展的地方政府、学校提供标准,指明方向。Y领导在谈及积极寻求第三方评估机构原因时说道:"教育现代化的实现程度不可能是自己说了算。在推行教育现代化过程中,对学校的一些要求也涵盖着教育现代化理念。因此,我们要寻找省内乃至国内大家都比较认可的一个机构来为我们进行评估,希望从专业的角度更加明晰教育现代化的具体内涵和意义,以及现代化优质学校的评估标准。"C领导也指出,"近几年学校自我感觉发展得比较快,有时候'只缘身在此山中',让第三方评估机构来看更容易发现问题"。

专业的评估体系在推进教育现代化发展的同时,也保障了教育的优质发展。"在现代化优质学校中,不管怎么样都是离不开质量,优质的教育是必须保留的。"Y领导在谈及现代化优质学校发展时说道。对于评估最终指向的目标,C领导认为,"培养终身运动者、责任担当者、问题解决者和优雅生活者,这是学校应该追求的目标,而在推进现代化优质学校发展的过程中,需要有一支专业的队伍提出合理化的建议"。

(二)以科学的评估结果获得社会的认可

从行政层面看,第三方评估机构进入学校还体现了对社会的责任,这也是 Y 领导重视第三方评估的原因。对于教育局而言,寻找第三方评估机构时最重要的因素是其能够更客观地反映现实情况,使相关利益者更真实、全面地了解学校。让具有高认可度的机构为学校教育做科学专业的评估,"这样对政府、对老百姓、对学校的老师和家长都是负责任的做法,它必须是老百姓认可的"。当然,这并不代表必须只有满分优秀的评估结果才能得到社会的认可,而必须以科学为底色,"在此基础上使学校找到它的短板,进行弥补。也找到它前进的发展方向,让学校有更大幅度的提升,因为我们期待更多的学校能在更广的范围内提升美誉度。这就是对我们区委区政府提出的'要让每一所学校都变成老百姓家门口的好学校'要求的最好体现"。基于第三方开展的现代化优质学校评估的结果为政府、社会、学校、家庭提供了一个科学、客观的评价维度。

二、评估过程

Y 领导和 C 领导谈到评估流程时,都认为其合理性和有序性较高:"理想状态下,最好全程都是专家来进行评估。这样可能需要专家待很长时间,但实际上全国顶尖的专家没有这么多时间给我们,所以日常的监管和情况了解交给教育局的相关职能科室。把教育局相关科室的过程监管有效利用起来,专家再用有限的时间对学校的发展进行把脉和诊断。这样的安排,总体上来说是比较合理的。"尤其提到,专家在兼顾科学评估的同时,还要在"一所学校用一天听汇报、进行观察、进课堂分析、组织座谈,还有对一些心理量表的分析等,工作量还是很大的。这样的安排是比较合理的,能让专家更专注于解决学校的关键问题"。同时,"经过了第一轮多批次的评估实践,评估工作每一次都在不断地改进"。

作为一次发展性评估,其评估过程应是动态且调整变化的。Y 领导提道:"第一轮评下来之后,还有少部分学校是 3A、3A$^+$,对于这些学校也是一个积累的过程。"教育行政部门管理者认为,"中国进入了新的发展阶段,评估形式和标准肯定会有所变化,关注点可能会另有侧重"。在下一轮现代化优质学校评估中,会不断完善评估指标、评估流程及评估工具。

三、评估结果

(一)评估结果的反馈

谈及评估结果,两位领导不约而同地提到了对评估结果的有效性和实践性的思考。Y领导认为,要想使第三方评估机构的评估结果发挥效果依然要靠行政力量,"教育局在前期做一些基础性的评估和基础数据的收集工作,在后期将评估的结果与年度考核和校长晋升相挂钩,可使评估更具导向性和实践性。要将评估结果真正用起来,引起学校的关注,真正地进行整改,这样才会有相应的进步"。在行政力量的推动下,"每一所学校都把现代化优质学校评估作为提高管理水平和提高学校发展质量的一个契机"。尤其是一部分相对来说有惰性的老教师"就像鱼塘里缺少活力的鱼一样,通过这样的一种评估方式,区域的整个发展态势要求每位老师都要作出相应的改变,走出舒适区,让老教师继续洋溢青春活力"。与行政力量相辅的是增加绩效工资。"不限名额、不限比例,只要发展到理想的状态,经过第三方的认定就可以拿到相应的奖金。"C领导也说道,"考核与学校发给老师的年终绩效挂钩,比如4A级学校上浮20%,3A上浮10%。所以,学校管理者和老师都非常重视现代化优质学校评估,对于评估结果的落实改进都很重视。"

依托行政力量与实施绩效工资双管齐下,保障了评估结果真正发挥其应有的作用,有效保证了其在现代化优质学校创建中的实效性。

(二)评估结果的使用

C领导以M小学为例,对学校的变化进行了评价。"M小学当初的评估结果是4A,评估意见是它在硬件条件方面与现代化优质学校存在着一定差距",而M小学作为拱墅区老牌的学校,这个招牌不能丢失。因此,在充分考虑第三方评估建议的基础上,拱墅区教育局对老校区进行了改建并组建了新校区。同时,教育局根据评估意见中提到的"学校缺乏特级教师的引领",引进L校长作为特级教师,并成立了学校的教育智库,引领学校整体继续高质量发展。

四、对评估的评价与建议

(一)教育行政部门管理者对评估的评价

(1)客观可信。教育局方面希望得到尽可能真实、客观的评价,因此当时对评估专家也做了要求,以北京、上海的专家为主。从这一层面上说,客观性是教育局选择第三方评估机构进行现代化优质学校评估的重要影响因素。中心精心选聘专家,保障了评估的客观性。在第一轮前三批评估中,主要以外地专家为主。第四批评估中,疫情导致外地专家不能进行异地评估。如果全部改为聘请省内专家,可能会导致客观性相对被弱化。中心在此特殊时期,竭尽全力邀请外地专家,并与其所在单位沟通,在保证疫情防控安全要求的前提下,保障每个评估组组长都由上海专家担任。另外,相对于千篇一律的赞扬,教育局更想听到深刻、直接的评语,帮助该区学校找到短板,整改完善,也找到前进方向。Y 领导认为,中心聘请的专家既权威又认真负责,在反馈环节基本上都能直指问题关键。

(2)建议有效。Y 领导和 C 领导都表示,专家给出的建议有效、可行,对学校发展帮助很大,评估的影响力也越来越大。"我们的评估除了得到拱墅区认同之外,省教育厅的领导也比较认可。2019 年,省教育厅还让我们拱墅区教育局去介绍这方面的经验。"通过专家的建议引导可以让学校发展得更好,这几乎已经成为相关利益方的共识,这种认可也是对中心工作有效性的肯定。

(3)流程合理。教育局领导充分肯定了第三方评估流程的合理性和有序性,尤其在职能分配上双方具有较高的配合度和能及时有效沟通,配合默契。同时,在多轮评估实践中,中心也在不断改进评价流程。

(4)认可度较高。教育局曾请部分校长写了一些感受,也通过工作人员走访学校等方式了解到校方对中心给出的评定和建议的认可度较高,总体上"学校对专家的评定和提出的一些建议还是非常认可的"。

(二)教育行政部门管理者对评估的建议

元评估作为对评估的评估,既具有一般评估的特点,同时作为一种更高层次的评估又有其特殊的内涵和意义。元评估所提供的信息,有助于不断完善今后的评估工作,提高评估的有效性和科学性。教育行政部门管理者对评估的建议主要有以下几点。

(1)进一步增加评价量表的多样性。"我们的评估用专业的量表进行了测量,较好地关注了学生心理健康情况、就读体验以及满意度等,但在这些方面我个人觉得可以更深入一些。"教育局对中心的工作给予肯定的同时,也希望继续完善评估量表,挖掘更深层的信息。同时希望将有关学生品质等方面的评价量表应用于学校,对中心在量表分析及量表类型方面提出建议,"假如以后出现有关学生品质等方面的评价量表会更好"。

(2)完善评估后的指导。"我们对专家也提出了要求,希望在提出问题的同时也要给出1~3个建议,而不仅仅是提问题。提出一个问题,又给几个解决这个问题的建议,校长和老师都会比较认可。"相对于指出问题,校长和老师更希望听到解决问题的办法,中心根据问题提出建议符合校方的期望,得到了校方的认可。但是对于后续跟进,C领导认为"后续的监测和指导工作"还可通过教育局进一步委托中心专项进行,或在第二轮评估中进一步明确。

(3)保持外地评估专家的比例。由于疫情原因,部分外地专家无法到学校进行实地考察,本土专家的增多使得评估专家团增加了熟人关系。正如Y领导谈及的:"进行第一批、第二批,包括第三批的时候都是蛮不错的,在第四批的时候,当时中心请的北京、上海的专家由于疫情管控大多不能前来,本土的专家变多了。另外他们和本地学校也比较熟悉。这种情况下,一些专家提出的问题相对来说不够深刻,也不够尖锐,说好话的就会多一些。"保持外地专家的比例,能有效减少和避免专家团与被评估学校的利益关联,更大程度地提高评估的客观性。

第九章　学校评估的再思考

【本章概述】

在我国,科学的学校评估兴起于 20 世纪 80 年代,是教育事业发展与社会进步的产物。随着学校评估工作的不断推进,我国现已形成较为合理且规范的评估标准、评估原则、评估指标体系、评估方法与程序。但是现阶段的学校评估也不可避免地存在着许多令人深思的问题,比如:学校评估工作在效率、公信力、透明度、合作模式等方面存在问题,这些问题是制约学校评估工作有效开展和效益最大化的症结所在。本章在前文分析的基础之上,对政府、大学、中小学合作新模式,第三方评估机构的专业化发展,如何完善第三方评估机构,以及如何开展与时俱进的学校评估进行了思考与展望,以拓展人们对学校评估的认知与理解,为提升学校评估工作实效性做出贡献。

第一节　政府、大学和中小学合作新模式思考

教育事业属于公共事业。解决教育问题一般不能单靠教育部门,需要政府、社会机构的支持和配合。做好现代化优质学校评估工作,应在"管、办、评"分离政策基础上,深入探索政府、大学和中小学合作新模式。2020 年 2 月,中共中央办公厅、国务院办公厅印发的《关于深化新时代教育督导体制机制改革的意见》提出要"积极探索建立各级教育督导机构通过政府购买服务方式、委托第三方评估监测机构和社会组织开展教育评估监测的工作机制"[①]。进入新时代,"突破传统的政府主导和主持的单一评估体系,倡导专业机构和社会组织参与教育评估,建立政府、大学和中小学合作新模式"的呼声愈发强烈。

---

① 新华社. 中共中央办公厅、国务院办公厅印发《关于深化新时代教育督导体制机制改革的意见》[EB/OL]. (2020-02-19)[2021-06-21]. http://www.gov.cn/zhengce/2020-02/19/content_5480977.htm.

一、传统合作模式分析

目前,在教育评估领域中的合作模式主要有两种:一种是由政府通过购买服务,授权符合资质的第三方参与督导评估;另一种是由学校委托第三方开展评估工作。[①] 从政府和社会资本合作(PPP)的模式来看,这两种都属于外包类合作模式,即政府部门和中小学将学校评估项目授权或委托给第三方评估机构,第三方评估机构开展相关评估工作。这种传统外包合作模式源于私人部门参与基础设施的建设及维护工作,其雏形甚至可以追溯到公元前,目的是提供传统上由公共部门提供的公共产品或服务。[②] 上述两种合作模式,正是 PPP 合作模式在教育评估领域的应用。在这种传统的合作模式之中,政府是学校评估工作的实际管理者,相关评估细则均由政府统一规划。第三方评估机构是评估活动的执行者。

政府部门和中小学将学校评估项目授权或委托给特定的第三方评价机构——大学,这对促进教育评估发展,建立大学与教育行政管理部门、中小学教育之间的桥梁意义重大,这种合作模式为教育评估领域注入了一些新鲜的力量。大学作为高等学府,掌握丰富的专业知识和科学的研究方法,拥有一批经过系统学术培训的研究人员,加上对"探索真知"与"服务社会"的天然兴趣,便于深入解析教育评估结果,不断迭代升级评估方式方法,使其在提高政府教育实效性与促进中小学现代化发展中起到重要的催化剂作用,有利于提升整个基础教育评估工作的专业性和科学性。

尽管大学在教育评估的各方面都有优势,但传统的将大学作为权威专家型的评估模式也不可避免存在着一些弊端。在国际教育评估领域,第四代和第五代评估理论更重视学生、家长、教师、教育行动管理者对教育的诉求。在现行评估模式中对各方主体权责的划分、对积极性的调动、合作评估的实际效益等问题仍有待进一步深入探讨。

第一,从合作主体的构成来看,传统的合作模式中评估主体相对单一。无论是政府授权大学评估,还是中小学委托大学评估,参与的主体局限于政府、大学和中小学,而学生、家长、社会代表等往往没有参与评估的设计和决策。而在现实中,开展教育评估工作往往与这部分群体的切身利益息息相关。缺乏多元主体的深度参与,学校评估工作不可避免会出现一些偏差,评估结果的真实性、客

---

① 范国睿. 社会组织参与教育督导评估的治理机制[J]. 教育发展研究,2020,40(Z1):1-10,18.

② Spackman M. Public-private partnerships:Lessons from the British approach[J]. Economic Systems,2002(26):283-301.

观性、有效性也会大打折扣。并且传统的单一评估主体使大学在进行中小学评估时，更重视行政部门的诉求以及任务的完成度，忽略了学校和社会层面的参与度和满意度，以及在整个评估过程中各方的意见表达。

第二，从合作各方的权责关系来看，传统的合作模式没有很好地界定政府、大学、中小学等之间的权利、责任和义务。在传统的基础教育评估中，具有政府主导并直接开展学校评估的特点。政府确实起到了很好的导向作用，直接决定着我国基础教育改革的方向和教育现代化进程，但要真正落实好"管、办、评"分离政策，还需充分信任并放权给大学等第三方评估机构，并积极鼓励拓展评估主体。在传统的基础教育评估中，中小学仅扮演被评价者角色，往往只是被动地协助和配合学校评估工作。中小学校的管理者、教师以及相关群体的主体性地位没有得到很好地保障，其积极性、主动性、创造性则更难以实现。

第三，从合作的实际效果来看，传统的合作模式可能达不到理想的效果。在政府主导型评估模式中，大学作为受委托方，如果受到太多束缚，可能只向政府提供必要的反馈信息，背后的原因分析、后期的跟踪监测、改革管理则不在其考虑范围之内。这种学校评估模式仅能停留在浅表层面，不一定对学校有真正的推动作用。而在中小学委托型评估模式（教学水平评估、办学质量评估等）中，大学专家的权威性凸显，但这种委托往往缺少基于评估对象的内生需求。综合上述两种模式，政府、大学、中小学三个主体合作的模式有待进一步拓展，评估的实效性有待持续优化。

二、政府、大学和中小学合作新模式思考

20 世纪 70 年代，第三方评估在世界范围内迅速发展起来。结合当时的时代背景，这主要得益于西方新公共管理运动。新公共管理运动提倡多元主体共同参与管理活动，强调公共服务民主化、社会化、市场化，主张将第三方引入公共服务领域，以提高工作效率。[①] 目前，在第四代、第五代教育评估理论的引导下，倡导政府、大学、中小学、学生、家长、其他社会组织等多元主体共同参与基础教育评估的新模式已成为世界各国的普遍共识。

基于上文对政府、大学和中小学合作模式的一些剖析，以及对教育现代化治理思想的一些理解，本书提出了政府、大学和中小学以及其他利益相关群体的多元主体合作新模式，详见图 9-1。

---

① 袁强.第三方评估运行机制与实践规制的理性建构[J].中国教育学刊,2016(11):33-38.

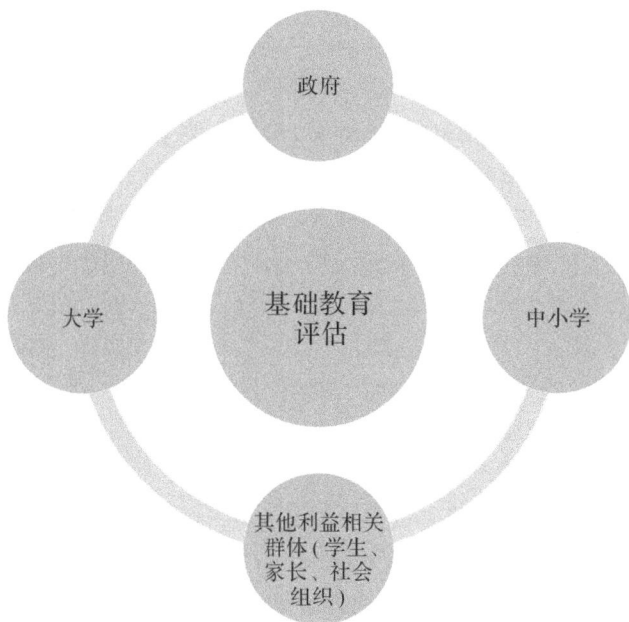

图 9-1　多元主体合作模式

从理论层面来分析,我们认为政府、大学和中小学以及其他利益相关群体的多元主体合作模式是一个多层次组合的概念,它一方面包括公共部门与第三方评估机构、各相关群体的相互合作,即政府、大学、中小学、各利益相关群体之间的相互合作;另一方面从第三方评估机构看,也包括专业性组织与非专业性组织的相互合作。多元主体合作模式的优势在于充分利用各方主体的现有资源,以实现共同的价值追求,这对促进国家教育质量体系和质量能力现代化的发展具有重要意义。因此,多元主体合作模式的建构并不仅仅局限于政府、大学和中小学三者,科研机构、社会组织、学生、家长、社会群体等都应参与其中。认识到这一点,有利于充分理解与把握多元主体合作模式的真正本质。

从实践层面来分析,政府、大学和中小学等多元主体合作模式的实现路径可参考以下几点建议。

第一,转变评估理念,倡导"责任共享"。伊冯娜·林肯(Yvonne Lincoln)等在《第四代评估》一书中指出:在现代教育评估领域,"共享责任胜于责任性"。在传统教育评估理念中,管理者、评估者和被评估者之间往往缺乏应有的公平性。中小学作为被评估者更多处于被动接受评估的状态,按照管理者和评估者的要求准备评估材料,不清楚自身的权利和责任。在多元主体合作模式中,管理者、评估者及被评估者应对学校评估的一些具体问题、相关资料的收集,以及结果公示等进行协商。学校评估工作应明确划分各方的权利与义务,比如,政府更多的是负责制定教育评估的相关法律、规范和监管制度等,并做好委托与购买服务工作;第三方评估机构应制定具体评估方案,组织专家实施评估工作,并反馈和公布评价结果;中小学应作为主体之一积极参与评估方案设计,反馈评估结果,并积极主动配合评估机构的工作,寻求专业的帮助,重视评估结果。

第二,营造多元主体合作评估的环境。良好的合作环境有助于激发各方主体参与评估的积极性,促进学校评估工作的开展,可以从以下两大方面入手。一是营造政治法律环境。良好的政治法律环境是教育评估工作制度化、合法化的保障。多元主体合作模式需要明确各方权利与义务,没有相关制度的保障,很难落地。因此,政府应充分征求和听取各方意见,通过相关部门牵头制定相关的法律法规,营造良好的法律氛围。二是营造社会文化环境。良好的社会文化有利于多元主体合作模式被广泛了解和认同。一方面,政府可利用多渠道公开评估信息,比如官方网站、报纸杂志等,传递最新的评估理念,也保障各方主体能及时获取相关信息;另一方面,建立多元主体协商对话平台,吸引更多人群参与其中,在全社会营造一种"学校评估人人有责"的氛围。

第三,完善多元主体合作模式的保障机制。保障机制是系统保障多元主体合作评估有序进行的要素结构,可以使评估工作有效进行。没有科学合理的保障机制,多元主体合作模式难以持续地、高效地开展,评估目的难以实现,评估功效难以发挥。完善多元主体合作模式的保障机制可从如下几方面入手:一是完善政府、大学、中小学、学生、家长、社会组织等共同参与的"协同领导、共享责任"的工作机制,形成便捷的联系渠道。二是完善多元主体合作监督机制。政府、大学、中小学、学生、家长等不同群体既是监督者,又是被监督者。任何权力的行使都应受到监督与制约。三是完善多元主体合作激励机制。多元主体合作模式鼓励多方主体共同参与,实现信息、资源、能力的互补,在合作评估中争取实现效益最大化。

第四,充分发挥现代科技的优势。将现代科技融入基础教育评估领域,是基础教育评估事业发展的必然要求,也是当今世界各国教育评估工作开展的共同趋势。伴随着信息技术的快速发展,大数据、云计算等现代信息技术不仅仅广泛应用于日常生活的方方面面,也为基础教育评估工作的开展提供了强有力的技术保障与支持。具体表现在:拉近了政府、大学、中小学、学生、家长以及社会组织等各方主体的空间距离,为"共享信息、有效互动、共商共评"创造了有利条件。工具的发明是为了更好地服务人类社会,我们应充分利用现代科学技术,促进教育评估工作,推动教育现代化发展。

需要进一步明确的是,"管、办、评"分离政策背景下的多元主体模式并不是要改变政府在基础教育治理中的主导作用,而是倡导建立一种政府、大学、中小学等各方主体共享权力、共担责任与义务的多元合作模式。在这种新型合作模式之下,评估主体、价值取向、评估方式以及结构都将发生不同程度的变化,基础教育治理体系将从"控制封闭"的传统形态向"开放合作"的现代形态变迁。

第二节　第三方评估机构的发展与展望

一、第三方评估机构的现状

第三方评估机构在国外的发展历史悠久,20世纪中期之前美国成立了美国国家教育认证委员会(National Commission on Accrediting of Education,NCAE)、全国地区性认证机构委员会(National Committee of Regional Accrediting Agencies, NCRAA),两者于1975年合并为高等教育评估与认证委员会。[①] 这些机构不属于美国国家教育部或任何州教育管理部门,并且与高校的关系相对疏远。20世纪中后期,第三方评估机构不断发展壮大,在美国,主要的评估机构包括美国教育考试服务中心(ETS)、美国大学理事会(CB)、美国国家教育统计中心(NCES)、培生教育集团评价与信息处(PEM)和加州考试局(CTB)等。[②] 在英国,教育质量第三方评估机构主要有英国伦敦城市行会考试中心、英国的高等教育质量保证局(Quality Assurance Agency for Higher Education,QAA)、剑桥大学考试委员会(University of Cambridge Local Examinations Syndicate,UCLES)等。[③] 近年来,由经合组织开展的国际学生评估项目(Program for International Student Assessment,PISA),为第三方评估赋予了新的理念和思路。

---

① 樊秀娣,李维维.美国高等教育评估机构两种资质认证标准的比较研究[J].上海教育评估研究,2017,6(5):45-50.

② 孟照海.美国考试评价机构及其评价项目研究[EB/OL].(2011-02-23)[2021-06-18].http://www.neea.edu.cn/html1/report/1102/5-1.htm.

③ 徐佳.英、澳主要考试评价机构及其评价项目研究[EB/OL].(2011-02-23)[2021-06-18].http://www.neea.edu.cn/html1/report/1102/4-1.htm.

（一）第三方评估机构的运作与项目评估

第三方评估又称社会评估，它是一种有别于政府内部评估的外部评估形式。作为外部评估中的一种重要形式，第三方评估在学界和评估领域受到了广泛的关注。然而，目前对于第三方评估主体的具体组成，我国学术界尚未达成共识。陆明远认为，"第三方评估主要包括个人、社会团体、社会舆论机构、中介评估机构等，通过一定的程序和途径，采取多样化的方式，直接或间接、正式或非正式地进行政府绩效评估"①。在此基础上，包国宪将"第三方评估的构成作出了细化，并把它归类为以下几个组成部分：受行政机关委托的考核机构、专业考核组织（包括大专院校和研究机构）、中介组织、社会组织和公众，特别是利益相关者等多种考核主体"②。当前，第三方评估机构作为政府评估部门的重要补充，在全球评估体系中起重要作用，其主要模式有：高校专家评估模式、专业公司评估模式、社会代表评估模式和民众参与评估模式。③ 其评估过程的基本构成要素包括：谁来评估（主体），为谁评估（目的），何时评估（时机），如何评估（理论、方法、技术），评估什么（内容、边界），评估原则、程序、标准，评估的有效性、局限性，综合性比较、判断，评估结果的使用等。④

为验证评估的可行性，提高评估的科学性与实效性，第三方评估机构会对评估项目进行评估，主要包括事前评估和事后评估。在我国，第三方评估多是接受政府或机构的委托，对相关教育项目进行评估或评价，并形成报告、给出建议的过程。第三方评估的优势主要体现在其公正性和中立性。因此，当第三方评估机构自受到委托开始，首先对项目进行事前评估，即立项研究，主要是项目评估的可行性研究。可行性研究之后需要进行立项审查与前景模拟，最后形成评价报告，针对项目的技术性和经济性方面进行评定和决策。一般在教育评估或学校评估中，可行性研究主要包括技术可行性、财务可行性、组织可行性，以及风险因素及对策等方面。另外，在事前评估中，第三方评估机构经常使用的理论是系统分析理论，在评估的过程中从系统的观点进行项目的评估。如图 9-2 所示，通过信息和数据输入，获取评估资料，再通过项目评估系统，进行事前评估和事后评估，输出项目可行性分析、内容、过程结构、效益效果和目标实现度等方面的评估结果。

---

① 陆明远.政府绩效评估中的第三方参与问题研究[J].生产力研究，2008(15):121-122.
② 包国宪，张志栋.我国第三方政府绩效评价组织的自律实现问题探析[J].中国行政管理，2008(1):49-51.
③ 胡晓东.绩效管理的理论研究与实践探索[M].武汉:华中科技大学出版社，2017:190.
④ 李志军.第三方评估理论与方法[M].北京:中国发展出版社，2016.

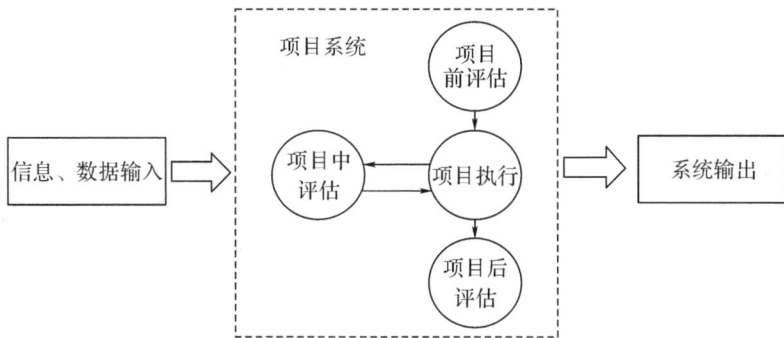

图 9-2　项目系统

资料来源：李志军.第三方评估理论与方法[M].北京:中国发展出版社,2016.

　　第三方评估机构在完成前期调研和论证的基础上,正式开始评估工作。在我国的教育评估领域,常见的第三方评估机构多是高校科研机构或高校智库,它们承接评估项目,组建高效专家评估团队,完成评估任务。国内外学者们普遍认为这种模式的第三方评估具有独立性、专业性、权威性、科学研究性和非营利的社会服务性。[①]

　　在评估项目正式实施之后,需要对项目进行事后评估。在教育评估或学校评估中,一般事后评估主要包括内容评估、过程结构评估、效益和效果等几个方面的评估。另外,还会评估目标实现度和任务完成情况。

(二)第三方评估机构的生存与发展

　　第三方评估机构作为非政府组织机构,其生存与发展离不开人力、经费、资源三个重要的因素。首先,人力主要由机构负责人和管理者、专家学者、技术支持人员、办公室管理人员以及财务管理人员等构成。其次,经费决定了第三方评估机构的规模。在国外,第三方评估机构的经费来源主要是投资者的投资或是社会的资助。在我国,依托高校的第三方评估机构的经费来源主要是通过当地政府部门购买教育服务而获得的项目经费。项目的时效性与数量的有限性,也会给此类第三方评估机构带来不稳定性。最后,内外部资源为第三方评估机构提供多元支持。依托高校的第三方评估机构主要借助高校的学科与学者优势提高评估的专业性。同时,可以借助学校外部教育领域中同行专家的力量开展评估工作。如聘请校外学者、教育行政人员、教育督导机构人员、名校校长、特级教

---

① 赵杕嘉.政府绩效的高校专家评估模式研究[D].重庆:西南政法大学,2017.

师等作为评估专家参与学校评估;或是建立兼职研究员队伍,负责撰写或修改评估报告;也可邀请同行专家对评估工作进行元评估,并提供宝贵意见。内外部资源的整合利用,能够实现第三方评估机构的最大效益。当前,我国第三方评估机构也可借鉴如麦可思等公司的经验,尤其是通过大数据的手段和方式建立相应的数据库,在此基础上构建相应的模型,对教育项目或学校进行评估。

(三)第三方评估机构的风险管理

由上文所述,第三方评估机构的三大生存与发展要素同时也是其风险管理的重点。王会来认为,"基于风险管理(risk-based)的评估方式,根据需要开展不同程度的质量审查。与质量管理效果较好的机构相比,那些质量管理效果不理想的机构将会接受更频繁、更严格的质量评估"[①]。

首先,人力风险。人员的流动对于机构的发展具有较大的影响。培养第三方评估机构内的技术人员和管理人员需要一定周期。因此,人员的稳定是第三方评估机构风险的风向标。为保证高效协调地开展评估工作,需要不同部门人员相互配合,特别是对于周期较长的评估项目的管理和运营,项目团队管理人员的稳定性尤为重要。

其次,经费来源风险。这是影响第三方评估机构生存的最大因素。依托于高校的评估机构,人员往往是社会工作者,仅有部分少数高校在编人员,因此评估机构的存留对于机构内部的人员具有重大影响。同时,作为经费来源的主要对象,政府也会对第三方评估机构进行评估,当其无法更好地服务社会时,留存也会成为问题。

最后,资源风险。第三方评估机构之所以能够展开评估,不仅依赖于机构内部已有资源,同时需要更多的外部社会资源,在结合两者的基础上再展开评估工作能够保证项目评估的可信度和科学性等。当前国内教育评估机构鳞次栉比,因此第三方评估机构之间的相互竞争在所难免,获取和掌握资源已成为第三方评估机构发展的重要驱动力。

二、第三方评估机构的专业化之路

第三方评估机构的发展越来越受到社会的关注。它作为改革创新和回应公众需求的新形式机构,有助于促进政府提升公共服务绩效和服务质量,是未来教

---

① 王会来,李志义.基于风险理念的英国高等教育复核评估探究[J].现代教育管理,2018(1):62-66.

育发展的助推器。同时,我们也应注意到,我国的第三方评估机构还处于发展阶段,其专业化过程还需不断提高评估的合理性、科学性、透明度和公信力。

(一)提高评估的指标和体系的合理性

评估指标体系将复杂的研究对象按照其根本属性和鲜明特征进行分解,形成能够将其行为操作化的结构或因素,判定指标体系中每个指标在整个评估中的重要性程度并给出相应的数值,也就是赋值的过程。① 因此设计教育评估指标应该遵循灵活性和可操作性、可测性和概括性、全面性和重点性、独立性和相关性、定性与定量相统一的原则。② 科学的评估指标是客观公正评估的基础。因此,有学者认为在科学合理地制定评估指标时要遵循这样几个原则:一切为了学生的发展,指标客观清晰、正确合理。在对学生满意度测评的时候,要重视测评指标的合理性,对学生的要求进行积极的引导。首先,需要厘清指标体系涉及的领域、维度和要求,对于教育质量的关键因素和评估检测的主要观测点,需要明确地界定一级指标、二级指标。其次,对于评价工具和过程有清晰的解释,在此基础上增强指标体系和评估过程的信度与效度。③

目前国内学校评估的案例众多,不同地区根据自身的办学特色设立了相应的评估指标。例如:2013年,上海浦东新区的学校绩效考核指标体系中设置了4项一级指标,分别是学校管理与依法办学、校本研修与教师发展、课程改革与教育教学、特色创建与示范辐射。④ 江苏省提倡对学校进行星级评估,五星级评估指标主要有办学条件、队伍建设、管理水平、素质教育、办学绩效。其中,办学绩效主要指学生能够全面发展、学校具有鲜明特色、各界对学校反映较好、学校积极支持兄弟学校的建设与发展等。⑤ 天津市普通高中现代化建设标准评估设置了办学条件、学校管理、教师队伍、素质教育4项一级指标。其中,素质教育指标主要考察课程管理、教学改革、体卫工作、课外活动、社会实践、教育质量等几个

---

① 周宝玲.甘肃省高职院校专业评估指标体系构建研究[D].兰州:兰州大学,2017.

② 张益忠.教育评估的理论与实践[M].北京:高等教育出版社,2012.

③ 黄正夫.学前教育质量第三方评估监测:意蕴、困境及路径[J].教育探索,2017(1):87-90.

④ 教育局.浦东新区教育局关于做好2013年义务教育学校绩效考核工作的实施意见[EB/OL].(2020-11-04)[2021-06-16]. https://www. pudong. gov. cn/shpd/InfoOpen/InfoDetail. aspx? DeptId=003005&CategoryNum=003003094&InfoId=47f6ff64-16e7-4848-a0f9-cfde74c5de4d.

⑤ 江苏省教育厅.省教育厅关于印发《江苏省普通高中星级评估实施办法》的通知[EB/OL].(2018-10-26)[2021-06-16]. http://jyt. jiangsu. gov. cn/art/2018/10/26/art_55510_7854088. html.

方面。[1]

《深化新时代教育评价改革总体方案》为我国教育评估机构尤其是第三方评估机构的专业化发展提出了新的内在要求。在"重点任务"中,针对不同层级的教育评估提出针对性的建议;针对教师评价、学生评价、用人评价也提出了相应的建议。此外,还强调了教育评价的技术创新,指出要"创新评价工具,利用人工智能、大数据等现代信息技术"等[2]。在此基础上,进一步深化评估机构内部的评估标准和评估体系,逐步建成符合时代发展要求的、具有强大实力的评估机构。

(二)提升评估的科学性

从现状看,专家智力支持薄弱。由于缺乏具有专业教育背景的评估人员,第三方评估机构的吸引力相对较弱,与此同时第三方评估机构在国内仍处于起步阶段,所以相应的配套措施仍然不健全,难以吸引经验丰富的专业人员。评估过程和报告的科学性往往来源于评估人员的专业性,因此需要重视加强人才队伍的建设。建立一支专业化、职业化的评估队伍是当前我国教育评估发展的一个重要抓手,这就要求队伍的成员需要熟知教育规律,熟悉评估过程,具备扎实的理论基础,拥有丰富的实践经验。此外,教育评估活动的规范化、科学化是推进教育评估专家与从业人员的职业化进程中的重要步骤。例如,第三方评估的专业性主要体现为"评估人员的专业性"[3],这同时也是教育评估专业化的核心特点之一,[4]第三方评估的专业性也具体体现在评估标准的科学化、评估方法的创新性、专业队伍的合理化等方面[5]。由此可见,在第三方评估机构中,专业人员队伍的建设举足轻重。因此需建立"评估专家库"来保障评估的人力资源需求,通过聚集式、规范化的管理模式克服传统离散状态所导致的第三方评估有效性和权威性缺失的局面。同时,多元化人员结构的专家库包括了来自政府人员、高校代表和社会民众,代表不同主体的专家能够在教育评估中发挥更好的效力。另外,组织好利益相关者参与教育评估工作,一方面能够符合部分人员参与教育

① 天津市教育局.关于印发《天津市普通高中现代化建设标准(2012—2015)》的通知[EB/OL].(2012-06-20)[2021-06-16].http://jy.tj.gov.cn/ZWGK_52172/zfxxgkl_1/fdzdgknrl/qtfdgkxx/202011/t20201111_4065774.html.

② 新华社.中共中央 国务院印发《深化新时代教育评价改革总体方案》[EB/OL].(2020-10-13)[2021-06-16].http://www.gov.cn/zhengce/2020-10/13/content_5551032.htm,2020-10-13.

③ 冯晖,王奇.试析教育评估专业化[J].教育发展研究,2015,35(11):5-9.

④ 郭宝仙.教育评价专业化:加拿大评价人员资格认证方案及其启示[J].外国教育研究,2015,42(1):64-71.

⑤ 王洋,董新伟.加强高等第三方评估工作的思考[J].上海教育评估研究,2018,7(3):6-9.

评估的强烈愿望,另一方面也能通过第三方评估满足多元利益诉求。

此外,第三方评估机构的科学性增强可以通过建立三方协同的评估框架加以完善,包括监管机制、数据平台、行业组织等微观机制,进而助推社会组织与政府组织协同评估,进而提升评估流程的科学性。对第三方评估机构运行机制的完善,要求评估准备阶段、进行阶段和反馈阶段紧紧相扣、相互关联,每个过程都要进行严谨的论证与考察。例如在评估进行阶段,要求评估人员具备科学的素养、及时解决问题的能力,以解决评估过程中的不可控因素对评估所造成的影响;而在评估反馈阶段,需按照规范撰写评估报告,总结评估工作和评估经验。

(三)提升评估的透明度和公信力

以全美非营利性第三方评估机构"好学校"(Great Schools)为例,该公司在评估的透明度和评估过程的动态性方面处理得较好。为提高评估的可靠性和社会信任度,好学校高度重视评估信息和数据的来源及其真实性和透明度。好学校的评估数据主要来源于美国 50 个州的教育部门和联邦政府收集到的有据可查的教育数据。它以此为基础建立了美国最大的学校质量网站 Greatschool.org,以大数据的方式增加评估的信息和数据的透明度,为学生、家长以及社会提供足够丰富的评估信息和数据。[①] 该公司认为这些数据应当以相对容易的方式被学生和家长获取。

作为第三方评估机构,在评估的过程中需开诚布公,主动提升社会公信力,例如公开评估工作的理念、团队成员、承接过的项目、主要业绩和重大变更信息。在评估工作开展前,需要和评估对象进行具体内容的对接,并在评估过程中与评估对象进行沟通以确保评估过程的透明公开。同时第三方评估活动必须遵循客观性原则,明确第三方主体收集、获取高校评估信息,即时公开评估结论的权利,保障第三方评估顺利推进。[②] 另外,第三方评估机构可以通过新媒体平台定期公布评估标准、程序、结果等构建良好的发展环境,从而宣传第三方评估的重要意义,增强公众的认识和了解。与此同时,广泛吸收意见,接受社会监督,扩大第三方评估的影响力,塑造评估机构的良好形象。[③] 在此基础上,有学者认为从敬畏评估、阳光下的评估和科学合理组建评估专家组三个方式可以扩大评估的公

① Lovenheim M F, Walsh P. Searching for a school: How choice drives parents to become more informed[J]. Education Next,2018,18(1):73-77.

② 世界银行,联合国教科文组织. 发展中国家的高等教育:危机与出路[M]. 北京:教育科学出版社,2001.

③ 陈静. 基于社会信任的研究生教育第三方评估机构公信力建设研究[J]. 学位与研究生教育,2016(7):25-29.

开透明度以增强公信力。[①]

目前我国第三方评估机构的公信力水平在本质上是多个机构共同彰显出的公信力水平。因此需要统筹和培育多元第三方评估机构,这就要求第三方评估机构之间加强联系,在有交叉的方面进行合作。在此基础上,拓宽第三方评估机构的国际视野,可以将国际视野融入我国的评估体系中来,通过对先进经验的借鉴,适当地扩大我国教育评估机构常规的考察评估范围,进而使得评估的结果更具有影响力和说服力。[②]

第三方评估机构的透明度、公信力的提升对于其发展具有重大意义,不仅能够帮助第三方评估机构自身获取稳定的经费来源,同时也能更好地吸引专业人员加盟。因此,评估过程公开、评估结果透明、评估流程规范是第三方评估机构透明度、公信力提升的重要举措。首先,需要公开透明的是评估采用的指标体系、工作流程、工作方法。其次,针对有争议的评估结果可以复议,即建立评估结果的争议复议处理机制,以确保评估结果公正、有说服力。再次,保证第三方评估的透明度和权威性,即建立信息公开制度和社会参与监督机制,不仅要接受监督,更要接纳监督。[③] 最后,建立评估结论与财政拨款挂钩机制,使评估结果作为政府对第三方评估机构拨款的重要参考依据。

三、完善第三方评估机构的建议

"评"是社会大众参与监督的一种途径,伴随社会经济发展水平的不断提高,社会专业评价组织也成为影响政府决策的重要力量。第三方评估机构处于政府和学校的"中间地带"[④],高水平的教育评估结果对政府改进教育管理方式和学校提高办学水平意义重大。

(一)健全评估工作开展规则体系

作为受教育行政部门委托、自主开展教育评估活动的第三方评估机构,教育评估机构需要建立健全有关工作开展的规则体系和工作流程,增强自律性。首先,第三方评估机构应当恪守我国的教育方针政策和有关法律法规。党的十八大把立德树人作为我国教育事业的根本任务。相应地,教育评估的根本任务就

---

① 王晶晶.民间第三方教育评估机构公信力的构建[J].中国教育学刊,2016(1):45-49.

② 孙阳春,徐安琪.我国第三方教育评估机构的公信力水平研究[J].中国高教研究,2021(3):22-29.

③ 王洋,董新伟.英、法、美高等教育第三方评估模式与借鉴[J].高等农业教育,2016(3):124-127.

④ 杨亚伟.教育治理现代化进程中基础教育管办评分离改革研究[D].郑州:郑州大学,2019.

是要致力于服务和推动"立德树人"这一根本任务的优质实现。我国有关教育的大政方针政策和法律规章等既是第三方评估机构开展评估工作的重要依据,也是必须遵循的基本规范。如《关于深化新时代教育督导体制机制改革的意见》和《关于破除科技评价中"唯论文"不良导向的若干措施(试行)》都是第三方评估机构应当及时关注和贯彻的重要规范。① 为了促进第三方评估机构的发展,不仅要放权,更要增强其专业能力。这就要求政府加大对于专业评估机构的培训、考核和准入资质审查力度,履行教育监管的职能。② 不仅如此,为了避免评估机构良莠不齐的情况,政府要建立好审核和评价制度及相关规范,提高第三方评估机构的专业能力,确保评估结果的高质量、公正性和权威性,使评价结果从"流于形式的简单探讨"转变为切实帮助政府更好管理教育、学校更好办学的智慧宝库。只有这样,第三方评估的效用才能真正发挥出来,才能将专业知识转化为推动教育改革的重要力量。

(二)加强专业能力建设

评估专业性,是第三方评估机构需具备的基本特质。在第三方评估机构人员的构成上,应借鉴教育治理模式下组织人员构成的方法。目前第三方评估机构主要由专职研究人员和兼职研究人员两部分构成。对于专职人员,需要吸纳不同专业领域的专家学者,实现多学科视角的介入和知识互补;③对于兼职研究人员,重点考量其专业能力和专业素质,遴选有较强的问题意识和解决问题能力的专家学者担任。第三方评估机构要加强对机构人员的专业培训和业务能力的锻炼,帮助人员了解和熟悉教育政策法规、评估专业流程等,增强其组织协调能力、文字表达能力、数据处理能力、解决问题能力,同时也应当注重批判性思维能力和实践能力等的培养。除此之外,在外聘专家的选用上,首先,考虑具有实际教学和管理经验的资深教师,同时也要适时补充专攻理论研究与行政管理的研究学者,构建专业能力完备的智库,满足评估对于实践能力和理论的高要求。④其次,需要注意对专家进行培训,帮助专家发挥其优势特长,结合评估理论知识对所得数据进行分析处理、提出意见,也可以针对具体指标聘请专家进行细致分

①　冯修猛,方乐,刘磊.教育治理体系中"管"与"评"的运行机制研究[J].上海教育评估研究,2020(2):7-12.

②　杨亚伟.教育治理现代化进程中基础教育管办评分离改革研究[D].郑州:郑州大学,2019.

③　冯修猛,方乐,刘磊.教育治理体系中"管"与"评"的运行机制研究[J].上海教育评估研究,2020(2):7-12.

④　冯修猛,方乐,刘磊.教育治理体系中"管"与"评"的运行机制研究[J].上海教育评估研究,2020(2):7-12.

析,以实现评估结果的丰富性。最后,要注重对专家能力的考核,保证专家团队的专业性和强大的合作意识与奉献精神。在评估组织形式方面,要能够做到因地制宜,根据评估性质选派不同的评估人员组成功能各异的评估团队。在评估的具体操作方面,应当充分利用多样化的人才,使用科学的评估方法与指标,采用精确的评估工具,严格按照规范的评估流程完成教育评估工作。最后的评估反馈环节至关重要,需要合理和充分利用互联网平台及新媒体技术,让评估的结果能够以更高效、全面、清晰的方式呈现,惠及更多的群体,实现评估的效能。

(三)加强评估机构行业自律

第三方评估机构具有独立性和非官方性的特征,在发展的初期尤其要重视建立起行业内部的规范,加强自律性。从成效上来看,国内外目前都建立了一些专业协会或组织以规范成员的评估行为,共同促进评估事业的发展,如国内的中国高等教育学会教育评估分会、全国高等教育质量保障与评估机构协会、上海教育评估协会(见表 9-1)、浙江省教育学会教育督导分会等学术组织和行业组织,国际上有亚太地区教育质量保障组织(APQN)和高等教育质量保障评估机构国际网络组织(INQAAHE)等。[1]

无论是什么领域、何种组织,脱离了市场规划和政府的监管都极易出现无序和失控现象,第三方评估机构亦不能幸免。目前,我国第三方评估市场因为政策的扶持发展前景良好,但也不能忽略其在行业规范和自律准则等方面的欠缺和不成熟。为了解决这一问题,国内第三方评估机构可以借鉴国际社会的经验,如政府加强对第三方评估机构的监管、制定完备的法律体系,并以此为依托严格审查第三方评估机构的资质、规范评估行为等,履行好教育监管的职责等。不仅如此,我国的第三方评估机构应当在借鉴国际社会经验的同时,做好自身的元评估,谨守行业规范,制定行业章程和公约,从而规范评估市场,加强不同教育类别之间的交流和沟通,促进教育评估行业的规范发展。

---

[1] 冯修猛,方乐,刘磊.教育治理体系中"管"与"评"的运行机制研究[J].上海教育评估研究,2020(2):7-12.

表 9-1　上海市教育评估协会第三方评估机构工作标准评定细则

一级指标	二级指标	观测点	评估方法	赋分标准
人员 （30分）	机构专职人员不少于3人,且队伍结构合理（10分）	1.核对人员工资表 2.查阅评估人员从业证书 3.查阅评估档案文件	查阅资料	1.人员少于3人一票否决 2.有证书的从业人员5名及以上满分,少一名扣2分 3.专家团队能满足工作需要5分,相对稳定5分
	持有上海市教育评估协会认可的从业证书的人数不少于5名（10分）			
	有能满足评估工作需要且相对稳定的专家团队（10分）			
经费和财务状况 （20分）	机构注册资金不少于10万元人民币（10分）	1.核对验资报告 2.查阅年度审计、财务报告 3.财务人员上岗证	查阅资料	1.注册资金不足10万元为零分 2.财务状况良好5分,两名财会人员持证上岗5分,缺少一证扣2.5分
	机构财务状况良好,财会人员持证上岗,能保证机构正常运作（10分）			
场所和设备 （10分）	有固定且相对独立的工作场所（5分）	1.查阅租赁协议（或者划拨使用的文件） 2.电话、电脑、打印机、复印机、传真机等	查阅资料 实地考察	1.固定场所3分;独立场所2分 2.硬件设备缺少一样扣1分
	有满足工作需要的硬件设备（5分）			
制度和管理 （10分）	评估资料完整、真实（3分）	1、查阅评估档案资料 2.查阅管理制度 3.了解奖惩记录	查阅资料 访谈	1.评估材料完整真实3分 2.有制度1分,有效实施2分 3.无违规违纪和投诉现象4分
	有完善的机构管理制度,并能有效实施（3分）			
	有良好的信誉,无违规违纪行为和投诉现象（4分）			
创新与发展 （10分）	注重评估理论研究（5分）	1.查阅发表文章、研究成果等 2.查阅会议资料、培训资料等	查阅资料 访谈	1.有理论研究成果5分 2.改进评估方法、手段、工具5分
	与时俱进,改进评估方法、手段、工具（5分）			

续表

一级指标	二级指标	观测点	评估方法	赋分标准
业绩 （20分）	2014年3月至今组织完成三种及以上不同类型的评估项目，或者对20个以上的评估对象开展评估工作（10分）	1.查阅评估档案资料 2.查阅年检审计、财务报告	查阅资料	1.基准分10分，未达到三类、20个对象的按所占百分比递减 2.年营业额10分，未达到50万元营业额按所占百分比递减
	年营业额50万元以上（10分）			

资料来源：上海市教育评估协会教育评估机构资质认可工作方案[EB/OL].（2016-11-01）[2018-11-01]. http://www.seeash.org.cn.

第三节　开展与时俱进的学校评估

21世纪以来，在世界教育变革的背景中，现代教育理念在与实践相结合的基础上不断完善，并指导学校评估改革。在对现代教育理念的新发展、主要发达国家教育督导和学校评估的新进展以及当前我国学校评估的实践综合分析的基础上，结合我国教育管理制度的特色可以发现，为开展与时俱进的学校评估，我国的学校评估面临着机遇和挑战。

一、兼顾公平与质量的评估理念

公平和质量是在世界教育领域内共识性最高的价值取向，公平且高质量的教育是我国基础教育的发展理念，同时也是学校评估的旨归。党的十九大报告提出，"努力让每个孩子都能享有公平而有质量的教育"，人民群众的获得感成为基础教育重要的价值取向，从基本均衡到优质均衡，从教育机会公平到追求有质量的教育公平，成为新时期中国基础教育的主旋律。[①] 实现加快推进教育现代化、建设教育强国的目标离不开对办学质量和效率的追求，促进教育公平发展有助于提升人民对教育的满意度。

世界主要发达国家的学校评估凸显了对教育公平的价值追求，并以此为指

---

① 教育部.夯实千秋基业 聚力学有所教——新中国70年基础教育改革发展历程[EB/OL].（2019-09-26）[2021-03-25]. http://www.moe.gov.cn/jyb_xwfb/s5147/201909/t20190926_401046.html.

导实施了丰富的学校评估改革措施。例如,在为竞争性拨款评估服务的外部评估中,采用以学生和学校进步程度为衡量指标的增值性评价方法,减少学生的社会经济条件、入学成绩等因素对学业成绩造成的影响。在内部评估中,依据学校的办学特点,给予学校更大的自主权去开展自我评估和同行评议模式中的学校评估,并不断加强自我评估在学校评估的作用。在评估指标的设计中,以学生学习和发展为中心,突出对学业质量的关注。① 定性方法在学校评估中的运用有利于把握影响学业成绩中多样化的隐性因素,彰显了对公平理念的价值追求。

二、构建以学生全面发展为核心的评估指标

评估指标是教育价值观的反映,我国基础教育阶段的基本教育目标是实现德智体美劳的全面发展。为此,我国大力提倡实施素质教育,关注人的全面发展。学生在获取知识、取得学业进步的基础上实现人性提升、人格完善、潜力发挥、个人解放、自我实现和全面发展是“好教育”的基本内涵,②同时也为学校评估提出了新的要求。

然而,虽然依据促进学生全面发展的素质教育的目标,我国的教育评价鼓励以多元标准评价学生,但长期以来,受考试文化的影响,以学生成绩、升学率等数据为基础的评估只是以直观的形式展示教育效果。学校评估过度依赖这些教育数据指标,忽视了对培养全面的人的要求。从主要发达国家的实践可以看出,除学业成绩以外,学生态度、价值观和道德品质乃至健康和体育等要素成为学校评估指标体系的有机组成部分。我国学校评估需着力开发指向学生学业成就与幸福感的评价维度与指标,③在评估中挖掘学生全方位发展的内涵,扩大外延,关注学生的全面发展。

三、鼓励发展多方参与的联动评估机制

在科层化教育行政管理制度中,我国的学校评估以依靠行政力量的外部评价为主。与内生性的内部评估不同,外部评估不利于激发学校的发展动力以实

---

① 冉华.国际视角下学校评估标准的特点与趋势——基于 Nvivo 11.0 的编码分析[J].比较教育研究,2018,40(1):70-77.

② 耿涛.学校发展:从“好学校”到“好教育”——基于新时代教育评价改革的思考[J].教育观察,2020,9(43):5-7.

③ 宋怡,马宏佳.加拿大安大略省 K-12 学校有效性评估框架述评[J].教育测量与评价,2020(10):26-35.

现持续改进的发展目标。外部评估以政府为主要评估者,弱化了学校的主体地位。评估结果只有落实到学校、教师和学生身上才会发挥促进学校改进的作用。

在国际上,第三方评估机构在评估中发挥了重要作用,近年来,为进一步提升评估结果的真实性和有效性,以自我评估为主的内部评估无论是在评估方法还是评估结果的运用中都取得了长足进步,并被广泛应用于学校评估中。我国的第三方评估机构仍处于新生阶段,未形成成熟的力量体系,囿于资金、人员、时间等各方因素的影响,学校的自我评估体系发展尚未完备,[①]对于构建政府、第三方评估机构、学校和社会组织参与的教育评估格局带来了挑战。由多方共同参与的学校评估能够为构建完善的教育评估体系、创新教育评估运行机制、促进教育评估质量的提升提供条件保障和智力支持。在未来,创建有机整体性、动态关联性的学校评估机制是学校评估内涵式发展的必然选择。

四、加强评估主体的能力建设

评估结果的有效性建立在对评估数据科学严谨研究的基础之上。因此,提升教师评估能力是开展教育评估改革的关键。学校评估是一个包含理念学习、指标设计、数据采集、数据分析和结果诊断的复杂过程。为开展卓有成效的学校评估,评估的每个环节都需要评估者具备较强的学习能力、分析能力和综合判断能力。外部评估利于整合专业评估资源、选派评估专家、编制有效的评估量表。从经合组织成员国对内部评估的完善中可以发现,为解决学校内部自我评估能力不足的问题,英国、比利时、澳大利亚等国利用外部评估资源对内部评估人员开展专业培训,以提升自我评估的科学性和准确性。作为自我评估的新模式,同行评议模式尤其注重在评估开始之前对评估者进行专门指导和培训。

长期以来,我国的中小学评估中对定量方法的使用过度依赖学业成绩和升学率,对更为复杂的统计和定量分析使用不足。在评估方法,尤其是定量和定性相结合的评估方法的使用方面较为滞后,且存在评估工具的信效度意识不足,量化不合理等问题。[②] 以使用增值性评价为例,基于数据的增值性评价能够以更客观、科学的方式反映学生和学校取得的成绩。然而,增值性评价要求评估者具备相应的数学、统计学等相关知识和能力。目前,我国中小学和地方教育局层面

---

① 闫艳.教育生态学视野下基础教育学校评估研究[J].教育学报,2019,15(1):67-73.
② 王颖,张东娇.我国基础教育阶段学校办学质量评估方案的元评估研究[J].教育学报,2013,9(1):28-36.

的专业性人才不足限制了增值性评价的实施。[①] 中小学管理者和教师评估能力不足制约了内部自我评估的发展,也为我国进行评估方式改革探索带来了挑战。现有的中小学教师专业发展活动一般注重职业规划、教育教学、教研活动等内容,评估能力往往被忽视。加强中小学评估者的专业培训和能力建设是提高学校评估质量的突破口。

五、强化评估结果的服务性

从当前国际上学校评估的理念和实践可以发现,学校评估已由注重绩效问责转向服务学校。发展性评估理念强调评估目的的服务性,即将学校在特定时期的进步状况作为评价依据,以发展为导向,鼓励通过评估促进学校挖掘办学潜能,提高办学能力,不断提升学校整体质量的评价,因为评估是为了促进学生的进步而不是获得分数或评定等级。学校内部自我评估的广泛实践是促进评估结果指向学校改进最有力的证明。

我国实行国家、省、市、县四级教育督导评估管理体制,加之我国第三方评估主体发展尚不成熟,外部评估具有浓厚的行政色彩,从而产生了对评估的需求了解不足、评估后的处理不妥善,以及评估效率低等问题。服务型的教育评估理念可能会使学校评估在顾客导向、公共关系方面表现更佳。评估的服务性要求评估部门的职能从管理向服务转化。[②] 在国际上,学校评估指向学校改进目的,强化学校评估的服务功能,增强评估结果的服务性是我国未来学校评估改革的重要方向。

---

① Peng P, Hochweber J, Klieme E. Test score or student progress?: A value-added evaluation of school effectiveness in urban China[J]. Front Education China 8, 2013: 360-377.

② 王颖,张东娇.我国基础教育阶段学校办学质量评估方案的元评估研究[J].教育学报,2013,9(1):28-36.

参考文献

包国宪,张志栋.我国第三方政府绩效评价组织的自律实现问题探析[J].中国行政管理,2008(1):49-51.

边玉芳,王烨晖.增值评价:学校办学质量评估的一种有效途径[J].教育学报,2013,9(1):43-48.

北京市人民政府.京津冀联合发布教育协同发展三年行动计划[EB/OL].(2019-01-08)[2021-06-21].http://www.beijing.gov.cn/ywdt/zwzt/jjjyth/zxxxi/201901/t20190108_1819354.html.

崔允漷,夏雪梅.试论学校自我评价的问题及对策[J].全球教育展望,2004(8):36-41.

常生龙.区域推进现代学校制度建设的机制探索[J].中小学管理,2015(6):31-33.

曹连喆.京津冀基础教育协同发展的困境与出路[J].智库时代,2020(14):134-135.

曹一红,曹雨坤.委托代理制视角下高等教育元评估实然现状与应然探讨[J].教育评论,2020(1):56-62.

陈玉琨.教育评价学[M].北京:人民教育出版社,1999.

陈静.基于社会信任的研究生教育第三方评估机构公信力建设研究[J].学位与研究生教育,2016(7):25-29.

东方新闻.泛珠三角区域合作框架协议(全文)[EB/OL].(2004-06-04)[2021-06-21].http://news.eastday.com/eastday/news/news/node4942/node21505/userobject1ai276814.html.

窦卫霖.为了更好的学习——教育评价的国际新视野[M].上海:上海教育出版社,2019.

方芳.章程创新引领学校内部治理改革[J].中国教育学刊,2015(7):104.

樊秀娣,李维维.美国高等教育评估机构两种资质认证标准的比较研究[J].上海教育评估研究,2017,6(5):45-50.

冯增俊.论教育现代化的基本概念[J].教育研究,1999(3):12-19.

冯晖,王奇.试析教育评估专业化[J].教育发展研究,2015,35(11):5-9.

冯晖.教育评估现代化的内涵特征与推进策略[J].上海教育评估研究,2019(3):1-4.

冯修猛,方乐,刘磊.教育治理体系中"管"与"评"的运行机制研究[J].上海教育评估研究,2020(2):7-12.

范国睿.基于教育管办评分离的中小学依法自主办学的体制机制改革探索[J].教育研究,2017(4):27-36.

范国睿.教育管办评分离改革:理论假设与实践路径[J].教育科学研究,2017(5):5-21.

范国睿.社会组织参与教育督导评估的治理机制[J].教育发展研究,2020,40(Z1):5-21.

范涌峰.学校特色发展测评模型研究[D].重庆:西南大学,2017.

泛珠三角合作信息网.《泛珠三角区域合作发展规划纲要(2006-2020年)》全文[EB/OL].(2006-03-03)[2021-06-21].http://www.pprd.org.cn/fzgk/hzgh/201606/t20160621_53310.htm.

国务院关于进一步推进长江三角洲地区改革开放和经济社会发展的指导意见:国发〔2008〕30号[A/OL].(2008-10-16)[2021-06-21].http://www.scio.gov.cn/xwfbh/xwbfbh/wqfbh/2008/1016/Document/309032/309032.htm.

国务院批转教育部关于加强中小学教师队伍管理工作的意见的通知:国发〔1978〕1号[A/OL].(1978-01-07)[2021-06-21].https://www.pkulaw.com.

国务院批转教育部关于大力发展高等学校函授教育和夜大学的意见的通知:国发〔1980〕228号[A/OL].(1980-09-05)[2021-06-21].https://www.pkulaw.com.

国务院批转国家教育委员会关于改革和发展成人教育的决定的通知:国发〔1987〕59号[A/OL].(1987-06-23)[2021-06-21].https://www.pkulaw.com.

国务院关于大力发展职业技术教育的决定:国发〔1991〕55号[A/OL].(1991-10-17)[2021-06-21].https://www.pkulaw.com.

国务院关于《中国教育改革和发展纲要》的实施意见:国发〔1994〕39号[A/OL].(1994-07-03)[2021-06-21].https://www.pkulaw.com

国务院关于基础教育改革与发展的决定:国务院.国发〔2001〕21号[A/OL].(2001-05-29)[2021-06-21].https://www.pkulaw.com.

国务院批转教育部2003—2007年教育振兴行动计划的通知:国发〔2004〕5号[A/OL].(2004-03-03)[2021-06-21].https://www.pkulaw.com.

国务院关于印发国家教育事业发展"十三五"规划的通知:国发〔2017〕4号[A/OL].(2017-01-10)[2021-06-21].https://www.pkulaw.com.

广东省人民政府.珠三角城市群将联手赴外省招才8市合作框架协议签署[EB/OL].（2007-03-14）[2021-06-21]. http://www.gd.gov.cn/gdgk/gdyw/200703/t20070314_14271.htm.

葛大汇.学校评价的主要内容与含义[J].教育参考,2004(6):10-11.

高兵,杨小敏,雷虹.管办评分离的本质探析与实现路径[J].教育评论.2015(3):7-9.

高文杰.元评估:我国高职教育评估亟待引入的制度架构——基于新制度经济学的视角[J].职教论坛,2016(7):52-57.

高欢.浙江省教育现代化政策分析[D].杭州:浙江工业大学,2019.

郭宝仙.教育评价专业化:加拿大评价人员资格认证方案及其启示[J].外国教育研究,2015,42(1):64-71.

郭朝红.评估是如何促进学校发展的——上海市特色普通高中评估分析[J].上海教育科研,2019(9):38-42.

[136]耿涛.学校发展:从"好学校"到"好教育"——基于新时代教育评价改革的思考[J].教育观察,2020,43(9):5-7,72.

顾明远.试论教育现代化的基本特征[J].教育研究,2012(9):103-104.

杭州市教育局关于进一步严格控制义务教育阶段学校补课行为的通知:杭教办〔2011〕38号［A/OL］.（2011-10-20）[2021-06-21]. https://www.pkulaw.com.

杭州市政府办公厅关于印发杭州市学前教育三年行动计划(2011-2013)的通知:杭政办函〔2011〕219号［A/OL］.（2011-08-25）[2021-06-21]. https://www.pkulaw.com.

杭州市教育局关于印发教育系统"阳光工程"实施方案的通知:杭教监〔2012〕1号［A/OL］.（2012-05-22）[2021-06-21]. https://www.pkulaw.com.

杭州市教育局关于进一步规范成人高中(职高)学历教育招生、考试等相关事项的通知:杭教成〔2013〕5号［A/OL］.（2013-04-16）[2021-06-21]. https://www.pkulaw.com.

杭州市人民政府办公厅关于成立杭州市人民政府教育督导委员会的通知:杭政办函〔2014〕126号［A/OL］.（2014-09-22）[2021-06-21]. https://www.pkulaw.com.

杭州市人民政府办公厅关于印发杭州市推进教育国际化行动计划的通知:杭政办函〔2014〕115号［A/OL］.（2014-08-18）[2021-06-21]. https://www.pkulaw.com.

杭州市人民政府关于加快发展现代职业教育的意见:杭政〔2015〕43号［A/

OL].(2015-07-31)[2021-06-21]. https://www.pkulaw.com.

杭州市人民政府办公厅关于印发杭州市学前教育第二轮三年行动计划(2016—2018 年)的通知:杭政办函〔2016〕110 号[A/OL].(2016-10-11)[2021-06-21]. https://www.pkulaw.com.

杭州市人民政府办公厅关于印发杭州市特殊教育提升计划(2016—2020年)的通知:杭政办函〔2016〕109 号[A/OL].(2016-09-30)[2021-06-21]. https://www.pkulaw.com.

杭州市人民政府办公厅关于印发杭州市推进教育国际化三年行动计划(2019—2021 年)的通知:杭政办函〔2019〕20 号[A/OL].(2019-02-28)[2021-06-21]. https://www.pkulaw.com.

杭州市职工教育暂行规定:杭州市人民政府令〔第 83 号〕[A/OL].(1995-06-16)[2021-06-21]. https://www.pkulaw.com.

杭州市政府关于印发《杭州市教育强镇(乡)评估标准及实施办法(试行)》的通知:杭政办发〔1996〕166 号[A/OL].(1996-12-02)[2021-06-21]. https://www.pkulaw.com.

杭州市人民政府办公厅转发市教委关于进一步加强我市幼儿教育工作若干意见的通知:杭政办〔1999〕4 号[A/OL].(1999-02-24)[2021-06-21]. https://www.pkulaw.com

杭州市人民政府关于深化改革加快发展率先实现基础教育现代化的决定:杭政〔2002〕10 号[A/OL].(2002-06-21)[2021-06-21]. https://www.pkulaw.com.

杭州市教育局关于印发《杭州市中等职业学校实施专业现代化建设若干意见(试行)》的通知:杭教职〔2002〕1 号[A/OL].(2002-01-13)[2021-06-21]. https://www.pkulaw.com.

杭州市委关于印发《杭州市 2002 年依法治市、普法教育工作意见》的通知:市委办发〔2002〕20 号[A/OL].(2002-03-06)[2021-06-21]. https://www.pkulaw.com.

杭州市教育局关于印发《杭州市基础教育课程改革实验方案》的通知:杭教初〔2003〕1 号[A/OL].(2003-04-03)[2021-06-21]. https://www.pkulaw.com.

杭州市人民政府办公厅转发市教育局关于加强和促进初中教育工作意见的通知:杭政办函〔2004〕64 号[A/OL].(2004-03-10)[2021-06-21]. https://www.pkulaw.com.

杭州市人民政府关于进一步加强农村教育工作的若干意见:杭政函〔2005〕

158 号[A/OL].(2005-09-02)[2021-06-21].https://www.pkulaw.com.

杭州市人民政府关于加快学前教育改革与发展的若干意见(试行):杭政函〔2005〕39 号[A/OL].(2005-02-01)[2021-06-21].https://www.pkulaw.com.

杭州市人民政府办公厅关于杭州市逐步实施免费义务教育的通知:杭政办函〔2006〕11 号[A/OL].(2006-01-20)[2021-06-21].https://www.pkulaw.com.

杭州市人民政府关于实施义务教育经费保障机制改革的通知:杭政函〔2007〕245 号[A/OL].(2007-12-27)[2021-06-21].https://www.pkulaw.com.

杭州市教育局.杭州市教育局关于印发《杭州市学前教育专项经费使用和管理办法》的通知[EB/OL].(2007-07-23)[2021-06-21].https://www.pkulaw.com.

杭州市人民政府办公厅转发市教育局等部门关于进一步加快学前教育改革与发展若干政策意见(试行)的通知:杭政办〔2007〕16 号[A/OL].(2007-03-26)[2021-06-21].https://www.pkulaw.com.

杭州市教育局关于开展创建杭州市学前教育强县和达标县评估工作的通知:杭教督〔2007〕4 号[A/OL].(2007-07-24)[2021-06-21].https://www.pkulaw.com.

杭州市教育局关于印发规范民办培训学校办学行为的若干意见的通知:杭教成〔2008〕37 号[A/OL].(2008-12-08)[2021-06-21].https://www.pkulaw.com.

杭州市学前教育促进条例:杭州市第十一届人民代表大会常务委员会公告第 57 号[A/OL].(2011-12-27)[2021-06-21].https://www.pkulaw.com.

邯郸市教育局.京津冀三地签署教育督导协作机制框架协议[EB/OL].(2016-06-07)[2021-06-21].http://jyj.hd.gov.cn/newsInfo.aspx?pkId=2937.

河北新闻网.京津冀教育协同发展 通州武清廊坊将打造学校联盟[EB/OL].(2017-02-19)[2021-06-21].http://lf.hebnews.cn/2017/02/19/content_6320564.htm.

韩芳,杨盼.美国 K-12 学校评价指标体系:背景、内容与前景[J].现代教育管理,2019(06):111-117.

黄崴,孟卫青.泛珠三角区域教育发展合作的背景、现状与机制[J].教育研究,2007(10):67-72.

黄正夫.学前教育质量第三方评估监测:意蕴、困境及路径[J].教育探索,

2017(1):87-90.

黄崇岭.德国巴伐利亚州学校评估体系探析[J].世界教育信息,2019,32(22):67-71.

黄书光.学校现代化变革的本土探索与中国经验[J].教育发展研究,2020,40(24):1-6.

胡晓东.绩效管理的理论研究与实践探索[M].武汉:华中科技大学出版社,2017.

嵇秀梅.坚信每一个学生都能成功——全国第二届成功教育研讨会综述[J].中国教育学刊,2000(2):25-26.

季诚钧.学校评估要把握好四个关键点[J].教育发展研究,2019,39(24):3.

鞠锡田.政府参与第三方教育评估:现实路径、理性思考与应然走向——基于对S省的实证考察[J].当代教育科学,2019(7):66-71.

江红.英国教育标准局学校督导评价机制研究[D].南京:南京师范大学,2017.

江苏省教育厅.第四届长三角教育联动发展研讨会在苏州召开[EB/OL].(2012-05-14)[2021-06-21].http://jyt. jiangsu. gov. cn/art/2012/5/14/art_38307_3270718.html.

廊坊市人民政府.京津冀教育协同发展工作推进会在我市召开[EB/OL].(2017-02-18)[2021-06-21].http://www.lf.gov.cn/Item/66010.aspx.

李图强.现代公共行政中的公民参与[M].北京:经济管理出版社,2004.

李志军.第三方评估理论与方法[M].北京:中国发展出版社,2016.

李春红.长三角、珠三角区域教育合作的比较研究[J].教育理论与实践,2007(2):47-49.

李凌艳,李勉,张东娇,等.基础教育阶段学校评估的国际比较[J].北京师范大学学报(社会科学版),2010(2):11-19.

李雁冰.论教育评价专业化[J].教育研究,2013(10):121-126.

李凌艳,张平平,李勉.美国基础教育质量的学校影响因素监测研究[J].比较教育研究,2015,37(11):101-106.

李亚东,俎媛媛.我国第三方教育评价的核心问题辨析及政策建议[J].教育发展研究,2018(21):1-5.

李凌艳,许璐,苏怡.促进者朋友:爱尔兰学校自我评估中专业第三方的定位与实践模式[J].外国教育研究,2019,46(11):105-113.

李钰,冯晖.美国教育质量评估监测行动策略及其启示——根据伊利诺伊州学校报告卡的分析[J].上海教育评估研究,2020,9(5):50-55.

卢梭.社会契约论[M].北京:商务印书馆,1980.

卢立涛.浅析学校评价理论的发展历程与趋势[J].教育理论与实践,2007(11):23-27.

卢立涛.国外发展性学校评价研究综述[J].外国教育研究,2008(10):20-25,67.

卢立涛.发展性学校评价的概念辨析[J].继续教育研究,2010(11):69-71.

卢立涛.试论发展性学校评价的内涵与特点[J].教育测量与评价(理论版),2010(4):12-17.

卢立涛.测量、描述、判断与建构——四代教育评价理论述评[J].教育测量与评价(理论版),2009(3):4-7,17.

罗希,等.评估:方法和技术[M].邱泽奇,等,译.重庆:重庆大学出版社,2007.

陆明远.政府绩效评估中的第三方参与问题研究[J].生产力研究,2008(15):121-122,155.

刘永和.地区性学校评估的现状及其对策[J].南京社会科学,2007(8):117-122.

刘文钊,王小栋,郝玲玲.英国最新教育督导评价指标述评[J].比较教育研究,2011(3):55-59.

刘佳."管办评"分离的构建与协同机制研究[J].中国教育学刊,2015(9):47-50,82.

刘想元."管办评分离"改革的意义与关系重构[J].教学与管理,2016(6):29-31.

刘浩,马琳,李国平.1990s以来京津冀地区经济发展失衡格局的时空演化[J].地理研究,2016,35(3):471-481.

刘钰.长三角、珠三角与京津冀区域经济比较[J].中国国际财经,2017(12):22-23.

吕雅洁.澳门"学校自评先导计划"评价体系的特点及启示[J].教育测量与评价,2020(7):29-35.

林璐晨.中小学优质学校评价研究[D].福州:福建师范大学,2011.

马永霞.教育评价[M].北京:当代世界出版社,2001.

马健生.有品位的文化课堂:教学新境界[J].中国教育学刊,2011(6):29-32.

马晓强.探索增值评价,我们在顾虑什么?[J].中小学管理,2020(10):5-7.

麻旎.教育信息化推进中的合作治理研究[D].武汉:华中师范大学,2019.

莫玉音.我国第三方教育评估机构的资质认证现状与标准[J].教育测量与评价,2019(4):38-44.

蒲蕊.论教育治理中的社会参与[J].中国教育学刊.2015(7):26-31.

蒲蕊,柳燕.教育管办评分离中政府、学校和社会的角色[J].教育科学研究,2016(12):44-48.

曲秀钰.民间第三方教育评估的发展困境及缘由[J].民办高等教育研究,2020(17):84-87.

冉华.国际视角下学校评估标准的特点与趋势——基于 NVivo 11.0 的编码分析[J].比较教育研究,2018,40(1):70-77.

冉华,程亮.学校现代化的"生态"维度:标准与指标[J].中国教育学刊,2020(11):70-77.

世界银行,联合国教科文组织.发展中国家的高等教育:危机与出路[M].北京:教育科学出版社,2001.

Stufflebeam D L, Coryn C L.评估理论、模型和应用[M].2 版.杨保平,杨昱,姬祥,等,译.北京:国防工业出版社,2019.

史耀芳.略论教育评价中的元评价[J].教育理论与实践,1991(5):42-44,56.

史华楠.教育管办评分离的条件、目标和策略分析[J].中国教育学刊,2015(7):65-72.

史华楠,李德才.教育管办评分离政府角色的研究概述与学术构思[J].扬州大学学报(高教研究版),2017,21(4):3-10.

史迁,史华楠.教育管办评分离中政府角色定位的支点与标杆[J].扬州大学学报(高教研究版),2019(6):28-33.

施群毅,黄莉.在教学中充分挖掘和利用课堂资源[J].生物学教学,2006,31(7):33-34.

施托克曼.非营利机构的评估与质量改进:效果导向质量管理之基础[M].唐以志,景艳燕,等,译.北京:中国社会科学出版社,2008.

斯滕伯格.论优质学校的现代标准[J].教育发展研究,2009(2):42-45.

石中英.教育中的民主概念:一种批判性考察[J].北京大学教育评论,2009(4):65-77,189.

孙河川,刘颖,史丞芫.英国教育督导评价指标体系解析[J].教育发展研究,2009,28(12):21-25.

孙河川,金蕊,黄明亮.英国 2016 年优秀学校督导评估指标研究[J].湖南师范大学教育科学学报,2017,16(6):78-86,96.

孙久文,原倩.京津冀协同发展战略的比较和演进重点[J].经济社会体制比较,2014(5):1-11.

孙远太.管办评分离背景下基础教育协同治理机制研究[J].教学与管理,2017(27):27-29.

孙雪荧,殷爽.日本"内发式学校改进"进程与路向研究[J].比较教育研究,2020,42(9):76-82.

孙阳春,徐安琪.我国第三方教育评估机构的公信力水平研究[J].中国高教研究,2021(3):22-29.

佘勇.论学校教育管办评分离的逻辑[J].教育研究与实验,2018(6):39-44.

桑锦龙.持续深化新时代京津冀教育协同发展[J].教育研究,2019,40(12):122-128.

宋怡,马宏佳.加拿大安大略省 K-12 学校有效性评估框架述评[J].教育测量与评价.2020(10):26-35.

上海普陀教育局.普陀、苏州、嘉兴、芜湖长三角一体化四地教育联盟成立[EB/OL].(2019-10-31)[2021-06-21].http://www.shpt.gov.cn/jyj/qunei-xinwen/20191031/453229.html.

覃塬,曹一红.教育公共治理视角下第三方教育评估机制的路径探析[J].上海教育评估研究,2019(5):10-14.

田腾飞,刘任露.元评估——教育评估专业化发展之必需[J].外国教育研究,2014,41(6):111-119.

田井才.珠江三角洲经济发展模式及提升竞争力对策研究[D].长春:吉林大学,2004.

汤丽娟.英国中小学教育督导评估指标体系研究[D].杭州:杭州师范大学,2020.

王汉澜.教育评价学[M].开封:河南大学出版社,1995.

王建华,卢鸿鸣,缪雅琴.基础教育质量综合评价理论与实践研究[M].长沙:湖南教育出版社,2019.

王刚,孙金鑫.学校评估的新趋向:从示范性评估到发展性评估[J].当代教育科学,2005(8):8-12.

王云峰,张庆文,曲霏,等.高等教育元评估理论模式探析[J].高教发展与评估,2008(2):30-36,121.

王颖,张东娇.我国基础教育阶段学校办学质量评估方案的元评估研究[J].教育学报,2013,9(1):28-36.

王晶晶.民间第三方教育评估机构公信力的构建[J].中国教育学刊,2016

(1):45-49.

　　王洋,董新伟.英、法、美高等教育第三方评估模式与借鉴[J].高等农业教育,2016(3):124-127.

　　王洋,董新伟.加强高等教育第三方评估工作的思考[J].上海教育评估研究,2018,7(3):6-9.

　　王会来,李志义.基于风险理念的英国高等教育复核评估探究[J].现代教育管理,2018(1):62-66.

　　王芮.经济因素对职业教育现代化的影响[J].考试研究,2018(4):74-78.

　　王晓晨.中国基础教育均衡发展问题研究[D].长春:吉林大学,2015.

　　吴钢.现代教育评价基础[M].上海:学林出版社,2004.

　　吴启迪.加强评估机构能力建设　努力促进管办评分离[J].中国高等教育,2011(13/14):16-19.

　　吴洪成,寇文亮.京津冀中小学校际合作定位与运行机制研究——基于河北合作学校的调查[J].教育学术月刊,2020(7):32-41.

　　邬志辉.学校教育现代化指标研究[M].长春:东北师范大学出版社,2008.

　　邬志辉,陈学军,王海英.优质学校的概念、建设过程与指标框架研究[J].东北师大学报,2004(3):113-120.

　　邬志辉.发展性评估与学校改进的路径选择[J].教育发展研究,2008(18):5-10.

　　武向荣.美国、新加坡等国家和地区学校质量督导评估实践及其启示[J].教育测量与评价(理论版),2016(3):7-11.

　　武向荣.荷兰学校督导评估改革特征与趋势[J].外国中小学教育,2018(9):38-44.

　　巫倩雯.美国基础教育学校评价指标体系研究[D].南京:南京师范大学,2015.

　　徐昌和.中美学校评价比较研究:组织、标准与实施[M].上海:上海交通大学出版社,2016.

　　徐冬青.市场引入条件下的政府、学校和中介组织[D].上海:华东师范大学,2005.

　　熊川武.学校"战略管理"论[J].高等师范教育研究,1997(2):35-39,71.

　　谢凡.实施"第三方评价":打通"管办评分离"的"最后一公里"——来自"北京2016教育督导与评价研讨会"的声音[J].中小学管理,2016(8):40-42.

　　项红专.优质学校的阶段性发展与策略性推进[J].中国教育学刊,2018(7):43-47.

新华社.中共中央国务院印发《深化新时代教育评价改革总体方案》[EB/OL].(2020-10-23).[2021-02-21].http://www.gov.cn/zhengce/2020-10/13/content_5551032.htm.

新华社.中共中央、国务院印发《中国教育现代化2035》[EB/OL].(2019-02)[2021-06-21].https://www.pkulaw.com.

闫艳.基础教育学校评估[M].杭州:浙江大学出版社,2020.

闫艳.教育生态学视野下基础教育学校评估研究[J].教育学报,2019,15(1):67-73.

颜玉辉.课堂对话中教师的态度、角色和观念转变[J].福建基础教育研究,2012(1):103-104.

严萍,李欣婷.第三方评估如何落地——省级教育评估机构转型发展探究[J].研究生教育研究,2019(6):66-72.

杨中超,杜屏.国外中小学学校评价的特征及未来政策走向——基于OECD和欧盟教育报告的分析[J].现代教育管理,2018(9):63-67.

杨晓,杨慧.芬兰基础教育学生评价的理念、实施与启示[J].教育理论与实践,2020,40(22):27-32.

杨玉茗.国内第三方参与教育评价研究综述[J].教育现代化,2020(3):75-77.

杨小微.以高质量发展理念推进教育现代化[J].教育发展研究,2021,41(3):3.

杨小微.推进教育现代化亟待跟进教育评价现代化[J].中国民族教育,2021(2):9.

杨婷.优质:学校现代化评价的综合标准[J].苏州大学学报(教育科学版),2020,8(3):21-29.

杨亚伟.教育治理现代化进程中基础教管办评分离改革研究[D].郑州:郑州大学,2019.

袁强.第三方评估运行机制与实践规制的理性建构[J].中国教育学刊,2016(11):33-38.

袁贵仁.深化教育领域综合改革　加快推进教育治理体系和治理能力现代化[J].中国高等教育,2014(5):4-11.

袁振国.教育评价与测量[M].北京:教育科学出版社,2001.

余秀兰.促进与区域经济的良好互动:长三角教育的应为与难为[J].教育发展研究,2005(17):60-62,65.

余振.新加坡中小学教育督导评估政策及其启示[J].武汉市教育科学研究

院学报,2007(2):57-59.

俞思念,陈平其.西方现代化理论的兴起与演变[J].学习与探索,2005(6):131-134.

喻聪舟,温恒福.七十年来我国教育政策中教育现代化定位变迁的趋势及启示[J].教育科学研究,2020(6):35-41.

苑大勇.多样化的图景:欧洲基础教育择校问题研究[J].教育科学研究,2011(3):69-72.

叶向群.浙江省教育现代化督导评估实践[J].北京教育(普教版),2015(11):25-26.

叶爱英,颜辉盛.国内发展性评价研究综述[J].教育与教学研究,2014,28(9):1-5.

赵德成.学校评估理论、政策与实践[M].上海:华东师范大学出版社,2015.

赵德成,张东娇.当前美、英、日三国学校评估的新特点及启示[J].比较教育研究,2010,32(6):81-85.

赵杙嘉.政府绩效的高校专家评估模式研究[D].重庆:西南政法大学,2017.

张其禄.管制行政:理论与经验分析[M].台北:商鼎文化出版社,2007.

张益忠.教育评估的理论与实践[M].北京:高等教育出版社,2012.

张国礼.实施发展性评价容易出现的误区及困惑[J].教育科学研究,2009(2):43-44,56.

张东娇.论国家教育评估能力建设——从国际经验和中国学校评估设计欠缺谈起[J].教育研究,2012,33(4):115-121.

张铭凯.第三方评价机构参与中小学生综合素质评价:可能、角色与运行[J].教育发展研究,2014(20):34-39.

张炜.教师职前培养质量标准化评价的定位及差异性研究[J].现代教育管理,2015(8):56-63.

张荣娟,徐魁鸿.美国高等教育元评估制度探析——以高等教育认证委员会为例[J].高教探索,2018(2):65-69.

张天雪,孙不凡.迈向教育现代化2035的浙江方案——基于《浙江教育现代化2035行动纲要》的分析[J].中国教育学刊,2020(4):41-47,84.

张墨涵.现代优质学校评估的指标设计[J].教学月刊·中学版(教学管理),2021(3):18-21.

张蕾蕾.长三角区域高等教育联动改革与协调发展的行动路线研究[D].苏州:苏州大学,2013.

褚宏启.教育现代化的路径——现代教育导论[M].2版.北京:教育科学出版社,2013.

褚宏启.教育现代化的本质与评价——我们需要什么样的教育现代化[J].教育研究,2013(11):4-10.

褚宏启,贾继娥.教育治理与教育善治[J].中国教育学刊,2014(12):4-10.

钟启泉.研究性学习:"课程文化"的革命[J].教育研究,2003(5):71-76.

朱旭东.论"国培计划"的价值[J].教师教育研究,2010(6):3-8,25.

朱忠明.基础教育阶段学校质量评估的审视及启示——以美国纽约市为例[J].现代基础教育研究,2019,34(2):98-105.

朱丽.特色普通高中建设中的道、势、术融合——基于上海市特色普通高中创建实践的分析[J].中国教育学刊,2020(10):41-46.

朱立明,宋乃庆,罗琳,等.新时代教育评价改革的思考[J].中国考试,2020(9):15-19.

周真真.内涵与理念:优质学校创建的实践分析[J].学校党建与思想教育,2012(11):16-18,25.

周海涛.高等教育"管办评分离"的缘由与路径[J].国家教育行政学院学报,2014(3):3-8.

周远清,瞿振元,陈浩,等.中国特色高等教育思想体系举要[J].中国高教研究,2017(4):1-25.

周瑶,陈星贝.增值性评价:来自美国田纳西州的核心经验[J].中小学管理,2020(10):11-15.

周宝玲.甘肃省高职院校专业评估指标体系构建研究[D].兰州:兰州大学,2017.

邹礼程,洪明.美国基础教育第三方评价及其启示——以尼奇公司"美国最佳公立高中"排行为例[J].教育测量与评价,2019(4):31-37,50.

中共中央关于教育体制改革的决定:中国共产党中央委员会党内法规[A/OL].(1985-05-27)[2021-06-21].https://www.pkulaw.com.

中华人民共和国教育法:中华人民共和国主席令〔第45号〕[A/OL].(1995-03-01)[2021-06-21].https://www.pkulaw.com.

中共中央、国务院关于印发《国家中长期教育改革和发展规划纲要(2010—2020年)》的通知:中发〔2010〕12号[A/OL].(2010-07-08)[2021-06-21].https://www.pkulaw.com.

中共浙江省委办公厅、浙江省人民政府办公厅关于确保农村义务教育事业健康发展的意见:浙委办〔2002〕39号[A/OL].(2008-08-13)[2021-06-21].

https://www.pkulaw.com.

中共浙江省委、浙江省人民政府关于印发《浙江省中长期教育改革和发展规划纲要（2010－2020年）》的通知：浙委〔2010〕96号[A/OL].（2010-12-01）[2021-06-21]. https://www.pkulaw.com.

中共浙江省委教育工作委员会、浙江省教育厅关于印发《浙江省教育系统"阳光工程"实施方案》的通知：浙教工委〔2012〕13号[A/OL].（2012-04-09）[2021-06-21]. https://www.pkulaw.com.

中共杭州市委、杭州市人民政府关于进一步推进基础教育改革和发展的若干意见：市委发〔2004〕42号[A/OL].（2004-09-02）[2021-06-21]. https://www.pkulaw.com.

中共杭州市委、杭州市人民政府印发《关于促进民办高等教育发展的若干意见》的通知：市委发〔2004〕29号[A/OL].（2004-06-08）[2021-06-21]. https://www.pkulaw.com.

中共杭州市委、杭州市人民政府关于加快推进学前教育均衡优质发展的若干意见：市委〔2010〕22号[A/OL].（2010-11-05）[2021-06-21]. https://www.pkulaw.com.

中共杭州市委、杭州市人民政府关于印发《杭州市中长期教育改革和发展规划纲要（2010-2020年）》的通知：市委〔2011〕11号[A/OL].（2011-05-25）[2021-06-21]. https://www.pkulaw.com.

中华人民共和国中央人民政府.江浙沪两省一市签署长三角社区教育合作协议书[EB/OL].（2008-10-13）[2021-06-21]. http://www.gov.cn/wszb/zhibo273/content_1121442.htm.

中华人民共和国中央人民政府.长三角教育交流合作向行政决策层面、制度化转变[EB/OL].（2009-03-31）[2021-06-21]. http://www.gov.cn/jrzg/2009-03/31/content_1273631.htm.

中华人民共和国中央人民政府.长三角教育交流合作向行政决策层面、制度化转变[EB/OL].（2009-03-31）[2021-06-21]. http://www.gov.cn/jrzg/2009-03/31/content_1273631.htm.

中国教育信息化网.长三角教育联动发展研讨会在沪举行扩大高教资源互通共享[EB/OL].（2011-04-19）[2021-06-21]. https://www.ict.edu.cn/news/n2/n20110419_1508.shtml.

中共中央党校（国家行政学院）.习近平主持中共中央政治局会议[EB/OL].（2019-05-13）[2021-06-21]. https://www.ccps.gov.cn/xtt/201905/t20190514_131621.shtml.

中国经济网.1994:"珠三角"带来区域经济一体化时代[EB/OL].(2009-01-16)[2021-06-21]http://views. ce. cn/fun/corpus/ce/ww/200901/16/t20090116_17984686.shtml.

中华人民共和国中央人民政府.中共中央政治局召开会议 研究部署规划建设北京城市副中心和进一步推动京津冀协同发展有关工作[EB/OL].(2016-05-27)[2021-06-21]. http://www. gov. cn/xinwen/2016-05/27/content_5077392.htm.

浙江省人大(含常委会).浙江省实行九年制义务教育条例(1995年修正):[EB/OL].(1978-01-07)[1985-06-13].https://www. pkulaw.com.

浙江省人民政府关于贯彻《中国教育改革和发展纲要》加快我省教育改革和发展的若干意见:浙政〔1994〕13号[A/OL].(1994-12-07)[2021-06-21]. https://www. pkulaw.com.

浙江省政府办公厅.关于全面贯彻教育方针推进素质教育的通知:浙政办发〔1997〕167号[A/OL].(1997-06-24)[2021-06-21]. http://www. zj. gov. cn/art/1997/6/24/art_1229017139_56177.html.

浙江省人民政府关于印发浙江省高等教育改革和发展规划(2000—2020年)的通知:浙政〔2000〕3号[A/OL].(2000-03-18)[2021-06-21].https://www. pkulaw.com.

浙江省人民政府关于进一步加强农村教育工作的决定:浙政发〔2004〕47号[A/OL].(2004-11-12)[2021-06-21].https://www. pkulaw.com.

浙江省教育厅关于推进实施素质教育的意见:浙教基〔2007〕150号[A/OL].(2007-08-31)[2021-06-21].https://www. pkulaw.com.

浙江省人民政府关于进一步加快学前教育发展全面提升学前教育质量的意见:浙政发〔2008〕81号[A/OL].(2008-12-22)[2021-06-21].https://www. pkulaw.com.

《浙江省义务教育条例》将施行全面实施素质教育[EB/OL].(2010-02-28)[2021-06-21].http://www. gov. cn/gzdt/2010-02/28/content_1544004.htm.

浙江省教育厅关于切实减轻义务教育阶段中小学生过重课业负担的通知:浙教基〔2010〕127号[A/OL].(2010-08-25)[2021-06-21].https://www. pkulaw.com.

浙江省教育厅关于进一步深化教育改革的决定:浙教法〔2010〕176号[A/OL].(2010-12-07)[2021-06-21].https://www. pkulaw.com.

浙江省教育厅关于印发《浙江省高等教育"十二五"发展规划(2011--2015年)》的通知:浙教高科〔2011〕153号[A/OL].(2011-10-31)[2021-06-21].

https://www.pkulaw.com.

浙江省教育厅关于贯彻落实《浙江省人民政府关于促进民办教育健康发展的意见》的通知：浙教计〔2013〕133 号〔A/OL〕.（2013-12-11）〔2021-06-21〕.https://www.pkulaw.com.

浙江省教育厅关于推进普通高中和中职学校学生相互转学工作的指导意见：浙教基〔2015〕20 号〔A/OL〕.（2015-02-26）〔2021-06-21〕.https://www.pkulaw.com.

浙江省教育厅关于深入推进依法治教的若干意见：浙教法〔2016〕133 号〔A/OL〕.（2016-10-11）〔2021-06-21〕.https://www.pkulaw.com.

浙江省教育厅办公室关于进一步规范和加强研究生培养管理的指导意见：浙教办高教〔2019〕21 号〔A/OL〕.（2019-03-18）〔2021-06-21〕.https://www.pkulaw.com.

浙江省教育厅办公室关于进一步做好民办义务教育招生政策落地工作的通知：浙教办函〔2020〕126 号〔A/OL〕.（2020-06-10）〔2021-06-21〕.https://www.pkulaw.com.

Copeland D. Instructional leadership characteristics of secondary Blue Ribbon school principals[M]. New Jersey：Seton Hall University，2003.

De C I, Birch P, Birch S,et al. Assuring quality in education：Policies and approaches to school evaluation in Europe〔M〕. Luxembourg：Publications Office of the European Union，2015.

Fullan，M. The new meaning of educational change〔M〕.3rd ed. New York：Teachers College Press，2001.

Grasso P G. Meta-evaluation of an evaluation of reader focused writing for the veterans benefits administration〔J〕. American Journal of Evaluation，1999，20(2)：355-370.

Greany T, Higham R. Hierarchy，markets and networks：Analysing the "self-improving school-led system" agenda in England and the implications for schools[M]. London：UCL IOE Press，2018.

Jane C, Nelson. Public private partnerships：Lessons from the British approach. Economic Systems〔J〕.2002(26)：283-301.

Lunenburg F C, Schmidt L J. Pupil control ideology, pupil control behavior and the quality of school Life〔J〕. Journal of Research and Development in Education，1989(22)：1-28.

Lezotte L W. Correlates of effective schools: The first and second generation[M]. Okemos, MI: Effective Schools Products, Ltd. , 1991.

OECD. Education at a Glance 2002[M]. Paris: OECD,2002.

Peng P, Hochweber J, Klieme, E. Test score or student progress? A value-added evaluation of school effectiveness in urban China[J]. Frontiers of Education in China, 2013, 8: 360-377.

Saunders L. The use of "value-added" measures in school evaluation: A view from England[J]. School Autonomy and Evaluation,2001(31): 489-502.

Stufflebeam D L. The methodology of metaevaluation as reflected in metaevaluations by the western michigan university evaluation center[J]. Journal of Personnel Evaluation in Education, 2000, 14(1): 95-125.

后　记

　　2017 年,受浙江省教育厅委托,杭州师范大学浙江省教育现代化研究与评价中心承担我省教育现代化发展指数研究工作,开展全省教育现代化发展水平监测评估工作。2018 年,受杭州市拱墅区教育局委托,中心研究制定了拱墅区现代化优质学校评估指标体系,把现代化发展水平监测指标与拱墅区现代优质学校评估相结合,并于 2018—2021 年按该指标体系开展现代化优质学校评估。从 2020 年下半年开始,在总结教育现代化发展水平监测和拱墅区现代优质学校评估经验的基础上,编撰团队共同商定了本书的撰写思路和框架,并积极收集、梳理和分析数据,经过近一年的努力,于 2021 年下半年完成了《教育现代化与优质学校评估》一书。

　　本书坚持政策导向、改革导向和问题导向,重视理论和实践相结合,着重突出学校评估的理论研究和实践过程。研究成果是团队共同劳动和集体智慧的结晶。全书的具体分工为:张墨涵、季诚钧负责全书的结构和框架,提出研究思路和编写大纲,主持审稿、统稿和定稿工作;第一章“教育现代化与优质学校”由董鑫撰写;第二章“中外学校评估理念与实践的新进展”由田京、程海涛撰写;第三章“第三方评估”由胡诗文、张冉撰写;第四章“评估指标设计与工具开发”由张墨涵、江洁撰写;第五章“评估流程”由朱福建、余碧瑶撰写;第六章“评估实效案例”由袁玉勋、叶百水撰写;第七章“学校评估的元评估”由周林芝撰写;第八章“评估利益相关者访谈分析”由朱亦翾、韩晓、莫晓兰撰写;第九章“学校评估的再思考”由朱云芬、朱瑞杰、田京、胡诗文撰写。此外,张墨涵、季诚钧进行多次调整完成了统稿并定稿,朱亦翾、唐婕、胡云、赵琦琦等参与修订、校对、排版工作,蔡晨雨、郑淑超、芦艳、罗青意、李望梅、汤丽娟、周音子等参与了前期的材料收集整理工作。

　　本书得到浙江省教育厅和杭州市拱墅区教育局的大力支持。浙江大学出版社高度重视该项工作,组织精干力量,高质量地完成了本书的出版工作。在研究过程中,浙江省教育厅、杭州师范大学和经亨颐教育学院的领导、浙江省教育现代化研究与评价中心的同事们给予了大量的指导和帮助。华东师范大学、北京师范大学、浙江大学、上海教育科学研究院、江苏教育评估院的多位专家学者对评估指标的设计提出了高屋建瓴的建议。同时,本书借鉴了许多同行专家的精到见解和宝贵意见,吸收了部分省、市学校评估改革和发展的创新成果。在此,向本书的所有支持者,向参与本书编撰的同志们,以及对本书给予帮助和指导的领导、专家们表示衷心感谢!

由于撰稿时间和水平有限,编著中难免存在一些疏漏与不足,恳请广大读者予以批评指正。对书中引用的文献的专家学者表示衷心感谢,没有前期研究成果,就不可能编撰成书。

张墨涵　季诚钧

2021 年 6 月